Kernaufgaben der Offenen Jugendarbeit

Tobias Fimpler · Philipp Hannen

Kernaufgaben der Offenen Jugendarbeit

Auseinandersetzung mit Selbstverständnis und eigenständiger Legitimation

Springer VS

Tobias Fimpler
Münster, Deutschland

Philipp Hannen
Münster, Deutschland

ISBN 978-3-658-14606-1 ISBN 978-3-658-14607-8 (eBook)
DOI 10.1007/978-3-658-14607-8

Die Deutsche Nationalbibliothek verzeichnet diese Publikation in der Deutschen Nationalbibliografie; detaillierte bibliografische Daten sind im Internet über http://dnb.d-nb.de abrufbar.

Springer VS

Gedruckt auf säurefreiem und chlorfrei gebleichtem Papier

Springer VS ist Teil von Springer Nature
Die eingetragene Gesellschaft ist Springer Fachmedien Wiesbaden GmbH

Inhaltsverzeichnis

1. Einleitung

Die Offene Jugendarbeit als Arbeitsfeld der Jugendhilfe soll in dieser Masterarbeit genauer analysiert werden. Im Nachfolgenden wollen die beiden Autoren herausarbeiten und diskutieren, welche Kernaufgaben das Feld der Offenen Jugendarbeit in Bezug auf eine seiner Zielgruppen, die Jugendlichen, charakterisieren. Es soll darum gehen, darzulegen, welche Bedingungen das Arbeitsfeld zur Verfügung stellen kann, um Jugendliche in ihrer – auch gesetzlich eingeforderten – Entwicklung zu Selbstbestimmung, gesellschaftlicher Mitverantwortung und sozialem Engagement zu unterstützen. Des Weiteren soll die Arbeit durch die Ausarbeitung der Kernaufgaben des Arbeitsfeldes dazu beitragen, das Profil der Offenen Jugendarbeit im wissenschaftlichen Diskurs zu stärken. Die primäre Fragestellung, welche die vorliegenden Ausführungen durchzieht, lautet daher: Welche Kernaufgaben weist die Offene Jugendarbeit in Bezug auf die Lebensphase Jugend auf? Mit dieser Frage gehen die Autoren auf den Zusammenhang ein, in welcher Hinsicht das Arbeitsfeld in der heutigen Zeit Schwerpunkte setzen kann und muss, um die Jugendlichen in ihrer Entwicklung zu begleiten und zu stärken. Insbesondere steht hier also das grundsätzliche Verständnis der Offenen Jugendarbeit als Arbeitsfeld der Kinder- und Jugendhilfe im Fokus. Daneben verfolgen die Autoren auch die Frage, ob sich aus einer Betrachtung dieses Zusammenhangs eine eigenständige Legitimation für das Arbeitsfeld ableiten lässt. Die vorliegende Arbeit versucht somit, letztlich eine Profilstärkung der Offenen Jugendarbeit sowohl im (selbstreflexiven) wissenschaftlichen Kontext als auch bezogen auf Politik und Kommunalverwaltung zu ermöglichen.

Die Begründung für die Auswahl dieses Themas sowie der benannten Fragestellungen entspringt aus der biografischen Auseinandersetzung der beiden Autoren einerseits mit der Praxis des Feldes und andererseits mit der angeregten wissenschaftlichen Analyse der Jugendarbeit. In diesem Sinne wird der Versuch unternommen, einen Beitrag zur theoretischen Weiterentwicklung und Stärkung der Offenen Jugendarbeit anzubringen, um somit eine eigene Stellungnahme im Rahmen der Diskussionen um Funktionalität, Struktur und Profil des Arbeitsfeldes zur Verfügung zu stellen. Die Bearbeitung soll eine offensive Auseinandersetzung ermöglichen, ohne sich hinter unreflektierten Floskeln oder instrumentalisierenden

Argumenten zu verstecken (vgl. *Lindner* 2008, S. 9ff). Eine solche Auseinandersetzung mit der Funktionalität, dem Wert und der Wirkung eines spezifischen Arbeitsfeldes trifft aus Sicht der Autoren auch den aktuellen Grundtenor des Fachdiskurses innerhalb der gesamten Kinder- und Jugendhilfe, die sich mit diesen Fragen generell beschäftigt (vgl. *Böllert* 2014).[1]

Nachdem im obigen Teil die Fragestellung und Begründung der thematischen Ausrichtung der Arbeit dargelegt wurden, folgt an dieser Stelle zum einen eine systematische Einordnung der Annahmen und Vorüberlegungen, mit denen die Autoren an die Bearbeitung der benannten Aspekte herantreten, sowie zum anderen die Vorstellung des generellen Aufbaus der Arbeit. Die Ausgestaltung dieser Komponenten resultieren unter anderem (u.a.) aus der diskursiven Auseinandersetzung mit Akteuren aus Wissenschaft und Praxis der Jugendarbeit im Rahmen des Kolloquiums zur Jugendarbeitsforschung und -theorie: „Was ist Jugendarbeit?“ am 10. und 11.02.2014 in Vlotho.

Generell gehen die Autoren – den Gedanken Maja Heiners folgend – davon aus, dass sich die Soziale Arbeit als Profession (vgl. Kap. 2.1) und damit eben auch die Jugendarbeit als Bestandteil dieser Profession sowohl über eine Kompetenzdomäne – Soziale Arbeit widmet sich fallbezogen und -übergreifend einer umfassenden, personenbezogenen Bearbeitung der Probleme (u.a. psychisch, sozioökonomisch, sozial) ihrer Klientel in alltagsnaher Form – als auch über eine Zuständigkeitsdomäne – Soziale Arbeit bezieht sich vorrangig auf die Lebenslage von belasteten oder gefährdeten Menschen mit hoher Vulnerabilität – profiliert. In dieser Hinsicht fungiert die Soziale Arbeit in Form einer gesellschaftlichen Befähigung für Menschen mit individuellen Problemlagen also als Verbindungsinstanz zwischen Individuum und Gesellschaft (vgl. *Heiner* 2010, S. 185ff).

Des Weiteren besteht die Prämisse, dass die Jugendarbeit – und darin inbegriffen die Offene Jugendarbeit – ein eigenständiges Feld der Sozialisation im Jugendalter darstellt. Ausgegangen wird dabei davon, dass das Arbeitsfeld – neben anderen Sozialisationsinstanzen wie Familie, Peergroup oder Schule – wichtige Weichen für die Entwicklung in der Lebensphase Jugend bereitstellen kann. So verstanden bietet die Offene Jugendarbeit neben den besagten Instanzen Möglichkeiten, Potenziale in den Jugendlichen freizusetzen und diese im Prozess der Entwicklung zu selbstbestimmten und verantwortungsbewussten Individuen in der Gesellschaft zu stärken. Die Hintergründe dieses Verständnisses sollen im weiteren Verlauf der Erarbeitung offen gelegt und differenziert betrachtet werden.

---

[1] Diese grundsätzliche Ausrichtung des Fachdiskurses in der Kinder- und Jugendhilfe zeigt sich unter anderem im Titel des 15. Deutschen Kinder- und Jugendhilfetages: 24/7 Kinder- und Jugendhilfe – viel Wert. gerecht. wirkungsvoll.

Bezogen auf das Arbeitsfeld Offene Jugendarbeit wird im Rahmen dieser Ausführungen davon ausgegangen, dass diese einen Teilbereich der Leistungen der Kinder- und Jugendarbeit gemäß §11 SGB VIII darstellt. An dieser Stelle wird auf eine vertiefte Diskussion über die Differenzierung dieser Leistungen verzichtet.[2]
Als zentrale Größe dieser Arbeit wird von den Autoren die Lebensphase Jugend herangezogen und analysiert, welche relevanten wissenschaftlichen Überlegungen in Bezug auf Jugendliche bestehen. Die Autoren gehen in diesem Sinne davon aus, dass Jugendliche eine zentrale Zielgruppe der Offenen Jugendarbeit darstellen (vgl. *LWL-Landesjugendamt Westfalen/LVR-Landesjugendamt Rheinland* 2012, S. 11; *Schmidt* 2011, S. 50f; *Schröder* 2013, S. 111ff). Darum können sich die nachfolgend erarbeiteten Standpunkte letztlich auch nur auf diese Zielgruppe beziehen; gleiches gilt hinsichtlich der Systematisierung der Ergebnisse.
Die Autoren versuchen mit der Fokussierung auf Jugendliche als genuine Zielgruppe der Kinder- und Jugendhilfe auch einen Beitrag dafür zu liefern, sich aus der Perspektive der Jugendarbeit differenziert mit den gesellschaftlichen Erwartungen an die Kinder- und Jugendhilfe insgesamt auseinanderzusetzen. Diese richten sich – trotz einer aktuell verbreiteten Intensivierung der Implementierung von und Beschäftigung mit Angeboten und Leistungen für Kinder und insbesondere Kinder in den ersten Lebensjahren – auch auf die Jugendphase und die mit dieser verbundenen speziellen Herausforderungen der Entwicklung und des Aufwachsens in der bestehenden gesellschaftlichen Ordnung. Daher ist die Kinder- und Jugendhilfe und damit eingeschlossen die Kinder- und Jugendarbeit angehalten, diesen Lebensabschnitt weiter im Blick zu behalten und sich gemäß den diesbezüglichen wissenschaftlichen und lebenspraktischen Hintergründen auszurichten (vgl. *Böllert* 2014; *Pothmann* 2011, S. 35f; *Schröer* 2011, S. 6ff).
Überdies gehen die Autoren davon aus, dass sich Offene Jugendarbeit im Spannungsfeld zwischen Legitimationsdruck, Ressourcenknappheit sowie Flexibilität und Formenvielfalt bewegt (vgl. *Hafeneger* 2009, S. 37; *Lindner* 2008, S. 9; *Scherr/Thole* 1998, S. 9ff). Dies führt zu der Grundannahme, dass sich das Arbeitsfeld reflexiv mit der Frage nach Funktionalität und Profil auseinandersetzen muss, um seine Handlungssicherheit aufrechterhalten zu können.
Letztlich intendieren die Autoren im Rahmen der vorliegenden Ausführungen, aus zentralen wissenschaftlichen Überlegungen zur Lebensphase Jugend und zum Themenfeld Sozialisation heraus, Leistungen der Offenen Jugendarbeit abzuleiten, die das Arbeitsfeld im Hinblick auf eine wahrgenommene Eigenständigkeit neben anderen Sozialisationsinstanzen stärken und profilieren.

[2] Zur weiteren Auseinandersetzung mit den verschiedenen Teilbereichen der Leistungen nach §11 SGB VIII liefern u.a. *Krafeld* 2004 und *Thole* 2000 anschauliches Material.

Im zweiten Kapitel wird infolge dieser Vorüberlegungen zunächst die Lebensphase Jugend genauer in den Blick genommen. Das anschließende dritte Kapitel beschäftigt sich mit dem Themenkomplex Sozialisation, bevor im Anschluss daran das vierte Kapitel ein grundsätzliches Profil der Offenen Jugendarbeit entwirft. Im fünften Kapitel werden die Ausarbeitungen zur Lebensphase Jugend dann genutzt, um mit Hilfe dieses Profils der Offenen Jugendarbeit sowie der sozialisatorischen Rolle des Arbeitsfeldes zu analysieren, inwieweit sich Aussagen bezogen auf eine eigenständige Legitimation treffen lassen. Abschließend unternehmen die Autoren im sechsten Kapitel eine kritische Betrachtung der vorgenommenen Bearbeitung der oben benannten Fragestellung und Themenzusammenhänge.
Bei den Überlegungen, Analysen und Ausarbeitungen im Kontext dieser Arbeit belassen die Autoren bewusst Aspekte außerhalb ihrer Betrachtung. Hierunter fallen Kinder und junge Erwachsene als weitere Zielgruppen der Kinder- und Jugendarbeit gemäß §11 SGB VIII. Jugend als eigenständige Lebensphase weist in Abgrenzung zu diesen Zielgruppen eigenständige Entwicklungsaufgaben und Anforderungen auf (vgl. *Hoffmann/Mansel* 2010; *Oerter/Dreher* 2008; Kap. 2). Daher erfordert diese Zielgruppe auch eine fokussierte wissenschaftliche Betrachtung hinsichtlich der Funktion und Aufgaben der Offenen Jugendarbeit (vgl. Kap. 4.3). Des Weiteren betrachten die Autoren die Zielgruppe der Jugendlichen aus einer analytischen Metaperspektive. Dies bedeutet, dass keine Differenzierung nach speziellen Gruppen, zum Beispiel (z.B.) Jugendliche mit unterschiedlichen Migrationshintergründen, Mädchen / Jungen oder jugendkulturelle Gruppen, erfolgt. Außerdem nutzen die Autoren keinen empirischen Analyseteil mit praktischer Sozialforschung, sondern beschränken sich auf eine Analyse von wissenschaftlichen Literaturquellen, um auf dieser Basis relevante Entwicklungen darzustellen und abzuleiten. Darüber hinaus konzentrieren sich die Ausführungen auf das Arbeitsfeld der *Offenen* Jugendarbeit. Andere Felder im Spektrum der Jugendarbeit – hier ist insbesondere die Jugendverbandsarbeit anzusprechen – werden aus den Betrachtungen größtenteils ausgeklammert und nur am Rande berührt.[3]
Im Rahmen dieser Einschränkungen, die sowohl mit Blick auf die Kapazitäten zur Bearbeitung der Aufgabenstellung als auch im Zuge einer aus Sicht der Autoren notwendigen Fokussierung auf die benannten Aspekte vorgenommen wurden, versucht die vorliegende Arbeit also, einen Überblick über die Zusammenhänge zwischen Lebensphase Jugend, Sozialisation und Aufgabenprofil der Offenen Jugendarbeit zu geben. Daran anknüpfend soll das Potenzial entstehen, eine eigenständige Legitimation des Arbeitsfeldes wissenschaftlich zu begründen.

[3] Innerhalb dieser Arbeit werden im Folgenden die Begriffe Offene Jugendarbeit und Jugendarbeit zur Bezeichnung der Offenen Arbeit mit Jugendlichen gemäß §11 SGB VIII synonym verwendet.

2. Jugend – interdisziplinär betrachtet

Die Offene Jugendarbeit als zentraler Bezugspunkt der vorliegenden Ausführungen widmet sich in Theorie und Praxis – auch sozialgesetzlich über §11 SGB VIII verankert – der Begleitung, Förderung und Gestaltung der jugendlichen Entwicklung sowie des jugendlichen Alltags jeweils anhand jugendlicher Interessen respektive dem methodischen und fachlichen Umgang ihrer Fachkräfte mit diesen Komponenten (vgl. *Jordan* 2005, S. 121f). Im Zentrum des Arbeitsfeldes steht also der / die Jugendliche. Dieses Faktum eröffnet im direkten Anschluss die dem Anschein nach einfache Frage: Wer ist dieser / diese Jugendliche? Diese Frage und insbesondere ein Versuch der Beantwortung sollen auch am Beginn der inhaltlichen Ausführungen dieser Arbeit und im Fokus dieses Kapitels stehen. In der wissenschaftlichen Literatur findet sich eine Vielzahl an Herangehensweisen, Interpretationen, Erkenntnissen und Theorien zur Auseinandersetzung mit einer Eingrenzung, Klassifizierung, Beschreibung und Erklärung der Lebensphase Jugend (vgl. *Krüger/Grunert* 2010b, S. 11ff). An dieser Stelle sei diesbezüglich daher explizit darauf hingewiesen, dass es sich bei den Ausführungen dieses Kapitels um den Versuch der Autoren handelt – aus der Perspektive der leitenden Fragestellungen der vorliegenden Arbeit heraus – die Lebensphase Jugend auf der Grundlage bestimmter wissenschaftlicher Hintergründe aus den Bezugsdisziplinen der Sozialen Arbeit zu umreißen und im Hinblick auf zentrale Faktoren für das Arbeitsfeld Offene Jugendarbeit zu charakterisieren.

Innerhalb dieses Kapitels werden dabei zunächst die relevanten Vorüberlegungen der Autoren in Bezug auf eine interdisziplinäre Betrachtung der Lebensphase Jugend dargelegt. In diesem Zusammenhang geht es den Autoren einerseits um die Erläuterung des herangezogenen Verständnisses von Interdisziplinarität und andererseits um die Vermittlung der zugrunde liegenden Schwerpunktsetzung auf die Disziplinen Soziologie und Psychologie (bezogen auf das zentrale Thema der vorliegenden Arbeit). Im Anschluss an diese Darstellungen werden differenzierte Betrachtungen der Lebensphase aus den Blickwinkeln der benannten Schwerpunkte sowie ein Überblick über Sichtweisen weiterer Disziplinen vorgenommen. Den Abschluss des Kapitels bildet dann eine Zusammenfassung der vorherigen Ausführungen als Bindeglied zu den Ausführungen im Kontext von Sozialisation (vgl. Kap. 3).

2.1 Vorüberlegungen

In diesem Kapitel sollen zentrale Gedanken und Hintergründe zur Lebensphase Jugend betrachtet, vorgestellt und diskutiert werden. Bevor dies erfolgen kann, muss jedoch klar sein, welche grundsätzliche Perspektive dabei eingenommen wird. Wie bereits dargestellt, lässt sich im Rahmen einer wissenschaftlichen Bearbeitung nicht von dem einen, allgemeinen und statischen Verständnis von Jugend sprechen, da verschiedene wissenschaftliche Disziplinen mit ihren je eigenen Schwerpunkten und theoretischen Wissensbeständen Erklärungsversuche und Klassifizierungen vornehmen sowie den analysierten Gegenstand aus ihrer Position heraus abgrenzen und unterschiedliche Entwicklungen einbeziehen (vgl. *Scherr* 2013a, S. 127f). „Der Lebensabschnitt Jugend ist [entsprechend] nicht nur eine soziohistorische Konstruktion, sondern ebenso ein Phänomen multidisziplinären Interesses (z.B. der Soziologie, Politik, Psychologie, Pädagogik, Biologie, Medizin, Rechtswissenschaft).“ (*Oerter/Dreher* 2008, S. 272).
Disziplinübergreifend lässt sich zunächst jedoch festhalten, dass sich Jugend als eigenständige Phase im Lebenszyklus beschreiben lässt. Diese hebt sich von Kindheit und Erwachsenenalter ab, ist geprägt von bestimmten Anforderungen und Erwartungen, ihre eigenständige Betrachtung weist klare historische Wurzeln auf und die gesellschaftliche sowie sozialpolitische Manifestierung dieser Phase erfolgte im Zuge der Industrialisierung und der Veränderungen in Produktions- und Sozialstruktur im späten 19. und im 20. Jahrhundert (vgl. *Griese/Mansel* 2003, S. 20f; *Hurrelmann/Quenzel* 2013, S. 19f; *Oerter/Dreher* 2008, S. 271; *Scherr* 2013a, S. 128f). Helmut Fend stellt mit Blick auf die für die Beschreibung dieser Phase verwendeten Termini eine Unterscheidung zwischen den Begriffen Jugend (eher soziologisch gefärbt), Adoleszenz (eher psychologisch gefärbt) und Pubertät (eher biologisch gefärbt) auf (vgl. *Fend* 2005, S. 22f).[4] Diese Differenzierung macht nochmals zusätzlich darauf aufmerksam, dass die unterschiedlichen Disziplinen, die sich mit Jugend auseinandersetzen, verschiedene Fokussierungen in der Betrachtung setzen und es schwierig ist, auf die eingangs gestellte Frage „Wer ist der / die Jugendliche?“ eine einfache und eindeutige Antwort zu finden.
Um dennoch eine eigene Antwort auf diese Frage zu finden, bemühen die Autoren dieser Arbeit eine interdisziplinäre Herangehensweise. Da auch bezogen auf diesen Begriff der Interdisziplinarität – insbesondere in Abgrenzung zu weiteren Be-

[4] Im Rahmen der weiteren Ausführungen wird der Begriff „Jugend“ von dieser Differenzierung abhebend disziplinübergreifend verwendet.

griffen wie beispielsweise (bspw.) Trans- oder Multidisziplinarität – im wissenschaftlichen Diskurs verschiedene Interpretationen und Verständnisse vorliegen, muss das konkrete Verfahren der Autoren zunächst erläutert werden.[5]
Im Rahmen der vorliegenden Ausführungen bedeutet eine interdisziplinäre Betrachtung der Lebensphase Jugend einen Vorgang, innerhalb dessen die Bezugsdisziplinen der Sozialen Arbeit – diese dient unter Berücksichtigung des Kernthemas Offene Jugendarbeit sowie der beruflichen und wissenschaftlichen Verortung der Autoren als Ausgangsposition – als Quellen für relevante und anerkannte Wissensbestände bemüht werden, um eine wissenschaftliche Darstellung hinsichtlich bestimmter Zusammenhänge vorzunehmen. Im Kontext dieser Arbeit erfolgt dieses Verfahren insbesondere bezogen auf die wissenschaftliche Auseinandersetzung mit der Lebensphase Jugend. Die Autoren folgen somit einem Verständnis von Sozialer Arbeit als Profession, die sich in Bezug auf den professionseigenen Gegenstand nicht gänzlich auf eigene und monopolisierte theoretisch-wissenschaftliche Kenntnisse stützt, sondern ihren Theorie- und Wissensbestand aus den Erkenntnissen relevanter Bezugsdisziplinen generiert (vgl. *Erath* 2006, S. 26ff; *Motzke* 2014, S. 43f; *Spiegel* 2011, S. 256). Im Zuge dessen erfolgt also eine klare Positionierung der Autoren im Rahmen der Professionalisierungs- und Disziplindebatten zur Sozialen Arbeit, die der nachstehenden Sichtweise folgt:

> „Der Sozialen Arbeit kommt [...] eine integrierende Funktion zu: Sie ist der wissenschaftliche Ort, an dem die unterschiedlichen Perspektiven zusammengeführt werden und wo sich zeigt, dass die Wissenschaft Soziale Arbeit mehr ist als die Kompilation von Wissensbeständen und Methoden." (*Motzke* 2014, S. 44).[6]

Mit Blick auf das Thema Lebensphase Jugend bedeutet dies, dass die Autoren im Rahmen der Bezugsdisziplinen von Sozialer Arbeit allgemein und Offener Jugendarbeit im Speziellen eine Schwerpunktsetzung vorgenommen haben, um anhand dieser Schwerpunkte relevante Kenntnisse und Wissensbestände der verschiedenen Disziplinen über Jugend darzustellen und somit ein aus der Perspektive der Offenen Jugendarbeit passgenaues Bild der Lebensphase aufzuzeichnen.
Im Zuge dessen haben die Autoren für die Darstellung der Jugendphase in dieser Arbeit das Feld der Bezugsdisziplinen unter der Prämisse einer intensiven Ausei-

---

[5] Zur weiteren Auseinandersetzung mit der Diskussion um die Termini Inter-, Trans- und Multidisziplinarität liefern u.a. *Engelke* et al. 2009 und *Riegel* et al. 2010 einen Beitrag.
[6] Sowohl im wissenschaftlich-literarischen Diskurs als auch in der Hochschullandschaft werden verschiedene Standpunkte zum Professionsdiskurs in der Sozialen Arbeit begründet vertreten. Die Autoren folgen in ihren eigenen Ausführungen insbesondere dem fachwissenschaftlichen Verständnis des Fachbereichs Sozialwesen der Fachhochschule Münster. Zur weiteren Auseinandersetzung mit diesem Diskurs finden sich neben den genannten Autoren auch Ausführungen u.a. bei *Bielefelder Arbeitsgruppe 8* 2008 oder *Gahleitner* et al. 2010.

nandersetzung der jeweiligen Disziplin mit diesem Gegenstand analysiert und daran anknüpfend zwei zentrale disziplinäre Zugänge gesetzt. Den ersten Zugang bildet dabei die Psychologie mit dem Fokus Entwicklungspsychologie des Jugendalters, den zweiten die Soziologie mit dem Fokus Jugendsoziologie. Entwicklungspsychologie des Jugendalters und Jugendsoziologie sind dabei mit Blick auf die Funktionalität der Betrachtung der Lebensphase Jugend für diese Ausführungen die jeweils relevanten Teildisziplinen der Psychologie und Soziologie, da diese differenziert auf Entwicklungen, Anforderungen und Erwartungen in der Lebensphase schauen und somit einen Anknüpfungspunkt für eine Diskussion über die zentralen Kompetenzen der Offenen Jugendarbeit bieten. Beide Sektionen weisen disziplingeschichtlich eine intensive Auseinandersetzung mit der Lebensphase Jugend auf und sind die prägenden Akteure innerhalb der Theoriebildung zur Persönlichkeits-entwicklung in dieser Lebensphase sowie – neben der Erziehungswissenschaft – innerhalb der Jugendforschung (vgl. *Ittel/Merkens* 2006, S. 7; *Krüger/Grunert* 2010a, S. 9ff). Analog dazu schreiben Klaus Hurrelmann und Gudrun Quenzel mit Blick auf die Theorielandschaft zum Jugendalter:

> „Eine erste Gruppe von Theorien legt den Akzent auf gesellschaftliche Determinanten der Persönlichkeitsentwicklung. Die Impulse […] werden in diesen überwiegend soziologischen Ansätzen als von ‚außerhalb' der Person kommend eingestuft. […] Die zweite Gruppe von Theorien legt den Schwerpunkt auf individuelle Determinanten […]. Diese eher psychologisch orientierten Ansätze schreiben die wesentlichen Impulse […] dem Organismus und der Psyche zu und gehen von einem von ‚innen' gesteuerten Entwicklungsplan aus." (*Hurrelmann/Quenzel* 2013, S. 57).

Dieser Verweis verdeutlicht auch nochmals das verbindende Element zwischen Individuum und Gesellschaft, welches der Sozialen Arbeit inhärent ist (vgl. Kap. 1). Auf diesen Hintergründen basiert die gegenstandsbezogene Begründung der vorgenommenen Schwerpunktsetzung in der Landschaft der Bezugsdisziplinen.

Darüber hinaus besteht aber aus Sicht der Autoren auch eine perspektivenbezogene Begründung für eine fokussierende Berücksichtigung psychologischer und soziologischer Ansichten. Wie bereits dargestellt, erfolgt die Bearbeitung der zentralen Fragestellung der vorliegenden Ausführungen konsequent aus der Perspektive der Offenen Jugendarbeit. Diese rekurriert deutlich auf die beiden benannten Disziplinen. In theoretischen Abhandlungen und wissenschaftlichen Veröffentlichungen zur Offenen Jugendarbeit nehmen Psychologie und Soziologie entsprechend eine Hauptrolle als fundamentale Quelle der herangezogenen Wissensbestände ein. In bestimmten theoretischen Ansätzen wird dabei gleichermaßen auf beide Disziplinen zurückgegriffen. Teilweise gar soweit, dass aus Sicht der Vertreter dieser Ansätze zur Erschließung der Lebenswelt von Jugendlichen Entwicklungspsychologie und Jugendsoziologie untrennbar miteinander verwoben werden (vgl. *Baacke* 1980, S. 500; *Deinet* 2009, S. 45). In einem anderen Ansatz wird bspw. von „entwicklungsbasierten Qualitätsstandards offener Jugendarbeit" unter

starkem Rückbezug zu konkreten entwicklungspsychologischen Wissensbeständen gesprochen (vgl. *Dreher* 2009, S. 14f). Demgegenüber führt Albert Scherr in seinen Ausführungen zur „subjekt-orientierten Jugendarbeit“, von eindeutig soziologischen Wissensbeständen gefärbt, die Notwendigkeit der Auseinandersetzung der Offenen Jugendarbeit mit klassen-, schicht- und milieuspezifischen Erfahrungen an (vgl. *Scherr* 2013b, S. 303). Dieser – über die benannten Ansätze nur beispielhaft umrissene – enge Bezug zu soziologischen und psychologischen Wissensbeständen zeigt sich auch insbesondere in der Betrachtung der historischen Theorieentwicklung der Offenen Jugendarbeit (vgl. Kap. 4.1). Somit begründet sich eine Fokussierung auf diese beiden disziplinären Zugänge zur Lebensphase Jugend aus Sicht der Autoren auch aus der Perspektive dieser Arbeit heraus.
Auf dem Fundament der beiden beschriebenen Begründungsmuster liefern Psychologie und Soziologie elementare Erkenntnisse zur Lebensphase Jugend, welche im Rahmen der vorliegenden Arbeit genutzt werden können, um einen Diskurs über Kernaufgaben und Legitimation der Offenen Jugendarbeit zu stützen und zu bereichern. Darüber hinaus ist es den Autoren aber auch wichtig, darzustellen, dass weitere Bezugsdisziplinen der Sozialen Arbeit ebenfalls zentrale Sichtweisen auf die Lebensphase Jugend vertreten, die die benannte Diskussion anregen. Diese Bereiche weisen zwar keine vergleichbar differenzierte und disziplingeschichtlich verankerte Auseinandersetzung mit Jugend auf, sie liefern aus der Perspektive der Offenen Jugendarbeit jedoch relevante Anknüpfungspunkte für und Einflussfaktoren auf Theorie und Praxis des Arbeitsfeldes und stellen somit ebenfalls einen wichtigen Bezugspunkt dar. Insbesondere die Rechtswissenschaft sowie die Kriminologie, aber auch Ökonomie, Politik- und Kulturwissenschaft mit ihren Perspektiven auf das Jugendalter sollen daher in einem gesonderten Abschnitt dieses Kapitels genauer in den Blick genommen werden.[7]

2.2 Jugend – psychologisch

Die erste disziplinäre Perspektive, die im Rahmen der Betrachtung der Lebensphase Jugend bezogen werden soll, ist die der Entwicklungspsychologie. Wie bereits zuvor beschrieben, nimmt diese als elementare Teildisziplin der Psychologie eine relevante Position sowohl für die Praxis als auch für die Theorie sozialer Berufe insbesondere mit dem Fokus der alltäglichen Arbeit mit Kindern und Jugendlichen ein (vgl. *Fend* 2005, S. 17). Innerhalb dieses Kapitels sollen als Grundlage für die spätere Auseinandersetzung mit dem Profil der Offenen Jugendarbeit (vgl.

---

[7] Die Relevanz der einzelnen Disziplinen, die neben Psychologie und Soziologie genauer betrachtet werden, wird einleitend in Kapitel 2.4 differenziert erläutert.

Kap. 4) zunächst einige zentrale Gedanken der Disziplin dargestellt und diskutiert werden. Mit Blick auf die Funktion für die vorliegende Arbeit beschränkt sich die Betrachtung der Entwicklungspsychologie en gros auf die Entwicklungspsychologie des Jugendalters respektive – dem Sprachgebrauch der Psychologen folgend – der Adoleszenz. Dabei stehen sowohl einige anerkannte *Konzepte und Theorien* als auch eine differenzierte Betrachtung von Entwicklungsprozessen von Jugendlichen im Zentrum der Ausführungen. Diese Betrachtung unterscheidet zwischen der *kognitiven Entwicklung* einerseits, also der Veränderung und Entstehung des Denkens, sowie der *biophysiologischen Entwicklung* andererseits, also der Veränderung und Entstehung von Körper und Sexualität. Im Zuge dieser Ausführungen wird die enge Verknüpfung entwicklungspsychologischer Zusammenhänge mit anderen wissenschaftlichen Disziplinen – hier insbesondere Neurologie und Biologie – deutlich.
Des Weiteren werden im Rahmen dieses Kapitels einige disziplinbezogene Erwartungen an Jugend herausgestellt. Diesbezüglich wird insbesondere auf die Aspekte *Entwicklungsaufgaben von Jugendlichen* sowie *Identitätsbildung / Identitätsarbeit* abgehoben, die sich als zentrale Anforderungen an die Jugendlichen herauskristallisieren. Darüber hinaus wird aus einer entwicklungspsychologischen Betrachtung heraus überleitend zu den weiteren Ausführungen ein Bezug zum *Einfluss relevanter Umwelten* auf die Entwicklung von Jugendlichen hergestellt.[8]

Durch die Ausführungen dieses Kapitels sollen, wie benannt, einige grundsätzliche Zusammenhänge in der Auseinandersetzung mit Jugend thematisiert werden, um einen Anknüpfungspunkt für eine Diskussion über Aufgaben und Legitimation von Offener Jugendarbeit aus Sicht der Entwicklungspsychologie zu schaffen. Die vorliegende Arbeit kann es in diesem Zusammenhang nicht leisten, tiefgehend auf disziplinäre Hintergründe und Diskurse einzugehen, sondern bedient sich – auch im Sinne des zuvor beschriebenen Verständnisses der Autoren von einer interdisziplinären Herangehensweise (vgl. Kap. 2.1) – gängiger und akzeptierter Basisliteratur. Darüber hinaus setzen die Ausführungen dieses Kapitels mit Blick auf ihre Funktion im Gesamtkonstrukt der vorliegenden Arbeit bewusst Schwerpunkte in der Darstellung entwicklungspsychologischer Gedanken zur Lebensphase Jugend. Zur vertiefenden und differenzierenden Auseinandersetzung mit den angeführten Ideen und Ansätzen werden an geeigneter Stelle Literaturhinweise gegeben. Diese bieten auch das Potenzial für einen weiterführenden Blick auf die entwicklungspsychologische Betrachtung der Lebensphase.

[8] Die beschriebene Strukturierung des Kapitels orientiert sich am Aufbau verschiedener Veröffentlichungen im Rahmen der Entwicklungspsychologie. Insbesondere *Oerter/Dreher* 2008, aber auch *Berk* 2004 und *Fend* 2005 weisen eine ähnliche Struktur in ihren Beiträgen auf.

2.2.1 Zentrale Gedanken der Entwicklungspsychologie des Jugendalters

In diesem Abschnitt stehen für die Autoren die zentralen Gedanken der Disziplin im Mittelpunkt. Hierbei sollen einerseits die grundsätzlichen Perspektiven, Fragestellungen und Gegenstandsebenen der Entwicklungspsychologie des Jugendalters und andererseits konkrete etablierte wissenschaftliche Ansätze dargestellt werden. Dabei wird im ersten Teil auf die Perspektive sowie auf Konzepte und Theorien eingegangen, während anschließend ein Blick auf die kognitive Entwicklung geworfen werden soll, bevor die biophysiologische Entwicklung in den Fokus der Darstellungen rückt.

Perspektive, Konzepte und Theorien der Entwicklungspsychologie

> „Derzeit geht man mehrheitlich davon aus, dass die psychische Entwicklung von körperlichen und sozialen Faktoren äußerlich und durch sich selbst innerlich bestimmt wird. Damit wird als entscheidender Entwicklungsmechanismus die eigene Aktivität (Tätigkeit) sichtbar.“ (*Wieland* 2010, S. 18).

Die Entwicklungspsychologie widmet sich dementsprechend also relativ überdauernden Veränderungen im Verhalten und Erleben von Menschen über die Zeitspanne des Lebensalters hinweg, die sich nicht vollständig durch äußere Einflüsse beschreiben lassen, sondern im Zusammenspiel mit diesen äußeren Stimuli insbesondere auf einen inneren Zusammenhang der betrachteten Personen zurückzuführen sind. Darüber hinaus beschäftigt sie sich mit den Unterschieden dieser Verhaltens- und Erlebensveränderung zwischen verschiedenen Individuen sowie der Wechselwirkung zwischen dem sich entwickelnden Individuum und seiner materiellen sowie sozialen Umwelt (vgl. *Lohaus* et al. 2010, S. 2f).
Dieser letzte Gegenstandsbereich der Entwicklungspsychologie hebt u.a. auf das Konzept von Akkumulation und Assimilation ab. Akkumulation beschreibt dabei die Anpassung des Individuums an die Umwelt, Assimilation die durch das Individuum hervorgerufene Anpassung der Umwelt an das Individuum. „Entwicklung ist [letztlich] ein Ausgleichsprozeß zwischen Individuen und den äußeren Umweltbedingungen also ein Gleichgewichtsprozeß zwischen Assimilation und Akkumulation.“ (*Grothe/Schütte* 1998, S. 5).
Die Entwicklungspsychologie betrachtet gemäß den vorherigen Darstellungen Übergänge im Verhalten und Erleben von Menschen, die sowohl auf endogene Faktoren (bspw. biologische Prozesse) als auch soziale Faktoren (Umwelteinflüsse) zurückgehen. Diese Übergänge sind dabei sowohl als Potenzial der „Erweiterung bisheriger Möglichkeiten“ als auch als „Aufgeben bisher vorhandener Sicherheit“ und somit als labile Phasen zu verstehen (vgl. *Oerter/Dreher* 2008, S.

274). Handlungsmuster, Routinen und Gewohnheiten verlieren Gültigkeit und Funktionalität und können teilweise noch nicht durch neue Strategien ersetzt werden. Diese Diskrepanz gilt es seitens der Individuen auszuhalten. Insbesondere im Jugendalter lassen sich dabei vielfältige Übergänge in den „biophysischen, kognitiven und sozialen Funktionsbereichen“ finden (vgl. ebd.).
Die Entwicklungspsychologie des Jugendalters betrachtet also die spezifischen Veränderungen in der Lebensphase Jugend und deren Auswirkungen auf das Verhalten und Erleben der Jugendlichen. Der Lebensabschnitt lässt sich zeitlich aus disziplinärer Perspektive unter Rückgriff auf das Modell von Laurence Steinberg in drei Phasen unterteilen: Die frühe Adoleszenz (10-13 Jahre), die mittlere Adoleszenz (14-17 Jahre) und die späte Adoleszenz (18-22 Jahre) (vgl. *Steinberg* 2005, S. 7).

Theoriegeschichtlich finden sich verschiedene Ansätze für die explizite Erklärung und Beschreibung der Entwicklungsprozesse im Jugendalter. Den ersten spezifischen Ansatz liefert dabei die biogenetische Position. Diese beschreibt – hauptsächlich vertreten durch G. Stanley Hall – die individuelle Entwicklung als Rekapitulation evolutionärer Übergänge. „Der Adoleszenz entspricht nach Stanley Hall ein neues Kultur-Zeitalter, nämlich die *Romantik*, und in Übereinstimmung mit der Replikationsthese das Lebenszeitalter des *Sturm und Drang*.“ (*Fend* 2005, S. 41). Hall spielt mit dieser Position insbesondere darauf an, dass im Rahmen der Adoleszenz eine Auseinandersetzung mit Liebe inklusive der begleitenden Umstände wie Leidenschaft, Eifersucht, Rivalität und Partnerwerbung, mit religiösen Gefühlen, mit der Natur und der Kunst sowie mit den neuen Dimensionen ethischen Durchdenkens stattfindet (vgl. ebd.).
In Abgrenzung zu dieser Perspektive der Dominanz innerer Entfaltungskräfte beschreibt die kulturanthropologische Position in Vertretung durch Margaret Mead die Wechselwirkung zwischen der Entwicklung des Individuums und bestehenden Sinn- und Wertekonzepten sowie Vergangenheit, Gegenwart und Zukunft in der Gesellschaft. Der Fokus liegt hier also auf der Einflussmacht der sozialen Umwelt. Dem Jugendalter kommt dem jeweiligen Kulturzusammenhang entsprechend die Aufgabe zu, eigene Werte und eigenes Verhalten mit der Gesellschaft in Beziehung zu setzen (vgl. *Oerter/Dreher* 2008, S. 275f).
Weiter lassen sich verschiedene neuere Ansätze finden, innerhalb derer das Jugendalter, vorrangig herrührend aus Prozessen der kognitiven und physiologischen Veränderung sowie der sexuellen Reifung, als generell konflikthafte Phase charakterisiert wird und somit als Entwicklungsprozess bestimmte Bewältigungs-

strategien hervorruft. Diese stehen auf der Basis der Selbstentfaltung und der Psychoanalyse, die von William Stern und Sigmund Freud geprägt wurden.[9] Hier sind der psychodynamische Ansatz von Anna Freud, neoanalytische Copingkonzepte wie u.a. von Norma Haan und kognitionspsychologische Ansätze, bspw. von Richard Lazarus, zu verorten (vgl. ebd., S. 276ff).
An ähnlicher Stelle ist auch die psychosoziale Phasentheorie von Erik H. Erikson als Erweiterung und Modifikation der Freudschen Psychoanalyse anzusiedeln. Diese versteht den Entwicklungsprozess des Menschen als Suche nach einer eigenen Identität (vgl. Kap. 2.2.2; Kap. 2.3.). Hierbei durchläuft der Mensch in der Zeit seines Lebens verschiedene Phasen, die von Konflikten – Erikson bezeichnet diese als Krisen – geprägt sind (vgl. *Miller* 1993, S. 154ff). Nach Erikson müssen diese Krisen bewältigt werden. Diese Bewältigung lässt somit die Persönlichkeit wachsen und befähigt das Individuum, der Umwelt aktiv entgegenzutreten. Aufgabe der Adoleszenz ist also letztlich der Vollzug von Integrationsleistungen und Enkulturationsleistungen, für deren Erbringung ein Zeit- und Handlungsspielraum durch die Gesellschaft gegeben wird – das Moratorium (vgl. Kap. 2.3.1). In Eriksons Modell vertritt die Adoleszenz die fünfte Phase, welche von der Krise „Identität und Ablehnung versus Identitätsdiffusion" geprägt wird (vgl. *Oerter/Dreher* 2008, S. 278f).[10]

Die beschriebenen Ansätze wurden herangezogen, um auf der einen Seite deutlich zu machen, dass innerhalb der Entwicklungspsychologie ein historischer Wandel der Perspektiven vorliegt. Auf der anderen Seite sollte auch ersichtlich werden, dass sämtliche Theorien im Kern darauf anspielen, dass in der Phase des Jugendalters bestimmte Übergangsprozesse durchlaufen werden, die sowohl endogen als auch exogen bedingt sind und welche mit Konflikten und Risiken einerseits sowie mit Handlungspotenzialen andererseits verbunden sind, denen es seitens der Jugend entgegenzutreten gilt. Darüber hinaus bieten die vorgestellten Ansätze ein Fundament dafür, Zusammenhänge zwischen Veränderungen (kognitiver wie biophysiologischer Art) und Übergängen im Verhalten und Erleben von Jugendlichen herzustellen. Welche Veränderungsprozesse sich dabei im Rahmen des Jugendalters konkret vollziehen und wie diese mit bestimmten zu erwartenden Verhaltensweisen in Beziehung stehen, soll nachfolgend differenzierter in den Blick genommen werden.

---

[9] Zur weiteren Auseinandersetzung mit diesen Ansätzen können u.a. *Fend* 2005 und *Lück* 2009 sowie die Publikationen von *Siegmund Freud* und *William Stern* selbst herangezogen werden.
[10] Zur intensiveren Auseinandersetzung mit den verschiedenen Theorien der Entwicklungspsychologie bieten sowohl Einführungswerke wie *Berk* 2004 oder *Oerter/Montada* 2008 als auch die Einzelpublikationen der im Text angeführten Vertreter der jeweiligen Theorie einen Einblick.

Kognitive Entwicklung

Die erste Perspektive auf Veränderungsprozesse als Auslöser von Übergängen im Verhalten und Erleben von Jugendlichen richtet sich auf die Ebene der Kognition. Hierbei sollen Anpassungen der Denkstruktur auch hinsichtlich neurologischer Zusammenhänge in den Blick genommen werden, um aufzuzeigen, inwiefern sich das Denken des Menschen im Jugendalter auf der Grundlage endogener Faktoren sowie teilweise exogener Impulse verändert und welche Folgen daraus für sein Verhalten und Erleben abgeleitet werden können.
Theoretisch liefert hier Jean Piaget in seinem strukturgenetischen Ansatz mit dem Stufenmodell die Grundlage und den wohl populärsten Ansatz zu Klassifizierung und Erklärung der Veränderung menschlicher Denkstruktur im Rahmen der Entwicklung in Kindheit und Jugendalter. Piaget geht in seinem Modell von vier Stufen der Entwicklung aus: sensomotorische, präoperationale, konkret-operationale und formal-operative Stufe. „Die [...] Idee von Piaget bestand darin, einerseits *die Strukturen des ausgereiften Erwachsenendenkens* zu beschreiben und andererseits die Entwicklung inhaltlich *in mehreren Stufen als auf diese Endform zustrebend* zu konzipieren." (*Fend* 2005, S. 121). Die kognitive Entwicklung ist nach Piaget entsprechend als schrittweise Verbesserung von Logik, Abstraktionsfähigkeit und Hypothesenbildung zu verstehen. Für die Adoleszenz stellen dabei der Übergang von der dritten in die vierte Stufe und diese Stufe selbst den relevanten Ausschnitt dar, obwohl nicht jeder Jugendliche und auch nicht jeder Erwachsene diese Stufe erreicht (vgl. ebd., S. 123). Während das Denken im Rahmen der ersten drei Stufen an konkrete Wahrnehmungen und sichtbare Phänomene gekoppelt ist, beschreibt die formal-operative Stufe eine Denkweise, die ihre „Logik vom sichtbaren Objekt selber lösen kann und auf verbaler bzw. symbolischer Ebene ohne andere Unterstützung funktioniert. Diese konkrete Logik wird zudem generalisiert und mit neuen Kombinationsmöglichkeiten gestützt." (*Piaget* 1969, S. 23). In der Adoleszenz wird der Mensch also unabhängig von Stimuli der Wahrnehmung und kann somit zukunftsorientiert denken und Wirklichkeiten konstruieren (vgl. *Fend* 2005, S. 124).

> „Die Adoleszenz bietet [...] [demzufolge] neue Möglichkeiten, Beziehungen zur Welt und zu sich selber herzustellen. Der Jugendliche entwirft die Welt nicht mehr [...] nach den inneren Bedürfnissen und Phantasien, er paßt sich ihr auch nicht mehr in Bezug auf die konkreten Umweltgegebenheiten kritik- und distanzlos an [...]. Der Adoleszente entwickelt vielmehr gleichzeitig ein *distanziertes* und *generalisiertes* Verhältnis zur Umwelt." (ebd., S. 124f).

Die zentrale Komponente des Modells stellt also die Unterordnung der Wirklichkeit unter die Möglichkeit dar. „Der Sprung vom wirklichkeitsorientierten zum [aktiven] hypothetischen, abstrakten oder formalen Denken ist fundamental für das Jugendalter." (*Oerter/Dreher* 2008, S. 285). Für Piaget ist die Interaktion zwischen biologischer Veränderung und Stimulation durch die Umwelt als Bedingung intellektueller Entwicklung zu sehen. In Folge dessen übernimmt die Adoleszenz als „Zeit einschneidender biologischer und beachtenswerter umweltbedingter Veränderungen" eine entscheidende Funktion in der kognitiven Entwicklung (vgl. ebd.).

An dieser Stelle lässt sich anführen, dass im Rahmen kognitiver Forschung neuere Ansätze als „Modifikation, Ergänzung bzw. Erweiterung jeweils vorausgegangener Positionen" verstanden werden können (vgl. ebd., S. 284). Somit bleiben bisherige Ansätze als Fundament der Betrachtung bestehen und werden durch neue Erkenntnisse bereichert oder angepasst. Daher sollen als Ergänzung zum beschriebenen Modell von Piaget – der Struktur von Rolf Oerter und Eva Dreher folgend – drei weitere Perspektiven auf die kognitive Entwicklung im Jugendalter herangezogen werden (vgl. ebd., S. 285ff).[11]
Der erste Ansatz, der insbesondere auf Robbie Case und Andreas Demetriou zurückgeht, versucht, aufbauend auf die Ideen Piagets, Prozesskomponenten der Informationsverarbeitung wie Effektivität, Geschwindigkeit oder Gedächtnisleistung in den Blick zu nehmen und in das Stufenmodell zu integrieren. Es werden entsprechend Aspekte wie Aufmerksamkeit, Erinnerung, Verarbeitungsstrategien und Metakognition sowie die Automatisierung von Denkprozessen untersucht. „Demetriou und Mitarbeiter [...] konnten substantielle Entwicklungsveränderungen [zwischen dem 8. und 14. Lebensjahr] bei diesen kognitiven Funktionen nachweisen." (ebd. , S. 285). Ergebnis dieser Perspektive ist darüber hinaus insbesondere der Nachweis einer engen – und teilweise reziproken – Verknüpfung zwischen der Effizienz der Informationsverarbeitung, der Leistung des Gedächtnisses und dem Problemlösen. Das Stufenmodell wird hier also so modifiziert, dass die Verbesserung, die im Jugendalter erfolgt, nicht nur im Sinne eines höheren Abstraktionsniveaus und der Fähigkeit zu formalem Denken sowie zur Hypothesenbildung zu verstehen ist, sondern auch in Form einer Veränderung von Prozesskomponenten auftritt, wobei die Stufenübergänge eng mit physiologischen Veränderungen im Gehirn verknüpft sind. Das heißt im Jugendalter verändern sich nicht nur die Möglichkeiten zum Abstrahieren und zur Bildung von Hypothesen, sondern gleichzeitig sukzessive auch die Effizienz und Geschwindigkeit, in der diese Möglichkeiten umgesetzt werden, sowie der Rückgriff auf bestimmte Möglichkeiten im Zuge einer gesteigerten Gedächtnisleistung (vgl. *Oerter/Dreher* 2008, S. 285f).

[11] Weiterführende Beiträge zu diesen drei nachfolgend vorgestellten Ansätzen liefern u.a. *Dreher/Dreher* 2008 und speziell für die neuropsychologische Perspektive *Rüsseler* 2009.

Die zweite Position, geprägt von Michelene T. H. Chi, Robert Glaser und Ernest Rees, beschäftigt sich mit kognitiven Ressourcen und spielt darauf an, dass sich eine kognitive Entwicklung auf dem Fundament der Aneignung von Wissen vollzieht. So gelangen die benannten Vertreter zu der Annahme, dass eine umfangreichere und strukturiertere Datenbasis eine fruchtbare Grundlage für kognitive Prozesse und das Erreichen höherer Stufen darstellt. Dies stellt den Einfluss der sozialen Umwelt auf die kognitive Entwicklung nochmals gesondert heraus. Die Fokussierung auf Expertise und die Vernachlässigung von Alterskorrelationen werden an dieser Perspektive zwar kritisch gesehen, sie „verweist aber auf die zentrale Rolle metakognitiver Bewusstheit", die für das Jugendalter kennzeichnend ist (vgl. ebd., S. 286).
Etwas von diesen beiden Positionen abhebend liefern bio-neuro-psychologische Ansätze insbesondere Erkenntnisse bezüglich der Gehirnentwicklung. Hierbei geraten Reifungsprozesse im präfrontalen Kortex in den Mittelpunkt der Betrachtung. „Als zentral für die Denkentwicklung [im Jugendalter] ist der Einfluss auf das Arbeitsgedächtnis und die Aufmerksamkeitssteuerung [zu sehen]; es kommt zu einer bewussten Kontrolle der kognitiven Prozesse sowie zu effizienterem Ausblenden irrelevanter Informationen (inhibitorische Funktion)." (ebd.). Der neurologische Prozess, der im Rahmen dieser Ansätze thematisiert wird, ist die Mylenisierung, durch welche die Leitfähigkeit und die Geschwindigkeit elektrischer Signale an den Nervenzellen innerhalb des Gehirns erhöht werden. Im Jugendalter verändert sich also der präfrontale Kortex insofern, dass die physiologische Hirnstruktur den Stufenübergang ermöglicht und erleichtert (vgl. *Oerter/Dreher* 2008, S. 286).

Merkmale des Denkens im Jugendalter sind also davon geprägt, dass Abstraktionen hergestellt, Möglichkeiten abgehoben von der konkret wahrgenommenen Umwelt in den Blick gerückt, vorhandene kognitive Ressourcen genutzt und in Expertise umgewandelt sowie im Zuge von neuronalen Veränderungen kognitive Prozesse gesteuert und irrelevante Aspekte ausgeblendet werden können. Fend fasst dies in folgende fünf Fähigkeiten zusammen, die sich der / die Jugendliche im Zuge dieser Entwicklung aneignet (vgl. *Fend* 2005, S. 125ff):

1. Fähigkeit, in Möglichkeiten zu denken
2. Fähigkeit, in abstrakten Begriffen zu denken
3. Fähigkeit zur Dezentrierung des Denkens
4. Fähigkeit, über sich selbst nachzudenken
5. Fähigkeit zum Aufbau mündigen Urteilens

Aus diesen Betrachtungen der kognitiven Veränderungen innerhalb des Jugendalters entstehen Übergänge im Verhalten und Erleben der Jugendlichen, da diese mit den neuen Gegebenheiten umgehen und bestehende Routinen und Handlungsmuster in neue umgesetzt werden müssen, da sie nicht mehr mit den kognitiven Strukturen und Fähigkeiten sowie Denkmustern übereinstimmen.

Die kognitive Entwicklung stellt dabei erstens eine Grundlage dafür dar, dass Jugendliche häufig als streitlustig, oder idealistisch wahrgenommen werden. „Wenn Adoleszente formale Operationen erwerben, sind sie auch motiviert, diese anzuwenden.“ (*Berk* 2004, S. 507). Positionen werden gesucht und Standpunkte teilweise vehement vertreten. Es wird möglich, sich die Vergangenheit vorzustellen und sich darüber hinaus aufgrund der Auseinandersetzung mit den Möglichkeiten, die in Folge abstrakten Denkens aus dem Wahrgenommenen hervorgehen, mit Alternativen hinsichtlich Familie, Religion, Gesellschaft, Moral und Politik zu beschäftigen. Die Jugendlichen wollen diese erkunden und entwickeln (teilweise utopische) Visionen bezogen auf diese Zusammenhänge. Diese Visionen stehen häufig in Konflikt mit den realistischeren Betrachtungsweisen der Erwachsenengeneration und führen zu Konflikten, da diese wiederum von den Jugendlichen kritisch betrachtet werden. Andererseits bieten die Fähigkeiten zur Abstraktion und Dezentrierung auch gute Anknüpfungspunkte für naturwissenschaftliches Lernen, die Bildung moralischer Urteile und ein psychologisches Verständnis. Eine Akzeptanz adoleszenter Visionen und Kritik kann Jugendlichen in diesem Zusammenhang helfen, ein besseres Gleichgewicht zwischen dem Idealen und dem Realen zu finden (vgl. *Berk* 2004, S. 507f; *Fend* 2005, S. 125).

Zweitens treten Jugendliche aufgrund der kognitiven Entwicklungsprozesse in der Adoleszenz zwar bezogen auf kognitive Aufgabenstellungen, die bspw. in Schule und Berufswelt an sie herangetragen werden, deutlich planvoller als in der Kindheit auf und können entscheiden, wie eine Aufgabenbewältigung strukturiert und umgesetzt werden soll. Hinsichtlich alltäglicher Entscheidungen zeigen sie sich aufgrund der Vielzahl an vorstellbaren Möglichkeiten jedoch unmotiviert oder überfordert. „Tägliches Planen und Treffen von Entscheidungen sind schwierig für Teenager, weil es so viele Möglichkeiten gibt. Als sie kleiner waren, haben in der Regel Erwachsene ihre Wahlmöglichkeiten spezifiziert […].“ (*Berk* 2004, S. 510). An dieser Stelle hilft das Sammeln von Erfahrungswerten hinsichtlich alltäglicher Entscheidungsprozesse den Jugendlichen dabei, Sicherheit zu gewinnen und souveräner aus einer selbstbewussten Position heraus zu agieren (vgl. ebd., S. 509f).

Drittens bedeuten die kognitiven Entwicklungsprozesse für die Jugendlichen das Aufkommen einer selbstbezogenen Perspektive. Insbesondere David Elkind spricht in diesem Zusammenhang sogar von einem Egozentrismus als prägendem Moment der Jugendphase. „Man könnte ebenso von einer Dezentrierung im Sinne einer Sicht der eigenen Person von außen sprechen.“ (*Fend* 2005, S. 126). Dies birgt das gefährdende Potenzial, dass sich Jugendliche unter ständiger Beobachtung wähnen, sozusagen vor einem „imaginären Publikum" agieren, und ein übersteigertes Maß an Selbstkritik und Unsicherheit aufbauen, oder dass ein Bewusstsein der eigenen Unverletzbarkeit eintritt und zu risikoreichem Verhalten führt. Dies kann auch in Verbindung mit dem Phänomen der „persönlichen Legende" stehen. Dieses geht davon aus, dass die Heranwachsenden sich aus dem Gefühl des Beobachtetwerdens heraus in einer eklatant ruhmreichen oder aber zutiefst verzweifelten Zukunft sehen, um sich von der als gewöhnlich und sensationslos gesehenen Realität abzugrenzen (vgl. ebd.). Koppelt sich dieses Phänomen mit einer Persönlichkeit, die auf Sensationen hin ausgerichtet ist, können diese Jugendlichen zu sexuellen Risiken, Drogenkonsum und Kriminalität neigen (vgl. *Berk* 2004, S. 507ff; *Fend* 2005, S. 126f; Kap. 2.4.1).

> „Adoleszente haben [aber] auch emotionale Gründe, an dem Gedanken zu haften, dass andere sich ausschließlich mit ihrer Erscheinung und ihrem Verhalten beschäftigen. Das hilft ihnen dabei, einen Halt an wichtigen Beziehungen zu bewahren, wenn sie darum kämpfen, sich von Eltern zu trennen und ein unabhängiges Selbstgefühl aufzubauen." (*Berk* 2004, S. 509).

Biophysiologische Entwicklung

Neben den beschriebenen Veränderungen in der kognitiven Struktur, hinsichtlich neurologischer Zusammenhänge und in Bezug auf das Denken, vollziehen sich auch auf der biophysiologischen Ebene im Jugendalter zentrale Veränderungsprozesse, die es mit Blick auf Übergänge im Verhalten und Erleben von Jugendlichen zu beachten gilt. Diese auch als „puberale Prozesse" bezeichneten Veränderungen finden sich bereits in der biogenetischen Position von Hall und spielen insbesondere auf drei Merkmalsgruppen an: Erstens das Wachstum in Bezug auf Größe, Gewicht und Proportionen, zweitens die Entwicklung sekundärer Geschlechtsmerkmale wie Brustwachstum, Bartwuchs und Stimmveränderung, und drittens die Entwicklung primärer Geschlechtsmerkmale sowie die sexuelle Reifung über die erste Menstruation und den ersten Samenerguss (vgl. *Fend* 2005, S. 102). Laura Berk führt neben diesen Aspekten die hormonellen Veränderungen sowie die motorische Entwicklung und körperliche Aktivität als relevante Prozesse körperlicher Entwicklung in der Adoleszenz an (vgl. *Berk* 2004, S. 476ff). „In der Summe bedeuten sie, daß der Mensch in dieser Lebensphase quasi in einen *neuen Körper* hineinwächst. Ihn ‚bewohnen' zu lernen wird zu einer zentralen Entwicklungsaufgabe." (*Fend* 2005, S. 102) (vgl. Kap.2.2.2).
Verschiedene wissenschaftliche Studien liefern diesbezüglich Material zur Veranschaulichung dieser sich vollziehenden physiologischen Veränderungen sowie zur Einordnung in einen historisch-gesellschaftlichen Kontext, da sowohl Quer- als

auch Längsschnittuntersuchungen vorgenommen wurden. Prägend in dieser Hinsicht sind u.a. die Untersuchungen und Veröffentlichungen von Robert M. Malina und Claude Bouchard sowie von James M. Tanner, die sowohl Durchschnittsalter als auch Altersspektren bezogen auf die wichtigsten puberalen Veränderungen untersucht und ermittelt haben (vgl. *Berk* 2004, S. 480; *Fend* 2005, S. 103). Mit Blick auf das Längenwachstum lässt sich aus diesen Veröffentlichungen bspw. ein deutlicher Wachstumsschub ab etwa dem 10. Lebensjahr bei Mädchen und ab dem 12. Lebensjahr bei Jungen feststellen und weiterführend ableiten: „Das maximale Längenwachstum in der Pubertät beträgt bei Jungen 9,5 cm pro Jahr und 8 cm pro Jahr bei Mädchen. Nachher fällt das jährliche Wachstum deutlich ab und erreicht zwischen dem 16. und 19. Lebensjahr das Ende.“ (*Fend* 2005, S. 103). Neben dem Längenwachstum ist die sexuelle Reifung wie beschrieben ein zentraler bio-physiologischer Veränderungsprozess im Jugendalter. Dies bedeutet, dass es zur Herausbildung und zum Wachstum der sekundären und primären Geschlechtsmerkmale sowie zur ersten Menstruation respektive zum ersten Samenerguss kommt. In diesem Zusammenhang verändert sich – stark ausgeprägt durch das Kehlkopfwachstum bei Jungen und weniger ausgeprägt bei Mädchen – die Stimme und es kommt zum Bartwuchs sowie zur Schambehaarung. Diesbezüglich lässt sich auf der Grundlage wissenschaftlicher Studien festhalten, dass diese Prozesse im Durchschnitt bei Mädchen zwei Jahre früher als bei Jungen und im historischen Blickwinkel immer früher einsetzen – während 1840 der durchschnittliche Zeitpunkt der Menarche bei Mädchen noch bei 17 Jahren lag, lag er 1990 bei knapp 13 Jahren, ähnliche Entwicklungen sind für Jungen zu konstatieren (vgl. *Berk* 2004, S. 480). Darüber hinaus wird im Rahmen der Studien deutlich, dass die sozioökonomische Lage der Familie wirksame Einflüsse auf die puberale Entwicklung aufweist und es innerhalb der Geschlechter deutliche Variationen bezogen auf den Zeitpunkt des Einsetzens der Entwicklung der einzelnen Merkmale der Reifung gibt. Auch an dieser Stelle lässt sich also das Zusammenspiel von biologischen Faktoren und sozialer Umwelt als Auslöser von Entwicklungsprozessen heranziehen (vgl. ebd.; *Fend* 2005, S. 105ff).

Die physische Steuerung der beschriebenen Veränderungsprozesse insbesondere des Körperwachstums und der sexuellen Reifung übernehmen die Hormone. In der Adoleszenz lassen sich dabei eine erhöhte Sekretion von Wachstumshormon und Schilddrüsenhormon sowie die Ausschüttung von Östrogenen und Androgenen feststellen, welche primär die sexuelle Reifung und sekundär auch das Köperwachstum verantworten. Androgene werden verstärkt bei Männern ausgeschüttet, Östrogene bei Frauen, beide Geschlechter verfügen aber sowohl über Androgene als auch über Östrogene (vgl. *Berk* 2004, S. 476).

Die bio-physiologischen Veränderungen führen auch zu einer Verbesserung der Grobmotorik, wobei dieser Prozess bei Mädchen eher langsam und graduell verläuft und bei Jungen ein deutlicher Sprung in der körperlichen Leistungsfähigkeit zu verzeichnen ist. Diese Entwicklung führt – verstärkt bei Jungen – zu einer höher frequentierten körperlichen Aktivität während der Adoleszenz bspw. im Sport und steht wiederrum in Zusammenhang mit sozialen und kognitiven Kompetenzen, die sich im Zuge von Bewegung, Wettbewerb oder Selbstbehauptung entwickeln (vgl. *Berk* 2004, S. 479)

Als Reaktion auf die beschriebenen körperlichen und biologischen Veränderungen lassen sich im Rahmen entwicklungspsychologischer Erkenntnisse einige Zusammenhänge bezüglich des Verhaltens und Erlebens von Jugendlichen darstellen. Hierbei ist den Gedanken Berks folgend insbesondere zwischen erstens Reaktionen der Jugendlichen auf die Veränderungen, zweitens Auswirkungen der Veränderungen auf Gefühle und Sozialverhalten sowie drittens Auswirkungen und Reaktionen im Kontext von früher respektive später körperlich-sexueller Reifung zu unterscheiden (vgl. ebd., S. 482ff).
Hinsichtlich der ersten Kategorie hängen die Verhaltensweisen der Jugendlichen stark mit der Vorbereitung auf die zu erwartenden körperlichen Veränderungen zusammen. Hierbei lassen sich Gemeinsamkeiten und Unterschiede zwischen den Geschlechtern finden. Historisch haben z.B. die Menarche und der erste Samenerguss aufgrund ihres unerwarteten Eintretens teilweise zu Verstörungen, Schock oder Traumata geführt. Aufgrund einer gesteigerten elterlichen Bereitschaft, sexuelle Entwicklung innerfamiliär zu thematisieren und einer Qualifizierung öffentlicher Gesundheits- und Sexualerziehung sind heute dagegen fast alle Jugendlichen auf puberale Prozesse vorbereitet. Eine weitreichende Information steigert diesbezüglich bei beiden Geschlechtern die positive Verarbeitung dieser Prozesse, obwohl je nach Informationsgrad auch negative Empfindungen oder Überraschung die puberalen Prozesse begleiten (vgl. *Oerter/Dreher* 2008, S. 300f). Während die Mädchen ihr Wissen dabei meist aus dem familiären Hintergrund – also von ihren Müttern und / oder Vätern – erhalten und dadurch in diesen Prozessen gestärkt werden, beziehen die Jungen ihre Kenntnisse eher aus Büchern, Zeitschriften oder dem Internet. Insgesamt lässt sich daran anknüpfend sagen, dass die Jungen weniger Unterstützung für die körperlichen Veränderungen erhalten und somit individualisierter der Bewältigung dieser Veränderungen entgegen treten müssen. Außerdem lässt sich ein deutlicher Einfluss des kulturellen Kontextes des jeweiligen Jugendlichen auf die Bewältigung und Akzeptanz der Veränderungen festhalten. So wird die Pubertät bspw. in Stammesgesellschaften über Riten und Initiationsfeierlichkeiten mit einer Veränderung von Privilegien und Verantwor-

tung verknüpft. In westlichen Kulturkreisen fehlen dagegen vielfach entsprechende Rituale, sodass die Jugendlichen sich in einer verwirrenden Situation von situativem Erwachsenenstatus, der über Berechtigungen (Alkohol trinken, Arbeiten dürfen) vermittelt wird und situativem Kindheitsstatus befinden (vgl. *Berk* 2004, S. 482).

Bezogen auf die zweite Kategorie hebt Laura Berk auf einerseits adoleszente Stimmungsschwankungen und andererseits die Eltern-Kind-Beziehung ab. Eine festzustellende Launenhaftigkeit von Jugendlichen, die sich in Studien verifiziert, beruht dabei einerseits auf endogenen Prozessen, u.a. auf hormonellen aber insbesondere auf kognitiven – das Stichwort ist hier Selbstreflektion – Veränderungen. Andererseits geht diese Launenhaftigkeit aber auch auf exogene Einflüsse zurück, da die Schwankungen der Gefühlslage bei Jugendlichen – so zeigen es die Untersuchungen – deutlich mit dem jeweiligen Umfeld korrelieren. Eine Veränderung in der Eltern-Kind-Beziehung, häufig auch als Ablösungsprozess bezeichnet, geht auf zwei Zusammenhänge zurück. Einerseits lässt sich diese Veränderung auf evolutive Komponenten zurückführen. Da die moderne westliche Gesellschaftsform einen natürlichen Ablöseprozess zur Vermeidung sexueller Aktivität zwischen Blutsverwandten – wie er z.B. bei nicht industrialisierten Kulturen und nicht menschlichen Primaten zu finden ist – nicht zulässt, wählt der Mensch einen ersetzenden Prozess in Form der psychologischen Distanzierung (vgl. ebd., S. 484). Andererseits nimmt sich der Jugendliche wie bereits zuvor dargestellt im Zuge der kognitiven Entwicklung selbst wahr, setzt sich intensiviert mit der Gleichaltrigengruppe auseinander und empfindet sich darüber hinaus aufgrund der körperlichen Entwicklung als reif und erwachsen (vgl. Kap. 3.3). Kommt es diesbezüglich zu Diskrepanzen hinsichtlich der Einschätzung des Reifegrads zwischen Jugendlichen und Erwachsenen (insbesondere Eltern) so birgt dies Konfliktpotenziale. Die entstehenden Konflikte werden in Streitigkeiten und Diskussion ausgetragen. Dies führt jedoch nicht zu einer gänzlichen Abkehr vom Elternhaus, da der familiäre Zusammenhalt als Schutz und Rückzugsort für beide Generationen während der Adoleszenz fungiert (vgl. *Berk* 2004, S. 483ff; Kap. 3.2). Darüber hinaus prägen die Veränderungen im Hormonhaushalt weitere Verhaltensänderungen. Die hormonelle Entwicklung kann zu Aggression, Dominanz sowie Sexualphantasien und, wie benannt, Stimmungslabilität führen (vgl. *Fend* 2005, S. 227).

Die dritte Kategorie nimmt den Vergleich unter den Jugendlichen in den Blick. Im Umgang mit Unterschieden im Entwicklungsstand zwischen den Jugendlichen sind diesbezüglich Differenzen zwischen Mädchen und Jungen sichtbar. Untersuchungen zeigen, dass früh entwickelte Jungen von Erwachsenen und Gleichaltrigen als selbstbewusst, beliebt und in Führungspositionen wahrgenommen werden, während eher spät entwickelte Jungen ängstlich und nach Aufmerksamkeit hei-

schend gesehen werden. Demgegenüber zeigt sich bei den Mädchen ein umgekehrtes Bild, da früh entwickelte Mädchen als wenig selbstbewusst und zurückgezogen und eher spät entwickelte als lebendig und attraktiv auftretend eingeordnet werden. Für diese Ergebnisse spielen einerseits das Empfinden der eigenen körperlichen Attraktivität im Vergleich zum gesellschaftlichen Idealbild und andererseits ein Zugehörigkeitsgefühl zur Gruppe der Gleichaltrigen eine prägende Rolle (vgl. *Oerter/Dreher* 2008, S. 296ff). Gesellschaftlich werden in dieser Hinsicht Frauen, wenn sie dünn sind und lange Beine haben, und Männer, wenn sie groß und muskulös sind, als attraktiv beschrieben. Diese Bilder entsprechen dem eher kindlichen Mädchen und dem bereits körperlich weiterentwickelten Jungen. Dies hat Einfluss auf das eigene Körperbild der Jugendlichen und kann zu Problemen und Krisen in der Bewältigung sowie mitunter auch zu einem Gefühl einer fehlenden Zugehörigkeit zur Altersgruppe führen. Insgesamt lässt sich sagen, dass Jugendliche tendenziell versuchen, sich mit anderen Jugendlichen derselben körperlichen Entwicklungsstufe zu umgeben. Um das eigene Wohlbefinden zu steigern, neigen früh entwickelte Jugendliche beider Geschlechter daher in diesem Zusammenhang dazu, aufgrund einer geringen Anzahl von Altersgenossen desselben pubertären Status, ältere Jugendliche und junge Erwachsene als Kameraden auszuwählen. Dies kann zur Folge haben, dass früh entwickelte Jugendliche von Älteren zu Aktivitäten animiert werden, denen sie emotional noch nicht gewachsen sind (vgl. Kap. 2.4.1; Kap. 3.3). Beispielsweise können dies kleine Kriminaldelikte, erhöhte sexuelle Aktivität, Drogen- oder Alkoholkonsum sein. Mit diesen zusätzlichen Anforderungen gilt es dann umzugehen (vgl. *Berk* 2004, S. 485f).
Neben den beschriebenen Veränderungen im Verhalten und Erleben lassen sich aus entwicklungspsychologischer Sicht darüber hinaus auch spezifische Gesundheits-probleme und Störungen des Jugendalters feststellen, mit denen die Jugendlichen umgehen müssen. Diese liegen häufig im Bereich der Ernährung oder der Sexualität.[12]

2.2.2 Entwicklungspsychologische Erwartungen an Jugend

Im zweiten Unterkapitel der entwicklungspsychologischen Betrachtung der Lebensphase Jugend widmen sich die Autoren den Erwartungen oder auch Anforderungen, die seitens der Disziplin an die Vertreter der Lebensphase, also die Jugendlichen, gestellt werden. Nachdem zuvor die konkreten Entwicklungsprozesse

---

[12] Zur vertiefenden Auseinandersetzung mit dem Thema Gesundheitsprobleme und Störungen in der Adoleszenz liefern neben den angeführten Werken insbesondere *Petermann/Petermann* 2010 und *Steinhausen* 2010 ausführliche Beiträge.

in den Blick genommen und die Veränderungen, die das Jugendalter aus entwicklungs-psychologischer Sicht prägen, thematisiert wurden, sollen nun die daraus abgeleiteten Aufgaben für die Jugendlichen differenzierter in den Fokus rücken. In den Ansätzen und Theorien der Entwicklungspsychologie sticht dabei das Konzept der Entwicklungsaufgaben, welches insbesondere auf Robert J. Havighurst zurückgeht, heraus. Dieses Konzept soll im ersten Abschnitt thematisiert werden. Im Anschluss daran richtet sich der Fokus auf die Thematik der Identität. Diesbezüglich liefern Erik H. Erikson, James Marcia und Helmut Fend relevante wissenschaftliche Hinweise, die in einer klaren Beziehung zum Konzept der Entwicklungsaufgaben stehen. Im Anschluss an die Darstellungen zu den beiden benannten Aspekten soll dann ein kurzer reflexiver und vorausblickender Hinweis auf die Relevanz der sozialen Umwelten von Jugendlichen für die Verhaltens- und Persönlichkeitsentwicklung gegeben werden.

Entwicklungsaufgaben

In den vorherigen Ausführungen wurde an verschiedenen Stellen bereits deutlich, dass die Veränderungsprozesse im Jugendalter, ob nun im Zuge kognitiver oder körperlich-biologischer Prozesse, dazu führen, dass Jugendliche in verschiedenen Lebensbereichen vor bestimmte Herausforderungen gestellt werden, die sie im Rahmen ihres Handelns bewältigen müssen, um im Kontext gesellschaftlicher Anforderungen eine Zufriedenheit zu entwickeln (vgl. Kap. 2.2.1). Diese Herausforderungen werden in der Entwicklungspsychologie – der Begriff findet sich auch in anderen wissenschaftlichen Disziplinen – unter dem Terminus der Entwicklungsaufgaben subsummiert. Das Konzept der Entwicklungsaufgaben als Vermittlung psychologischer Wissensbestände im Hinblick auf die Förderung pädagogischer Kompetenzen geht wie angesprochen im Kern auf Robert J. Havighurst und dessen Mitarbeiter an der Universität Chicago zurück (vgl. *Fend* 2005, S. 210; *Oerter/Dreher* 2008, S. 279; *Schick* 2012, S. 264). Die Entwicklungsaufgaben werden in diesem Kontext als Zusammenspiel von physischen Reifungsprozessen, kulturellen Zusammenhängen und individuellen Werten verstanden, die im Sinne von Entwicklung als Lernprozess im Laufe der Lebenszeit in ihrer Bewältigung zum Auf- und Ausbau bestimmter Fähigkeiten und Fertigkeiten führen. Somit greift das Konzept verschiedene Aspekte der theoretischen Ansätze der Entwicklungspsychologie auf, die zuvor beschrieben wurden (vgl. Kap. 2.2.1). Universelle Basis sind die endogenen bio-physiologischen und kognitiven Veränderungen. Die Entwicklungsaufgaben stehen dabei in der Relativität des jeweiligen Kulturzusammenhangs und werden über individuelle Ziele und Werte, die aus dem

Selbstkonzept als Ergebnis der Möglichkeit kognitiver Selbstbetrachtung erwachsen, um weitere Entwicklungsaufgaben ergänzt beziehungsweise (bzw.) treten in Konkurrenz zu diesen. In jeder Lebensphase herrschen den Gedanken Havighursts folgend Bedingungen, die die Bearbeitung bestimmter Entwicklungsaufgaben begünstigen: „Die Positionierung der Entwicklungsaufgaben der Adoleszenz zwischen vorausgehenden Aufgaben der mittleren Kindheit und nachfolgenden des frühen Erwachsenenalters [...] verdeutlicht die Einbettung der Thematiken innerhalb der Lebensspanne.“ (*Oerter/Dreher* 2008, S. 280). Zwischen bestimmten Aufgabenbereichen besteht dabei eine Interdependenz und es wird deutlich, dass die Entwicklungsaufgaben des Jugendalters nicht isoliert zu betrachten sind, da diese auf den Aufgaben der Kindheit aufbauen oder in Aufgaben des Erwachsenenalters münden. Die Jugendphase kristallisiert sich somit als „konzentrierte Phase multipler Bewältigungsleistungen“ heraus (vgl. ebd., S. 279f).
Als zentrale Entwicklungsaufgaben der Adoleszenz führt Havighurst folgende acht Aufgaben an (vgl. *Fend* 2005, S. 211; *Oerter/Dreher* 2008, S. 281):

1. Neue und reifere Beziehungen zu Altersgenossen beiderlei Geschlechts aufbauen
2. Übernahme der männlichen/weiblichen Geschlechtsrolle
3. Akzeptieren der eigenen körperlichen Erscheinung und effektive Nutzung des Körpers
4. Emotionale Unabhängigkeit von den Eltern und anderen Erwachsenen
5. Vorbereitung auf Ehe und Familienleben
6. Vorbereitung auf eine berufliche Karriere
7. Werte und ein ethisches System erlangen, das als Leitfaden für Verhalten dient – Entwicklung einer Ideologie
8. Sozial verantwortliches Verhalten erstreben und erreichen

Eine Forschungsgruppe um Rolf Oerter, Eva Dreher und Michael Dreher hat in empirischen Untersuchungen diesbezüglich aufgezeigt, dass diese Auflistung auch die Realität der Jugendlichen trifft, jedoch in einzelnen Zusammenhängen ergänzt und spezifiziert werden muss (vgl. *Fend* 2005, S. 211f). Aufbauend auf die Ergebnisse der vorgenommenen Untersuchungen wurden folgende Anpassungen der Entwicklungs-aufgaben vorgenommen:

Peer. Einen Freundeskreis aufbauen, d. h. zu Altersgenossen beiderlei Geschlechts neue, tiefere Beziehungen herstellen. **Körper**. Veränderungen des Körpers und des eigenen Aussehens akzeptieren. **Rolle**. Sich Verhaltensweisen aneignen, die in unserer Gesellschaft zur Rolle eines Mannes bzw. zur Rolle einer Frau gehören. **Beziehung**. Engere Beziehungen zu einem Freund bzw. einer Freundin aufnehmen. **Ablösung**. Sich von den Eltern loslösen, d.h. von den Eltern unabhängig werden. **Beruf**. Sich über Ausbildung und Beruf Gedanken machen: Überlegen, was man werden will und was man dafür können bzw. lernen muss.	**Partnerschaft bzw. Familie**. Vorstellungen entwickeln, wie man die eigene zukünftige Familie bzw. Partnerschaft gestalten möchte **Selbst**. Sich selbst kennen lernen und wissen, wie andere einen sehen, d.h. Klarheit über sich selbst gewinnen **Werte**. Eine andere Weltanschauung entwickeln: sich darüber klar werden, welche Werte man vertritt und an welchen Prinzipien man das eigene Handeln ausrichten will. **Zukunft**. Eine Zukunftsperspektive entwickeln: sein Leben planen und Ziele ansteuern, von denen man annimmt, dass man sie erreichen könnte.

Abb. 1 Entwicklungsaufgaben im Jugendalter (Aus: *Oerter/Dreher* 2008, S. 279)

Auch Fend greift die Ergebnisse der benannten Forschungsgruppe auf und benennt in Anlehnung an die „Architektur handlungsorientierter Entwicklungspsychologie“ zunächst die sechs nachfolgenden Aspekte als zentrale Entwicklungsaufgaben des Jugendalters mit ihren jeweiligen kulturell-gesellschaftlichen Rahmungen und endogenen Auslöseprozesse sowie die pädagogischen Konsequenzen, die der Aufgabe erwachsen (vgl. *Fend* 2005, S. 222ff):

1. **Den Körper bewohnen lernen**
   Im Rahmen dieser Entwicklungsaufgabe besteht die Herausforderung, wie bereits zuvor beschrieben, darin, die eigene körperliche Entwicklung einerseits zu verkraften und andererseits mit kontextuellen Faktoren abzugleichen (vgl. Kap. 2.2.1). Schönheitsideale prägen das Selbstbild und die reflexive Einschätzung körperlicher Attraktivität. Aufkommende Diskrepanzen in diesem Prozess stellen diesbezüglich eine zusätzliche Herausforderung neben der Körperverarbeitung und der Identifikation mit der Geschlechterrolle dar. Über die bereits geschilderten Kompetenzen auf kognitiver Ebene gelingt es den Jugendlichen, verschiedene Bewältigungsmechanismen für diese Herausforderungen aufzubauen. Pädagogische Konsequenzen sind dabei Begleitung, Beratung und insbesondere Wertschätzung von Problemen und Nöten, die im Rahmen körperlicher Veränderungen auftreten. Auch die vielfach entstehende Diskrepanz zwischen innerem Befinden und äußerem Verhalten von Jugendlichen sowie Unterschiede in

Entwicklungsstadien Gleichaltriger gilt es pädagogisch zu berücksichtigen (vgl. *Fend* 2005, S. 223ff).

2. Umgang mit Sexualität lernen
Diese Entwicklungsaufgabe stellt die Jugendlichen vor die Herausforderung, die aufkommenden Aspekte wie Reproduktionsreife und sexuelle Bedürfnisse in einem normativen Gefüge zu regulieren. Eine religiöse und kulturelle Verbotsmoral oder Aufforderung zur Abstinenz sowie die sozialgeschichtlich bedeutsamen Zusammenhänge zwischen Liebe, Sexualität und Ehe sind hier u.a. die kontextuell steuernden Elemente. Es geht im Zuge dieser Entwicklungsaufgabe um die Einordnung von Sexualität in das Bedürfnissystem sowie eine Auseinandersetzung mit dem Aspekt der Bindungsfähigkeit im Kontext von Liebesbeziehungen. Pädagogische Konsequenzen sind dabei die Berücksichtigung der kulturellen Sexualmoral sowie eine Betrachtung von Sexualität in ganzheitlicher Sicht (vgl. ebd., S. 254ff).

3. Umbau der sozialen Beziehungen
Die Veränderung der sozialen Beziehungen insbesondere im Kontext der Verschiebung der Fokussierung von einer Eltern-Kind-Beziehung hin zu Freundschaft und Beziehung mit Gleichaltrigen steht im Mittelpunkt dieser Entwicklungsaufgabe. Dabei sind wiederrum kulturelle Aspekte prägend für das generelle Bild der Eltern-Kind-Beziehung und für die Zuschreibungen gegenüber Gleichaltrigengruppen (vgl. Kap. 3.3). Herausforderung für die Jugendlichen ist dabei die Verknüpfung der Beziehungsstrukturen zwischen Eltern auf der einen Seite und Freundinnen und Freunden auf der anderen Seite. Es geht um Distanzierung einerseits und Intensivierung andererseits. Pädagogische Konsequenzen sind dabei sowohl die Berücksichtigung und Akzeptanz entsprechender Entwicklungen als auch die Förderung und Unterstützung sozialer Kompetenzen (vgl. *Fend* 2005, S. 269ff).

4. Umgang mit Schule: Umbau der Leistungsbereitschaft
In Bezug auf diese Entwicklungsaufgabe stellt der gesellschaftliche Charakter der Moderne, welcher auf Leistung, Disziplin und entsprechende schulische Selektion ausgerichtet ist, den kontextuellen Rahmen dar. Diesen gilt es mit dem eigenen Bedürfnissystem zu verbinden. Die Herausforderung äußert sich in der Anforderung, reflexiv eigene Stärken und Schwächen zu erkennen sowie einen Habitus aufzubauen, der diszipliniertes Arbeiten und Lernanstrengungen sowie die Erhaltung des Selbstwertes auch bei Misserfolg ermöglicht (vgl. Kap. 3.4). Pädagogische Konsequenz dieser Entwicklungsaufgabe ist insbesondere die Zielsetzung, eine Balance zwischen Motivation und Leistungsorientierung aufrecht zu erhalten (vgl. *Fend* 2005, S. 330ff).

5. **Berufswahl**

Die kontextuelle Rahmung dieser Entwicklungsaufgabe stellt der Einfluss sozioökonomischer Faktoren auf den beruflichen Werdegang eines Jugendlichen dar. Es gilt, Divergenzen zwischen Wunsch und Wirklichkeit in Verbindung mit Vorstellungen der Eltern sowie dem Schulabschluss zu bewältigen und eine berufliche Identität aufzubauen, indem Präferenzen, Ressourcen und Chancen abgewogen, erkannt und genutzt werden. Außerdem gilt es, mit Rückschritten und Scheitern – welche auf einem frühen Entscheidungszwang gründen (vgl. Kap. 2.3.1) – umzugehen. Pädagogische Konsequenzen liegen auf der Bereitstellung geeigneter Ausbildungs- und Arbeitsmöglichkeiten sowie der Unterstützung bei den Prozessen beruflicher Orientierung und Entscheidungsfindung (vgl. *Fend* 2005, S. 368ff).

6. **Bildung**

Innerhalb dieser Entwicklungsaufgabe geht es darum, das Thema der Sinnsuche im Kontext von Kulturtraditionen zu verarbeiten. Im Jugendalter erfolgt, wie beschrieben, aufgrund der kognitiven Entwicklung eine differenziertere Auseinandersetzung mit Religion, Politik, Kunst oder Literatur. Hier liefern insbesondere die Medien einen Pool an Sinnangeboten, mit denen sich die Jugendlichen auseinandersetzen (vgl. Kap. 2.4.2; Kap. 3.3). Der Prozess der Kulturaneignung erfolgt dabei ebenfalls unter dem Einfluss sozioökonomischer Zwänge. Dies führt zu Ungleichheiten innerhalb der Jugend und insbesondere zwischen Jugendlichen verschiedener Schulformen. Pädagogische Konsequenzen sind diesbezüglich in der Berücksichtigung dieser Zwänge und einer entsprechenden Ermöglichung der Auseinandersetzung mit den Hintergründen symbolischer Welten wie Politik, Religion oder Recht zu sehen, um eine reflektierte Entwicklung zur Mündigkeit zu unterstützen und Gefahren von politischem und religiösem Extremismus vorzubeugen (vgl. *Fend* 2005, S. 378ff).

Sämtliche der dargestellten Auflistungen machen deutlich, dass die Entwicklung der Jugendlichen einerseits auf die Bearbeitung konkreter Aufgaben zielt, andererseits jedoch auf das Individuum selbst als Ganzes rekurriert. „Der Mensch ist kein Wesen, das in ‚Abteilungen' getrennt lebt, in denen es isoliert an Themen ‚arbeitet', ohne andere Bereiche zu berühren. Der Mensch strebt immer auch zu einem ‚stimmigen Ganzen'." (*Fend* 2005, S. 402). Die Auseinandersetzung der Jugendlichen mit diesem Aspekt stellt somit die Metaebene der Entwicklungsaufgaben dar und lässt sich als Identitätsbildung / -arbeit und weitere zentrale sowie integrierende Entwicklungsaufgabe beschreiben, der nachfolgend differenzierter nachgegangen werden soll (vgl. ebd.).

Identitätsbildung / -arbeit

Der Begriff der Identität prägt die entwicklungspsychologische Betrachtung der Lebensphase Jugend (vgl. *Berk* 2004, S. 526; *Fend* 2005, S. 402f; *Oerter/Dreher* 2008, S. 303; *Schick* 2012, S. 256f). Das Thema Identitätsbildung entsprechend als zentrale Anforderung des Jugendalters zu verstehen, geht insbesondere auf die bereits beschriebene Position Eriksons zurück, den „psychosozialen Ansatz" (vgl. Kap. 2.2.1). Erikson versteht den Lebenslauf als epigenetische Abfolge bestimmter Phasen, die mit einer elementaren Problemstellung, einer Hauptkrise verbunden sind. „In […] [der Adoleszenz] erfolgt die *Identitätsfindung* und das ihr korrespondierende Problem ist die *Identitätsdiffusion*." (*Fend* 2005, S. 403). Identität wird in diesem Zusammenhang so verstanden, dass der Mensch das eigene Selbst sowie die Gesellschaft, in der er lebt, erkennt und akzeptiert und somit eine Antwort auf die Frage „Wer bin ich?" in den verschiedenen Lebensbereichen findet (vgl. *Miller* 1993, S. 157f).

> „Das Gefühl der Ich-Identität ist also das angesammelte Vertrauen darauf, daß der Einheitlichkeit und Kontinuität, die man in den Augen anderer hat, eine Fähigkeit entspricht, eine innere Einheitlichkeit und Kontinuität (also das Ich im Sinne der Psychologie) aufrechtzuerhalten." (*Erikson* 2013, S. 107).

Die zuvor beschriebenen Entwicklungsaufgaben, die aus den Veränderungsprozessen der Adoleszenz resultieren, zwingen den Gedanken Eriksons folgend die Jugendlichen letztlich dazu, eine Wahl zwischen der Vielzahl vorhandener Rollenmodelle zu treffen (vgl. *Miller* 1993, S. 162).
Es geht also darum, im Rahmen der Entwicklungsaufgaben, die sich in der Lebensführung in verschiedenen Bereichen konkretisieren, Überzeugungen und Verpflichtungen zu entwickeln, die sich als jeweilige Selbstbilder bezogen auf die Rahmung der Entwicklungsaufgabe herausstellen lassen (vgl. *Fend* 2005, S. 408). „Wir nehmen an, daß das Individuum erst in der Adoleszenz in seinem physiologischen Wachstum, in der geistigen Reifung und in der sozialen Verantwortung die Vorbedingungen entwickelt, um die Krise der Identität zu erleben und zu durchlaufen." (*Erikson* 2003, S. 91). Der Mensch sucht in der Adoleszenz, anknüpfend an die Überwindung des Ur-Misstrauens durch die Bildung eines Ur-Vertrauens in der frühsten Kindheit, also nach Menschen und Ideen, mit denen er sich identifizieren kann und drückt gleichzeitig „paradoxerweise lautes und zynisches Misstrauen aus" (vgl. ebd., S. 131). Als Herausforderung in der Adoleszenz kristallisiert sich in diesem Sinne die Identitätsdiffusion heraus. Es kommt zu Fluchthandlungen, indem Schule, Arbeitsplatz oder Familie gemieden werden, zu

„Überidentifikationen mit Helden von Cliquen und Massen" und als Abwehr gegen das Gefühl der Identitätsdiffusion zu Intoleranz gegenüber Menschen, die als „verschieden" angesehen werden (vgl. *Erikson* 2013, S. 110f).
Aufbauend auf die Ideen Eriksons liefert James Marcia mit seinen Studien zur Identitätsstruktur und -veränderung einen wichtigen empirischen Bezugspunkt (vgl. *Oerter/Dreher* 2008, S. 305). Seine Ergebnisse präsentieren vier Formen von Identitätsstatus, die sich anhand der Dimensionen Krise, Verpflichtung und Exploration in den verschiedenen Lebensbereichen kennzeichnen lassen: diffuse Identität („Identity Diffusion"), übernommene Identität („Foreclosure Status"), Moratorium und erarbeitete Identität („Identity Achievement") (vgl. *Berk* 2004, S. 529f; *Fend* 2005, S. 408; *Oerter/Dreher* 2008, S. 305).

> „Krise beinhaltet das Ausmaß an Unsicherheit, Beunruhigung oder auch Rebellion, das mit der Auseinandersetzung verbunden ist. Verpflichtung kennzeichnet den Umfang des Engagements und der Bindung in dem betreffenden Lebensbereich, und Exploration erfasst das Ausmaß an Erkundung des in Frage stehenden Lebensbereiches mit dem Ziele einer besseren Orientierung und Entscheidungsfindung." (*Oerter/Dreher* 2008, S. 305).

Das Maß an Exploration bestimmt dabei den Verlaufstypus der Identitätsarbeit. Gleichgültigkeit und fehlender Aufbau von Verpflichtungen entsprechen der Diffusion, Übernahme vorhandener Positionen ohne aktiv-exploratives Bemühen um eigene Positionen dem „Foreclosure Status", fehlende Festlegungen auf bestimmte Standpunkte bei jedoch aktiver Auseinandersetzung mit eigenen Positionen dem Moratorium und das Erreichen einer Position nach langfristigem Bemühen der erarbeiteten Identität respektive Identitätsreife (vgl. *Fend* 2005, S. 408). „Die Identitätsreife muß aber nicht in allen [...] Inhaltsbereichen gleichzeitig zustande kommen. Sie ist auch kein unverlierbarer ‚Besitz', sondern Rückfälle und neue Explorationsphasen sind möglich." (*Fend* 2005, S. 408). Verschiedene Forschungsergebnisse zeigen diesbezüglich, dass sich die Identität häufig im Zuge der Adoleszenz von Fremdbestimmung (Foreclosure Status) zu Selbstbestimmung (Identity Achievement) formt, allerdings nicht von einer Generalisierbarkeit gesprochen werden kann (vgl. *Oerter/Dreher* 2008, S. 307).
Den Begriff der Identität gilt es an dieser Stelle in Beziehung zu dem Begriff des Selbstkonzeptes zu setzen.

> „Während das Selbstkonzept das deskriptive, evaluative und konative Wissen der Person über sich selbst beinhaltet und sich wesentlich aus gemachten Erfahrungen und Rückmeldungen der als relevant erlebten sozialen Umgebung konstituiert, bezieht sich die Ausbildung von Identität auf die Beziehung der Komponenten bzw. die Konsistenz der resultierenden Selbstbilder. Während das Selbstkonzept sich aus nebeneinander bestehenden, immer differenzierteren Selbstbeschreibungen kumulativ entwickelt, ist Identität das Ergebnis einer aktiven Suche, Definition und Konstruktion des Selbst." (*Schick* 2012, S. 272).

Die Entwicklungsaufgabe der Identitätsarbeit lässt sich somit als integrierende Aufgabe der Persönlichkeitsentwicklung beschreiben. Diese verknüpft verschiedene Aspekte benannter theoretischer Perspektiven der Entwicklungspsychologie und verbindet diese im Konzept der Identitätsbildung. Im Sinne dieser Ausbildung einer eigenen Identität geht es in der Jugendphase also um eine Entwicklung von Naivität zu Reflektion in Selbst- und Weltsicht, von Fremdlenkung zu Selbstlenkung und von kindlicher Elternbindung zum Aufbau sozialer Beziehungen (vgl. *Fend* 2005, S. 414ff).

> „Die Entwicklungsprozesse variieren – so hat die moderne Entwicklungspsychologie gezeigt – in hohem Maße. Entscheidend für die jeweiligen Bewältigungsformen sind die sehr unterschiedlichen inneren und kontextuellen Handlungsbedingungen, die zu sehr individuellen Entwicklungspfaden auf dem Weg durch die Adoleszenz führen.“ (ebd., S. 416).

Zusammenfassend lässt sich jedoch sagen, dass die Adoleszenz übergreifend für alle Jugendlichen Herausforderungen und Potenziale bietet, denen diese entgegentreten müssen, auch wenn diese sich individuell in Zeitpunkt und Bewältigungskompetenz unterscheiden. Diesbezüglich bedürfen die Jugendlichen entsprechend einerseits der Akzeptanz der Lebensphase als elementarem Abschnitt psychischer Entwicklung durch die Gesellschaft sowie andererseits der Erbringung von Unterstützungs-leistungen bezogen auf die vielfältigen Prozesse, die dieser Lebensphase inhärent sind (vgl. Kap. 3; Kap. 4.4).

Jugend und ihre Umwelten

Die vorherigen Ausführungen haben vielfach gezeigt, dass sich Entwicklung im Zusammenspiel von individuellen Determinanten und sozialer Umwelt vollzieht. Zentrale Rollen kommen dabei den Systemen Familie, Peergroup und Ausbildung/Beruf zu, die häufig auch Nährböden für Spannungen in der Identitätsbildung und Bewältigung der Entwicklungsaufgaben bieten (vgl. *Berk* 2004, S. 546ff; *Oerter/Dreher* 2008, S. 317). Nachdem in diesem Kapitel die individuellen Aspekte der Beziehung von Jugendlichen mit diesen Systemen im Vordergrund standen, sollen anschließend in der soziologischen Betrachtung der Lebensphase Jugend die sozialen Determinanten in den Mittelpunkt rücken. Im Folgenden Hauptkapitel zum Thema Sozialisation werden dann beide Dimensionen miteinander verknüpft und – ergänzt um weitere Perspektiven der Betrachtung von Jugend – ein interdisziplinärer Unterstützungsbedarf im Kontext der Entwicklung der Jugendlichen zu selbstbestimmten und gesellschaftlich mitverantwortlichen Persönlichkeiten aufgezeigt (vgl. Kap.3).

2.3 Jugend – soziologisch

In diesem Abschnitt wird die weitere schwerpunktmäßig-disziplinäre Sichtweise auf die Lebensphase Jugend in dieser Arbeit eingenommen, die der Jugendsoziologie. Sie bildet neben der Entwicklungspsychologie einen weiteren Zugang, um sich der Lebensphase Jugend und ihrer Bedeutung aus einer anderen Perspektive anzunähern. Hierbei geht es zentral um gesellschaftliche Vorstellungen, die gegenüber Jugendlichen herrschen und die an sie herangetragen werden. Damit wird der Blick verlagert von Erklärungen der endogenen kognitiven, biologischen, hormonellen oder psychologischen Entwicklung – die mit Einschränkung ein statisches und einheitliches Bild von Jugend entwerfen – zu einem Fokus auf die von Gesellschaft und deren Mitgliedern produzierten Erwartungen an Jugendliche und auf die Frage, wie Jugend mit diesen Erwartungen umgeht (vgl. *Scherr* 2009, S. 16).

Dabei werden im ersten Unterkapitel verschiedene genuin *jugendsoziologische Perspektiven* dargestellt. Diese sollen vertiefend aufzeigen, welche Sichtweisen für die Jugendsoziologie relevant sind. Anschließend wird ein kurzer Einblick in unterschiedliche *jugendsoziologische Theorien* präsentiert, indem die geschichtliche Entwicklung von Jugend im Verhältnis zu Gesellschaft in den Blick genommen wird. Hierzu werden zentrale und anerkannte Theorien exemplarisch ausgewählt und vorgestellt. Der Schwerpunkt der Ausführungen des Unterkapitels liegt auf den Fragestellungen, inwiefern *Jugend als gesellschaftliches Phänomen im Rahmen sozialer Determinanten* definiert werden kann und wie Gesellschaft selbst einem stetigen Wandel unterworfen ist (vgl. *Griese* 2007, S. 9f; *Hurrelmann/Quenzel* 2013, S. 19ff; *Scherr* 2009, S. 19).

Zusätzlich sollen im zweiten Unterkapitel disziplinbezogene Entwicklungsaufgaben vorgestellt werden, welche die soziale Dimension ins Zentrum stellen. Dabei werden Erwartungen an Jugendliche verdeutlicht, in denen es analog zur entwicklungs-psychologischen Betrachtung um *Identitätsbildung* geht (vgl. Kap. 2.2.2) – hier jedoch mit dem Fokus einer sich wandelnden Gesellschaft. Des Weiteren wird das Thema der *sozialen Integration* dargestellt, in dessen Zusammenhang sich Jugendliche im Aufeinandertreffen mit Gesellschaft mit gängigen Vorstellungen, Normen und Werten auseinandersetzen müssen.

Die von den Autoren betrachteten Themen und Ansätze sind bewusst mit einem Bezug zur späteren Überführung zu den Themen Sozialisation und Offene Jugendarbeit herangezogen worden, um Anknüpfungspunkte zu ermöglichen (vgl. Kap. 2.1; Kap. 3; Kap. 4). Diese jugendsoziologischen Darstellungen wurden dabei ausgewählt, um zentrale Aspekte der Lebensphase Jugend zu beschreiben, ohne dabei tiefgreifende soziologische Diskurse darzustellen. Dies würde dem Ziel und der

Funktion der soziologischen Betrachtung für die vorliegende Arbeit nicht dienlich sein. In diesem Sinne wird anerkannte Basisliteratur zum Thema Jugendsoziologie genutzt. Infolgedessen kann – allein schon aufgrund der Heterogenität der soziologischen Literatur – auch keine ganzheitliche Betrachtung erfolgen. Zur Vertiefung einzelner Aspekte aus dem Blickwinkel der Soziologie werden an geeigneter Stelle jedoch Literaturhinweise gegeben, um eine weiterführende Auseinandersetzung anzuregen und zu ermöglichen.

2.3.1 Zentrale Gedanken der Jugendsoziologie

Im Folgenden stehen die jugendsoziologischen Überlegungen zur Lebensphase Jugend im Mittelpunkt der Betrachtung. Hierbei geht es einerseits darum, die grundsätzlichen Perspektiven und Theorien der Jugendsoziologie vorzustellen, und anderseits darum, die gesellschaftliche Verortung der Jugendphase als ein konstruiertes Phänomen mit sozialen Determinanten darzustellen. Aus diesen Vorstellungen heraus werden die zentralen Gedanken der Jugendsoziologie zur Lebensphase Jugend deutlich.

Perspektiven der Jugendsoziologie

Wie schon zuvor erwähnt, kann der Kern der Jugendsoziologie als die Analyse und Ausarbeitung des Verhältnisses von Jugend und Gesellschaft beschrieben werden. Hierfür kennzeichnend ist die Frage, „was Gesellschaft für Jugend bedeutet", d.h. in welchem Maße gesellschaftliche Prozesse und Bedingungen auf Jugend einwirken (vgl. *Griese* 2007, S. 8). Dafür bedeutend ist die soziologische Beschreibung und Interpretation der Lebensphase Jugend im Rahmen der gesellschaftlichen Ordnung. Diese versucht, den Aspekten nachzugehen, inwieweit den Jugendlichen Rechte sowie Pflichten zugestanden oder zugemutet werden, und wie seitens der Jugend mit diesen umgegangen wird. Daneben spielen die gesellschaftlichen Strukturen (u.a. ökonomische, rechtliche, politische, institutionelle) eine besondere Rolle, da diese sich hinsichtlich unterschiedlicher Zusammenhänge auf die Lebensphase auswirken können. Beide Faktoren, gesellschaftliche Ordnung und Strukturen, sind in einem Zusammenspiel bezogen auf ihren Einfluss auf die Situation der Jugendlichen zu betrachten (vgl. *Scherr* 2009, S. 18). In diesem Kontext muss eine Beschreibung der verschiedenen Praktiken des Umgangs mit diesen Abhängigkeiten stattfinden. Dementsprechend geht es nicht nur um eine Herausarbeitung der gesellschaftlichen Bedingungen, die auf die Lebensphase Jugend einwirken können, sondern auch darum, vorzustellen, wie Jugendliche mit diesen Auswirkungen umgehen, d.h. welche Einstellungen oder Praktiken sie entwickeln, um sich selbst im Rahmen dieser Bedingungen zu positionieren (vgl. ebd.).

Des Weiteren lässt sich unter Rückgriff auf Hartmut M. Griese und Jürgen Mansel Jugend idealtypisch unter einem doppelten Doppelaspekt betrachten (vgl. *Griese* 2007, S. 9f; *Griese/Mansel* 2003, S. 20f). Zum einen wird Jugend makrotheoretisch als historisch-gesellschaftliches Phänomen beschrieben. Die Phase entstand im Rahmen einer Ausdifferenzierung der Gesellschaft während der Zeit der Industrialisierung (vgl. Kap. 2.1). Unter diesem Gesichtspunkt lassen sich zwei Bedingungen fassen: 1) „Jugend als gesellschaftliches Produkt" und 2) „Jugend als gesellschaftliches bzw. pädagogisches Konstrukt" (vgl. *Griese/Mansel* 2003, S. 21). 1) meint dabei, Jugend als eine eigenständige Phase mit eigenen Funktionen in Bezug auf die gesellschaftliche Entwicklung zu sehen (z.B. sozialer Wandel). In 2) zeigt sich die Konstruktion der Lebensphase auf der Grundlage von Deutungen und Interpretationen, die von anderer Seite stattfinden (z.B. Wissenschaft, Politik, Ökonomie). Makrotheoretisch lässt sich also festhalten, dass hier die Wechselwirkungen zwischen gesellschaftlichen Zuschreibungen gegenüber Jugend einerseits und jugendbezogenen Funktionen für Gesellschaft andererseits in den Fokus gerückt werden (vgl. *Griese/Mansel* 2003, S. 20f).
Zum anderen kann Jugend mikrotheoretisch als eigenständige Sozialisationsphase betrachtet werden (vgl. Kap. 3). Dabei hat sich die Lebensphase zwischen den Phasen Kindheit und Erwachsenenalter etabliert sowie ausdifferenziert (vgl. Kap. 2.1). Auch hierbei lassen sich zwei Faktoren beschreiben: 1) „Jugend als Abschnitt individueller Biographie" und 2) „Jugend als Übergangsphase" (vgl. *Griese/Mansel* 2003, S. 21). 1) folgt dabei dem Aspekt der Auseinandersetzung des Individuums mit anderen Personen sowie gesellschaftlichen Normen und Werten. In diesem Sinne geht es um psycho-soziale Konflikte – z.B. Sexualität, Ablösung vom Elternhaus, etc. (vgl. Kap. 2.2.1) – und die Bedingung, eine eigene Identität aufzubauen (vgl. Kap. 2.2.2). 2) thematisiert Jugend als Phase, in welcher Jugendliche in einem pädagogischen Schonraum, geschützt vor gesellschaftlicher Verantwortung und ökonomischen Zwängen, Entwicklungsaufgaben bewältigen können. Der mikrotheoretischen Dimension folgend wird Jugend auch als Phase verstanden, innerhalb derer sich Jugendliche mit bestimmten Bedingungen für ihre Entwicklung auseinandersetzen müssen (vgl. *Griese/Mansel* 2003, S. 21; *Hoffmann/Mansel* 2010, S. 169).

Das Verhältnis von Jugend und Gesellschaft ist dabei in Anbetracht der heutigen Zeit immer schwerer zu fassen. Jugendforschung als „Bindestrich-Soziologie" ist angewiesen auf die theoretische Einbettung dieses Verhältnisses (vgl. *Griese* 2007, S. 10). Dabei wird dieses Unterfangen aufgrund der Vielzahl an unübersichtlichen Themen und Differenzierungen der Thematik Gesellschaft immer schwieriger. Eine Gesellschaft heute zu erfassen, erweist sich als äußerst komplex und mitunter wenig beständig.

> „In anderen Worten: Die Epoche der ‚großen Theorien' (Marxismus bzw. ‚Kritische Theorie', Systemtheorie bzw. Strukturfunktionalismus, Psychoanalyse und Behaviorismus) scheint in den Sozialwissenschaften angesichts des rapiden gesellschaftlichen Wandels Vergangenheit – ‚ad-hoc-Theorien' sind, vor allem in den ‚Bindestrich-Soziologien', gegenstands-angemessener." (*Griese/Mansel* 2003, S. 23).

Weiter kann die Jugendsoziologie auch als Zukunfts- und Problemforschung fungieren. „Zwar gilt allgemein, dass Persönlichkeits- und Gesellschaftsentwicklung über die Lebensspanne hinweg eine reziproke Beziehung eingehen, doch die Beziehung erreicht in der Jugendphase eine ‚einzigartige Dichte' und ist […] von besonderer Intensität." (*Hoffmann/Mansel* 2010, S. 175). In diesem Bezug verweist Jugend auf Zukunft und kann gar als „Frühwarnsystem" für zukünftige gesellschaftliche Herausforderungen gewertet werden. Diesem Aspekt liegt ebenfalls das wechselseitige Verhältnis von Jugend und Gesellschaft zugrunde. Jugend soll für Gesellschaft sowie ihre Systemen und Mitglieder als Seismograph zur Gefahrenabschätzung agieren und ihnen in diesem Verständnis dienlich sein (vgl. *Griese* 2007, S. 10ff).

Abschließend lässt sich festhalten, dass die Jugendsoziologie den Versuch unternimmt, sowohl Jugend unter der generellen Rahmung einer gesellschaftlichen Dimension zu beschreiben, als auch die Besonderheiten jugendlicher Lebensweisen und deren Einwirken auf Gesellschaft darzustellen.

Theorien und Konzepte der Jugendsoziologie

Im folgenden Abschnitt sollen exemplarisch zentrale und weitreichende Theorien der Jugendsoziologie vorgestellt werden. Trotz ihres Alters – sowie der oben benannten Entwicklungen in der Theoriebildung der Soziologie – treffen diese auch heute noch passende und schlüssige Aussagen bzw. bilden wichtige Bezugspunkte ab, um die Lebensphase Jugend im gesellschaftlich zu verorten. Dabei lassen sich den Theorien unterschiedliche Ebenen und Reichweiten zuweisen. Bei der Darstellung der Theorien wird eine Einordnung in Makro- und Mikroebene vorgenommen, um zu verdeutlichen, welchen Blickwinkel sich die jeweilige Ausarbeitung zu Nutze macht, um Jugend im gesellschaftlichen Kontext zu beschreiben. In diesem Rahmen muss erwähnt werden, dass auch jugendsoziologische Theorien –

genauso wie gesamtsoziologische Theorien – vor dem Hintergrund ihrer historischen Zeit einzuordnen sind. Dies bedeutet, die sozialen Zusammenhänge müssen ausgehend von den Determinanten ihrer jeweiligen Epoche interpretiert werden (vgl. *Hoffmann/Mansel* 2010, S. 167). Diese Berücksichtigung kann bei der knappen Darstellung der Theorien nur bedingt erfolgen. Die zentralen Vorstellungen der Theorien sollen nachfolgend jedoch im Allgemeinen deutlich werden.

Eine der ältesten und zugleich heute noch einflussreichsten Ausarbeitungen zu der Thematik des Generationenverhältnisses hat in der Soziologie u.a. Karl Mannheim vorgenommen. Er geht der Frage nach, wie das Generationenverhältnis zu beschreiben ist (vgl. *Griese* 2007, S. 77ff). Auch wenn sich seine Überlegungen nicht explizit der Jugendphase widmen, so weisen sie doch viele Berührungs- und Überschneidungspunkte mit der Thematik auf. Dem Begriff „Generation" liegt in der Soziologie u.a. die Einordnung einer Gruppe ungefähr Gleichaltriger zugrunde, welche gemeinsame historisch-gesellschaftliche Bedingungen erlebt haben. Gemeinsame Erfahrungen an gesellschaftlichen Umbrüchen schaffen also ein gemeinsames Generationsbild. Diesen Überlegungen folgend sind drei Annahmen über verschiedene Generationen zentral (vgl. *Griese* 2007, S. 81f):
Die erste Annahme legt den Fokus auf das *Verhältnis der Generationen*. In diesem Fall wird davon ausgegangen, dass dieses Verhältnis immer auch ein Herrschaftsverhältnis (u.a. unterschiedliche Verteilung von Besitzrechten) ist. In der zweiten Annahme wird der *Generationskonflikt* thematisiert. Es kommt zwischen unterschiedlichen Generationen, bspw. Jugend und Erwachsenenalter, zu Konflikten über unterschiedliche Wert- und / oder Normvorstellungen, welche auf der Grundlage unterschiedlicher gesellschaftlicher Erlebnisse entstehen. Abschließend wird in der dritten Annahme der *Generationswechsel* verdeutlicht. Hierbei kann eine der Generationen ihre Vorstellungen und Positionen durchsetzen, was zu einem Wechsel bezogen auf die Dominanzverhältnisse der Generationen hinsichtlich gesamt-gesellschaftlicher Fragen führt. Diese Entwicklungen gehen entsprechend mit Strukturveränderungen der Gesellschaft einher (vgl. ebd.).
Unter diesen Prämissen greift Mannheim das Thema Generationen auf und thematisiert dabei ebenfalls die Einordnung der Jugendphase in diesem Verhältnis. Er geht davon aus, dass die gesellschaftliche Ordnung nur aufrechterhalten und weiterentwickelt werden kann, wenn „akkumulierte Kulturgüter" in der Generationsfolge weitergegeben werden (vgl. *Scherr* 2009, S. 62). Nach seiner Ansicht ist insbesondere die Jugendphase eine Zeit, in der sich die jugendliche Generation die aus der Kindheit übernommenen Dispositionen vergegenwärtigt und diese bezogen auf die eigenen Vorstellungen reflektiert (vgl. Kap. 2.2.1). Aus diesem Grund ist der Jugendphase das Spannungsverhältnis zwischen den Generationen explizit

inhärent. Dabei geht Mannheim während seiner Zeit schon von einer gegenseitigen Einwirkung zwischen der älteren und der jüngeren Generation aus (vgl. *Scherr* 2009, S. 62). Mit diesem Bezug weist seine Argumentation schon eine sozialisationstheoretische Orientierung auf (vgl. Kap. 3), welche aber in diesem Sinne nicht explizit thematisiert wird. Kritisch ist in diesem Zusammenhang vor allem zu benennen, dass Mannheim eine Erklärung, wie sich Generationen genau zusammenfinden, schuldig bleibt (vgl. *Griese* 2007, S. 86f).[13]

Einen weiteren Bezugspunkt stellt die strukturell-funktionale Systemtheorie dar. Sie gilt in der Soziologie als eine der einflussreichsten Gesamtgesellschaftstheorien. Bedeutende Vertreter dieser Theorie sind u.a. Talcott Parsons, Émile Durkheim und Niklas Luhmann. Grundlegende Sichtweise bei dieser gesellschaftlichen Prämisse ist die Verortung von *Strukturen* und *Funktion* in sozialen Systemen. Soziale Systeme sind in diesem Zusammenhang als Handlungssysteme zu verstehen, in welchen eine Vielzahl an Akteuren gemeinsam agiert. Diese sozialen Systeme versuchen, eine eigene Balance aus Systemoffenheit und Systemerhaltung zu erzeugen. *Strukturen* verbinden sich diesem Verständnis nach mit der Vorstellung, dass den Akteuren in sozialen Systemen bestimmte Rollen vorgegeben werden und diese mit bestimmten Erwartungen verbunden sind. Dies trägt zu einem relativ stabilen Verhältnis eines jeden sozialen Systems bei. Demgegenüber richten *Funktionen* den Blick auf die Handlungen, die dazu beitragen sollen, das soziale System zu erhalten (vgl. *Griese* 2007, S. 103f; *Scherr* 2009, S. 67ff).
Shmuel N. Eisenstadt hat 1956 einen relevanten Beitrag zur Analyse der Lebensphase Jugend im Rahmen der Systemtheorie geleistet (vgl. *Griese* 2007, S. 105ff). Für ihn bildet die Gleichaltrigengruppe einen zentralen Bezugspunkt, der sich vor allem vom System Familie abhebt und für die Lebensphase Jugend eine bedeutende Größe darstellt. Er nimmt an, dass sich altershomogene Gruppen nicht zufällig, sondern unter ganz spezifischen sozialen Bedingungen bilden (vgl. Kap. 3.3). Dabei stellt die Familie in seinem Ansatz das primäre Sozialsystem für Jugendliche dar, innerhalb dessen wichtige Rollenzuschreibungen für die Aufrechterhaltung der Gesellschaft (als sozialem System) erfolgen (vgl. Kap. 3.2). Hier muss erwähnt werden, dass Eisenstadt die „Mustervariablen" zur Einordnung individualer Verhaltensorientierungen von Talcott Parsons übernommen hat (vgl. *Abels* 2008, S. 106f). Hierunter fallen u.a. die Unterscheidungen von persönlichen oder unpersönlichen Beziehungen sowie universalistische oder partikularistische Orientierungen (vgl. ebd.).

[13] Zur weiteren Auseinandersetzung mit den generationstheoretischen Überlegungen liefern u.a. *Mannheim* 1928/1972 und *Matthes* 1985 ausführliche Beiträge.

Ausgehend von der Überlegung, dass komplexe Gesellschaften universalistische sowie unpersönliche Bedingungen vorgeben, führt dies aufgrund der Bestimmung, dass Familiensysteme vor allem durch persönliche und partikularistische Aspekte geprägt sind, zu einer Diskrepanz. In diesem Sinne ist die Jugendphase von unterschiedlichen Anforderungen geprägt. Um diese bewältigen zu können und die Persönlichkeits-entwicklung nicht zu gefährden, sind Jugendliche auf der Suche nach Rollenzuschreibungen, welche eher dem Muster komplexer Gesellschaften entsprechen. Diese finden sie, gemäß der Argumentation von Eisenstadt, in altershomogenen Gruppen, in welchen sie sowohl Identifikation und Sicherheit unter Gleichgesinnten erfahren als auch widersprüchliche Rollenzuschreibungen, die den Bedingungen komplexer Gesellschaften entsprechen, mit denen sie sich auseinandersetzen müssen (vgl. Kap. 3.3). Diese Verknüpfung zwischen Familiensystem und Gleichaltrigensystem kann zur Kontinuität des sozialen Systems Gesellschaft beitragen (vgl. *Griese* 2007, S. 107ff). Dem Ansatz von Eisenstadt wird kritisch entgegengebracht – wie der struktur-funktionalistischen Systemtheorie insgesamt – dass sie die Sichtweisen Struktur und Funktion zu starr behandelt und nicht in Verbindung setzt (vgl. *Scherr* 2009, S. 71f). Die gesellschaftlichen Veränderungsprozesse – hier sei auf historische Aspekte, sozialen Wandel oder soziale Ungleichheiten hingewiesen – werden größtenteils ausgeblendet. Dementsprechend erfolgt eine Einordnung der Lebensphase Jugend „lediglich" unter dem Aspekt der zu erreichenden Rollenzuschreibung, während die vielfältigen Möglichkeiten des Scheiterns (z.B. im Kontext abweichenden Verhaltens im Jugendalter) ausgeklammert werden (vgl. *Griese* 2007, S. 105ff; *Scherr* 2009, S. 70ff).[14]

Als letzte theoretische Orientierung soll das Individualisierungstheorem im Rahmen der Risikogesellschaft vor allem nach Ulrich Bleck aus dem Jahr 1986 vorgestellt werden. Die Überlegungen in Richtung einer nicht mehr klar zu bestimmenden Gesellschaft sind in der Soziologie – und so auch in der Jugendsoziologie – seither vorhanden und werden kontrovers diskutiert. Der Übergang von der modernen zur postmodernen Gesellschaft verbindet viele in sich widersprüchliche und paradoxe Momente. Eine weitreichende Annahme ist dabei, dass soziale Ungleichheit einen Bedeutungsverlust erfährt (vgl. *Scherr* 2009, S. 83). Den Vertretern dieser Position zufolge ist in der individualisierten Gesellschaft jedes Individuum (größtenteils) für sich selbst verantwortlich. Es gilt, die eigene Biografie und Lebensführung mit Blick auf die unterschiedlichen Optionen einer vielschichtigen Gesellschaft einzuordnen und eigenständige Entscheidungen zu treffen, für

[14] Zur weiteren Auseinandersetzung mit der Verknüpfung von Systemtheorie und Lebensphase Jugend liefert insbesondere *Eisenstadt* 1966 einen Beitrag.

deren Scheitern das Individuum selbst verantwortlich gemacht werden kann. Hintergrund dieser Gedanken sind u.a. der veränderte ökonomische Wohlstand, kulturelle Liberalisierung und technischer Wandel. Dadurch verlieren tradierte Normen und Werte sowie Lebensmuster an Bedeutung bzw. werden sogar obsolet (vgl. *Scherr* 2009, S. 83f).
Thomas Olk, Wilhelm Heitmeyer oder Jürgen Zinnecker haben versucht, diese Ausgangsbedingungen des Individualisierungstheorems in Beziehung zur Lebensphase Jugend zu setzen (vgl. *Abels* 2008, S. 136ff). Auf der Grundlage einer immer länger werdenden Phase der Jugend haben die Jugendlichen insbesondere im Bildungssystem viel mehr Zeit als früher, sich über unterschiedliche Optionen und diesbezügliche Entscheidungen ein Bild zu machen. Zeitgleich verändern sich Einflussinstanzen und deren Werte und Normen. Vorrangig Familie und auch soziale Milieus nehmen nicht mehr die „klassische" Form als bedeutende Sozialisationsfelder ein, sondern verändern sich (vgl. Kap. 3.1). Diese Pluralisierungen führen dazu, dass in der Jugendphase viele Entscheidungen „in Eigenregie" durchgeführt werden können und müssen. Jugendliche sehen sich verstärkt mit Selbstbehauptung und Eigenverantwortung konfrontiert (vgl. *Abels* 2008, S. 135ff). Im Rahmen der Entwicklungen, Erwartungen und Veränderungen, die in die Lebensphase Jugend eingebettet sind (vgl. Kap. 2.2; Kap. 2.3.2), kumulieren die vielfältigen gesellschaftlichen Möglichkeiten und Entscheidungen. Diese stehen dabei immer im Zusammenhang mit Zwängen. Die Individuen sind, wenn sie sich nicht für eine der pluralen Möglichkeiten der Lebensführung entscheiden, zum Scheitern verurteilt (vgl. *Abels* 2008, S. 140f). Dies kann für Jugendliche zu einer schweren Herausforderung werden, weil die Annahme, dass es die eine richtige, langfristige und sichere Entscheidung für die Zukunft gibt, aufgrund der beschriebenen Entwicklungen keinen Bestand mehr hat. Das gesellschaftliche Bild ist in diesem Kontext von Widersprüchlichkeiten gekennzeichnet, da niemand mehr in der Lage ist, zu sagen, welche Wege und Entscheidungen richtig oder gar subjektiv wertvoll sind (vgl. *Abels* 2008, S. 142ff). Dem Individualisierungstheorem wird dabei eine generelle Einseitigkeit attestiert. Auch wenn Individualisierungsprozesse stattfinden, so haben sich soziale Lagen (nach Klasse und Schicht sowie Verhaltensorientierungen) und deren Bedeutung nicht gänzlich aufgelöst (vgl. *Scherr* 2009, S. 84). Diese können zur Erklärung bestimmter Orientierungen und Verhaltensweisen nach wie vor als Faktoren herangezogen werden. Weiterhin wird der gemeinsame Nenner gesellschaftlicher Umbrüche und individueller Bewältigung mit dem Individualisierungstheorem nicht zureichend bestimmt (vgl. *Scherr* 2009, S. 84). Vielmehr ist von einem komplexen Gefüge unterschiedlicher

Faktoren (Schicht, Klasse, familiärer Hintergrund, individuelle Bildungschancen, etc.) mit verschiedener Reichweite auszugehen (vgl. ebd.).[15]

Jugend als gesellschaftliches Phänomen im Rahmen sozialer Determinanten

Was bedeutet Jugend und wie ist diese Phase im menschlichen Lebenslauf zu klassifizieren und einzuordnen?
Diese Fragen versucht die Jugendsoziologie in Abgrenzung zur Entwicklungspsychologie des Jugendalters oder auch zur Biologie zu beantworten.

> „‚Jugend' ist immer etwas nicht ‚naturhaft Vorgegebenes', sondern etwas historisch relatives und gesellschaftlich bedingtes und konstruiertes. Das ‚Reden über Jugend', der ‚Diskurs über Jugend' und so auch die Jugendforschung und ihre Theorien sind vom realen Jugendleben zu unterscheiden." (*Griese/Mansel* 2003, S. 25).

Das Zitat zeigt, dass die Lebensphase Jugend ein soziales Konstrukt darstellt. Dieses ist nicht gebunden an biologische oder psychologische Faktoren, sondern konstituiert sich über die sozialen Zuschreibungen im gesellschaftlichen Diskurs. In diesem Sinne unterscheidet sich die Perspektive der Jugendsoziologie von der im Kapitel 2.2 vorgestellten entwicklungspsychologischen Sichtweise. Unter Einbezug der historischen Dimension lässt sich feststellen, dass sich die Etablierung einer eigenen Phase zwischen Kindheit und Erwachsenenalter erst im 19. und 20. Jahrhundert durchsetzen konnte (vgl. Kap. 2.1). Dies war im Zuge des gesellschaftlichen Wandels möglich – insbesondere sichtbar an der Entwicklung von der Agrar- zur Industriegesellschaft (vgl. *Hurrelmann/Quenzel* 2013, S. 21f). Im Kontext diverser Veränderungen verliefen verschiedene Prozesse, die zur Etablierung einer eigenen Lebensphase beigetragen haben. Hier sei speziell auf veränderte Bedingungen auf dem Arbeitsmarkt hingewiesen, welche sich auf die Struktur des Qualifikations- und Bildungssystems auswirkten und somit dazu beitrugen, dass Kinder und Jugendliche längere Zeiten im Ausbildungssystem verblieben, um sich im Hinblick auf die neuen Entwicklungen im Rahmen der Industriegesellschaft anzupassen und auszurichten (Verlängerung des Bildungsmoratoriums) (vgl. ebd., S. 20ff; Kap. 3.4).
Zugleich sollte den Jugendlichen das Recht zugestanden werden, ihre Zeit im Jugendalter für sich als eine Phase eigenständiger Entwicklung zu nutzen. Damit waren auch Freiräume verbunden, in denen unabhängig von Erwachsenen und pädagogischen Institutionen eigenen Bedürfnissen nachgegangen werden sollte (vgl. *Scherr* 2009, S. 20). Die Ausdehnung der Lebensphase eröffnete den Jugendlichen

---

[15] Weitere Beiträge zur intensivierten Auseinandersetzung mit dem Individualisierungstheorem liefern u.a. *Beck* 1986 und *Heitmeyer/Olk* 1990.

somit einen Experimentierraum zur Persönlichkeitsentwicklung. Es ging aus gesellschaftlicher Sicht darum, den Jugendlichen eine größtmögliche Chance zur Einbettung der eigenen Person in die Gesellschaft zu eröffnen. Soziologisch kennzeichneten daneben bis in die Mitte der 1980er Jahre eindeutige Kriterien den Übergang vom Jugend- zum Erwachsenenalter. Hierzu zählten die ökonomische Unabhängigkeit von der Herkunftsfamilie, die Etablierung einer eigenen Familie, der Abschluss der schulischen oder beruflichen Erstausbildung und die rechtliche Mündigkeit (vgl. *Scherr* 2009, S. 22). In diesem Kontext wurde von der Jugendphase als Phase eines gesellschaftlichen „Moratoriums" gesprochen (vgl. *Böhnisch* 2012, S. 139f; *Hurrelmann/Quenzel* 2013, S. 46ff; *Scherr* 2009, S. 22). Der Begriff beschreibt das Zugeständnis eines Freiraums für Jugendliche, sich zu orientieren und zu qualifizieren, eigene Werte und Normen sowie gesellschaftliche Vorstellungen über das zukünftige Leben zu entwickeln. Dieser Freiraum ist dabei weitestgehend abgekapselt von gesellschaftlichen Entwicklungen und insbesondere von zukünftigen Problemen – die Bearbeitung dieser Probleme war Anfang des 20. Jahrhunderts nach damaliger Auffassung dem Erwachsenenalter vorbehalten. Das Thema Identitätssuche (vgl. Kap. 2.2.2; Kap. 2.3.2) stellt hier eine zentrale Bezugsgröße dar.
In der heutigen Zeit eignen sich die zuvor beschriebenen Kriterien nur noch bedingt bis gar nicht mehr zur Abgrenzung der Jugendphase. Aktuell lässt sich bspw. der Übergang in ökonomisch gesicherte Verhältnisse nicht mehr klar und eindeutig festmachen. Das Thema Arbeitslosigkeit, lebenslanges Lernen als ständige Weiterentwicklung oder auch die vielfache Beschäftigung in prekären Arbeitsverhältnissen machen eine Grenzziehung immer schwieriger (vgl. *Hurrelmann/Quenzel* 2013, S. 23). Zudem übernehmen Jugendliche heute schon relativ früh Rollen, die historisch den Erwachsenen vorbehalten waren (vgl. ebd., S. 18 u. 24). Beispiele sind hier die Entfaltung von Sexualität oder die politische Einmischung. Die zuvor für die Jugendphase markierten Übergänge sind also fließend geworden und bieten entsprechend nur noch bedingte Aussagekraft, um die Jugendphase von der Kindheit oder dem Erwachsenenalter zu unterscheiden. Dies wird unter dem Begriff Entstrukturierung verstanden (vgl. *Scherr* 2009, S. 33). Die ehemals geltenden Normen, Traditionen und vorstrukturierten Lebensläufe sind unter aktuellen Bedingungen nicht mehr aufrechtzuerhalten. Man kann vielmehr von einer Überlappung unterschiedlicher Faktoren ausgehen (vgl. ebd., S. 17; *Böhnisch* 2012, S. 139f).

Vor dem Hintergrund dieses Verständnisses von Jugend lässt sich eine klare Einordnung der Lebensphase gegenwärtig nicht mehr vornehmen. Schon in Kapitel 2.2.1 wurde die zeitliche Ausdehnung der Jugendphase angesprochen. Eine genaue Aussage zum Beginn und zum Ende der Lebensphase, orientiert an statischen

Altersstufen, lässt sich soziologisch nicht treffen. Es kann allerdings davon ausgegangen werden, dass die Phase Jugend mit dem Eintritt in die Pubertät beginnt – wobei aus jugendsoziologischer Sichtweise nicht die biophysiologischen Reaktionen des Körpers eine Rolle spielen, sondern vielmehr die gesellschaftlichen Zuschreibungen, die den Jugendlichen mit dem Einsatz der Pubertät entgegengebracht werden (vgl. *Scherr* 2009, S. 22ff). Die Jugendlichen müssen sich mit neuen Zuschreibungen sowohl von Peers als auch von Erwachsenen auseinandersetzen, um ihre eigene Person im gesellschaftlichen Rahmen zu verorten und ein gelingendes Arrangement für die Zukunft aufzubauen (vgl. ebd.). Ein Ende dieser Phase lässt sich zum heutigen Zeitpunkt, wie zuvor erläutert, nicht mehr exakt definieren. Frühere Bestimmungen zur Abgrenzung fallen auseinander oder überlappen sich gegenseitig.

Auf der Grundlage der zeitlichen Ausdehnung der Jugendphase hat eine starke Institutionalisierung derselben stattgefunden. Mit der Expansion des Bildungssektors in den 1960er Jahren hat sich die Zeit der Qualifikation verlängert (vgl. Kap. 3.4). Zunehmend besuchen Jugendliche lange Zeit das Ausbildungssystem – mitunter bis zur Mitte des dritten Lebensjahrzehnts. Dies trägt zu einer Verfestigung der Lebensphase Jugend bei. Des Weiteren können Festschreibungen der rechtlichen Normierungen in Bezug auf Jugendliche als weitere Faktoren zur Veränderung der soziologischen Wahrnehmung des Jugendalters gewertet werden. Hier sind u.a. Änderungen und Diskurse bezogen auf die Volljährigkeit oder die Anwendung des Jugendstrafrechts zu nennen (vgl. *Hurrelmann/Quenzel* 2013, S. 15ff; *Scherr* 2009, S. 30ff).

Daneben wird innerhalb der Jugendsoziologie einstimmig davon ausgegangen, dass man nicht von „der Jugend“, sondern von „Jugenden im Plural“ sprechen muss (vgl. *Griese* 2007, S. 11; *Griese/Mansel* 2003, S. 23; *Scherr* 2009, S. 24). Unter Berücksichtigung von Prozessen des Sozialen Wandels kann Jugend nicht mehr als einheitliche Lebensphase angesehen werden. Jugendliche erleben die Phase ihrer Entwicklung aus unterschiedlichen sozialen Lagen, Geschlechterrollen sowie kulturellen Bedingungen heraus und damit vor dem Hintergrund unterschiedlicher Anforderungen. Legt man in diesem Sinne gesellschaftliche Prozesse wie das zuvor benannte Individualisierungstheorem oder gesellschaftliche Milieustudien[16] zugrunde, zeigen sich unterschiedliche Auswirkungen, die zu keinem einheitlichen Bild der Jugend führen (vgl. *Griese/Mansel* 2003, S. 22f; *Scherr* 2009, S. 24). Es ist vielmehr von einem Gemenge verschiedener Lebenswelten der

[16] Zum Thema Milieustudien sei auf *Calmbach* et al. 2012, *Hurrelmann/Quenzel* 2013 und die Shell Jugendstudien hingewiesen.

Jugendlichen auszugehen. Je nach sozialer Herkunft bestehen für die Jugendlichen differierende Möglichkeiten, sich individuell zu entfalten und weiterzuentwickeln. Das Thema soziale Ungleichheit spielt darum auch schon in der Jugendphase eine bedeutende Rolle, weil auf der Grundlage der sozialen Herkunft variierende Chancen zur Ausgestaltung der eigenen Lebensführung gegeben sind (vgl. *Hurrelmann/Quenzel* 2013, S. 54f, 67ff). Trotz dieser einheitlichen Zustimmung, Jugend als ausdifferenziertes und plurales Strukturgebilde wahrzunehmen und zu diskutieren, existiert weiterhin die Haltung, dass Jugendliche als soziale Gruppe gemeinsamen Herausforderungen ausgesetzt sind. Gesellschaftliche Erwartungen sowie institutionelle Regeln und Strukturen (z.B. in der Schule) etwa differenzieren nicht, sondern wenden sich allgemein an die Jugend (vgl. *Münchmeier* 2008, S. 17). In diesem Kontext richtet auch die Offene Jugendarbeit als institutionelles Arbeitsfeld gewisse Anforderungen an die Jugend. Diese werden im weiteren Verlauf zu systematisieren sein (vgl. Kap. 4).

Die Lebensphase Jugend ist zudem aus soziologischer Perspektive durch vielfältige Veränderungen gekennzeichnet. An Jugendliche werden verschiedene Erwartungen, Hoffnungen und auch Befürchtungen herangetragen. Diese sollen von den Jugendlichen bearbeitet werden. Jugend steht hier in einem bedeutenden Spannungsverhältnis. Waren in der Kindheit vor allem familiäre Kontexte dominierend, ändert sich dies in der Jugendphase drastisch. Der Status des Jugendlichen öffnet den gesellschaftlich-sozialen Rahmen. Die Familie stellt nicht mehr die einzige zentrale Bezugsgruppe und Orientierung der Jugendlichen dar, sondern neue Gruppen kommen hinzu (vgl. Kap. 3.2). Dies können die Peers oder auch andere erwachsene Vorbilder sein (vgl. Kap. 3.3; Kap. 3.4). Die Kultur spielt diesbezüglich bei der Verortung und Aufnahme neuer Bekanntschaften sowie neuer Aufgaben eine immer größer werdende Rolle (vgl. *Böhnisch* 2012, S. 142f). Das Verhältnis von Familie und Kultur steht somit in einem Spannungsverhältnis. Besteht die Familie aus intimen Beziehungen, welche intensive Identifikationsprozesse ermöglichen, dann bildet das Thema Arbeit als Teil der Kultur vor allem den Bezugspunkt für Prozesse, um die Gesellschaft aufrechtzuerhalten. Mit diesem für Jugendliche neuem antagonistischen Verhältnis müssen sie lernen, umzugehen. In diesem Verhältnis müssen sie sich verorten, um die gesellschaftlichen Strukturen und Normen mit den eigenen Ideen und Vorstellungen in Verbindung zu setzen (vgl. ebd.)

Weiterhin ist der Jugendbegriff normativ aufgeladen. Das bedeutet, die Jugendphase wird von verschiedenen Gruppen bewertet und aus unterschiedlichen Perspektiven betrachtet (vgl. *Scherr* 2009, S. 22). Viele Gedanken der Erwachsenenkultur drehen sich dabei um die Probleme, die Jugendliche erzeugen (vgl. Kap.

2.4.2). Etliche der Handlungen, die Jugendliche unternehmen, seien diesbezüglich nicht zu ernst zu nehmen, weil diese eben noch nicht erwachsen sind (vgl. *Scherr* 2009, S. 23). Einige Handlungen drücken sich jedoch in Gewalt, Drogenmissbrauch, politischem Desinteresse, unsozialem Verhalten oder Exzessen aus. Dieser Aspekt wird insbesondere medial von einer breiten Öffentlichkeit verfolgt. Dabei werden diese Verhaltensweisen und Handlungen aus Sicht der älteren Mitbürger nicht bedingungslos toleriert, sondern es werden politische oder pädagogische Eingriffe eingefordert (vgl. Kap. 2.4.2). Im Rahmen dieser Zusammenhänge zeigen sich Ängste und Vorbehalte der älteren Generation gegenüber der Jüngeren. Sie haben die Befürchtung eines Zerfalls der Gesellschaft und der darin inbegriffenen Normen und Werte (vgl. *Scherr* 2009, S. 23). Des Weiteren existieren Bedingungen, die Jugendliche einschränken, aber auch deren Gestaltung erfordern. Ökonomisch und emotional sind Jugendliche noch abhängig von ihren Eltern, zeitgleich können sie jedoch im Medien- und Freizeitmarkt frei entscheiden (vgl. *Hurrelmann/Quenzel* 2013, S. 24f). Diese Diskrepanz spiegelt sich im Verhältnis der Generationen wieder. Außerdem werden gegenwärtig nicht nur die negativen Seiten der Jugendlichkeit gesehen, sondern vor allem vom Freizeit- und Medienmarkt die Vorteile und Chancen in den Fokus gerückt. Jugendliche Attribute wie Flexibilität, Sportlichkeit oder körperliche Erscheinung stellen in der aktuellen Gesellschaft bisweilen Idealvorstellungen dar (vgl. *Scherr* 2009, S. 22f). Dieser Aspekt wird auch als Juvenilisierung des Erwachsenenalters bezeichnet. Erwachsene stehen in der heutigen Zeit vor vielen Problemen, die früher kennzeichnend für die Jugendphase waren (vgl. *Hurrelmann/Quenzel* 2013, S. 51f). Darunter fällt bspw. der Umgang mit Umbrüchen und biografischer Perspektivlosigkeit. Daneben lässt sich auch das umgekehrte Beispiel finden: die Adulterisierung der Lebensphase Jugend. Aspekte, die früher dem Lebensalter Erwachsener vorbehalten waren, führen Jugendliche heute ganz regelmäßig und selbstverständlich aus. Hierunter fallen bspw. die sexuelle Ausgestaltung oder der freie Konsum und die Mediennutzung (vgl. ebd.).

Insgesamt lässt sich demnach konstatieren, dass die Jugendphase in der aktuellen Zeit eine in sich höchst widersprüchliche Phase im Lebenslauf darstellt. Auf der einen Seite wird das Moratorium benannt, innerhalb dessen sich Jugendliche relativ frei entfalten sollen. Parallel dazu verlaufen auf der anderen Seite Entwicklungen und Veränderungen, welche die Jugendlichen vor die Herausforderung stellen, mit Einschränkungen und Entscheidungszwängen umzugehen. Die Begriffe Entstrukturierung, Enttraditionalisierung oder Entgrenzung beschreiben dieses Phänomen (vgl. *Hurrelmann/Quenzel* 2013, S. 17; *Münchmeier* 1998, S. 3ff; *Scherr* 2009, S. 33). Das Moratorium ist dadurch nicht irrelevant geworden und soll weiterhin vor allem zur Qualifizierung genutzt werden. Jedoch müssen Jugendliche sich trotz dieser Chancen auf Qualifizierung darauf einstellen, nicht die bestmöglichen Optionen zu erhalten (vgl. *Hurrelmann/Quenzel* 2013, S. 46f; *Reinders* 2003, S. 25ff). Außerdem sollte die Jugendphase aus soziologischer Sicht nicht nur als Übergangsphase zwischen Kindheit und Erwachsenenalter betrachtet werden. Sie ist nicht nur zur Vorbereitung der Jugendlichen auf künftige Aufgaben gedacht, sondern auch als eigenständige Phase mit besonderen Potenzialen. Jugendliche leben in der Gegenwart und wollen diese aktiv gestalten. Unter diesen Gesichtspunkten wurde die Idee vom „Ende der Jugend" aufgegriffen (vgl. *Scherr* 2009, S. 35). Die Fragen, die sich im Rahmen dieser Idee stellen, sind, inwieweit die Jugendphase in der Vorstellung als Übergang zum Erwachsenenalter mit klar abgrenzbaren Faktoren in der gegenwärtigen Zeit noch haltbar ist und inwieweit sich Übergänge vermehrt überlappen und zu unterschiedlichen Biografien führen. Eine weitere hieraus resultierende Frage stellt sich in Bezug auf die Einordnung der Jugend als einheitliche soziale Gruppe mit klaren Kennzeichen. Trotz diverser Überlegungen in Richtung einer Auflösung der Jugendphase lassen sich immer noch Unterschiede zwischen Erwachsenen und Jugendlichen festmachen. Jugendliche bilden auch heutzutage noch Jugendkulturen aus (vgl. Kap. 2.4.2) und entwickeln sich unter anderen Gesichtspunkten, als dies bei Erwachsenen der Fall ist (vgl. Kap. 2.2; Kap. 2.3.2). Jugend als gesellschaftliches Phänomen, so zeigt sich, ist vielfältigen und widersprüchlichen Determinanten unterworfen (vgl. *Scherr* 2009, S. 33ff u. 213ff). In diesem Rahmen müssen Jugendliche ihren Platz suchen und finden sowie sich mit den unterschiedlichen Erwartungen des sozialen Umfeldes auseinandersetzen. Die eigene Persönlichkeit muss in die sozialen Strukturen eingepasst werden, damit gesellschaftliche Prozesse aufrechterhalten werden können.

2.3.2 Jugendsoziologische Erwartungen an Jugend

In diesem Unterkapitel sollen Erwartungen, welche an die Lebensphase Jugend gerichtet werden, verdeutlicht werden. Dabei geht es den Autoren im Rahmen dieser Darstellung um die soziologische Perspektive. Dementsprechend sollen die gesellschaftlichen Erwartungen und die damit verbundenen Entwicklungsaufgaben erläutert und im Zuge dessen auf den Ausführungen des vorherigen Unterkapitels aufgebaut werden. Innerhalb der Jugend als gesellschaftlichem und sozialem Konstrukt lässt sich eine Vielzahl von heterogenen und komplexen Erwartungen beschreiben. Diese stehen in einer direkten Korrelation mit den Vorstellungen der Erwachsenenkultur von der Übernahme von Aufgaben und Entwicklungsprozessen der Jugendlichen. Im Verlauf der Geschichte und im Rahmen des Sozialen

Wandels verändern sich diese stetig und eindeutige soziologische Entwicklungsaufgaben lassen sich nur schwer fassen (vgl. *Scherr* 2009, S. 32f u. 39f). Wie schon bei der psychologischen Betrachtung der Jugendphase thematisiert, spielt in dieser Zeit im Lebenslauf die Identitätsentwicklung – hier unter Einbezug der sozialen Bedingungen – eine herausragende Rolle (vgl. Kap. 2.2.2). Diese soll nachfolgend genauer vorgestellt werden. Weiterhin lassen sich auch Entwicklungsaufgaben im Kontext sozial-gesellschaftlicher Determinanten im Jugendalter nach Robert J. Havighurst klassifizieren. Dabei werden die Akzente auf die Einbettung der Jugendlichen in gesellschaftliche Rahmenbedingungen gelegt, um zu verdeutlichen, wie Jugendliche in diesem Gefüge zu verorten sind.

Identitätsbildung / -arbeit

Aus soziologischer Sicht werden durch den Begriff Identität vor allem zwei Konzepte unterschieden: die individuelle und die soziale Identität (vgl. *Hurrelmann/Quenzel* 2013, S. 81; *Scherr* 2009, S. 126):

> „Unter *sozialer Identität* werden an soziale Positionen gebundene Erwartungen in Hinblick auf Eigenschaften, Fähigkeiten, Interessen usw. verstanden, die Individuen kennzeichnen; unter *individueller Identität* die soziale Wahrnehmung des Einzelnen als von anderen unterschiedene Person." (*Scherr* 2009, S. 126).

Gemäß diesen Überlegungen zum Identitätskonzept wird davon ausgegangen, dass sich die Persönlichkeit des Individuums in der Auseinandersetzung mit den sozialen Erwartungen an die eigene Person entwickelt. Dabei ist diese Entwicklung als Prozess zu verstehen, der erst im Kontakt mit anderen gesellschaftlichen Mitgliedern gelingend stattfinden kann. Denn den Folgerungen von George Mead folgend, kann sich der Einzelne nicht unmittelbar mit sich selbst auseinandersetzen, sondern muss vielmehr die Perspektive anderer Mitglieder der Gesellschaft hinzuziehen. In diesem Sinne kann Identitätsbildung über die Auseinandersetzung mit den Vorstellungen, die andere dem jeweiligen Individuum gegenüber aufweisen, stattfinden (vgl. *Scherr* 2009, S. 126; *Veith* 1996, S. 341). Die verstärkte Thematisierung des Aspekts Identität gewinnt in der Jugendphase aus mehreren Gründen an Bedeutung. Für Jugendliche bilden die neuen sozialen Erwartungen ihres Umfeldes auch neue Herausforderungen, mit denen sie umgehen müssen. Diese neuen Erwartungen führen zu einem Bruch in Bezug auf die kindliche Identität und so kann eine Veränderung des Selbstverständnisses für die Jugendlichen erfolgen (vgl. *Hurrelmann/Quenzel* 2013, S. 80f). Daneben verändern sich auch die Beziehungen zu anderen Menschen. Sowohl die Familie als auch die Peers durchlaufen während der Lebensphase Jugend unterschiedliche Prozesse der Veränderung und sind somit einem stetigen Wandel unterworfen (vgl. Kap. 3.2; Kap. 3.3). Dies steht in einer Korrelation mit der Ausbildung von sozialer und individueller Identität. Weiterer wichtiger Faktor während der Identitätsbildung ist auch hier das Selbstbild (vgl. *Hurrelmann/Quenzel* 2013, S. 80). Diesbezüglich gilt es für die Jugendlichen, eine in die Zukunft gerichtete Position aufzubauen. Da es sich bei der Jugendphase um eine Übergangsphase handelt, müssen sich Jugendliche Gedanken über ihre zukünftige Disposition machen (vgl. *Scherr* 2009, S. 126f). Hieraus lässt sich das Faktum ableiten, dass die Identitätssuche immer auch eine Auseinandersetzung mit geltenden Normen und Vorstellungen ist, welche mit eigenen Ideen abgeglichen sowie mitunter als neue Dispositionen übernommen werden. Dazu können sowohl reale als auch mediale Personen als Orientierung und Reibefläche dienen (vgl. ebd.; Kap. 3).

Wie schon in Kapitel 2.2.2 zur Identitätsbildung beschrieben, kann dieser Prozess auch krisenhafte Ausprägungen annehmen. Diese sind jedoch nicht als Störung zu werten, sondern vielmehr als Bedingung, damit sich Jugendliche mit den bestehenden Werten der Familie, Freunde oder auch der Gesellschaft auseinandersetzen (vgl. *Hurrelmann/Quenzel* 2013, S. 80f). In diesem Zuge kann die eigene Identität erforscht werden. Verlauf und Krisen sind nicht geradlinig, sondern unterliegen unterschiedlichen Experimenten sowie dem Ausprobieren verschiedener (sub-)kultureller Verhaltens- und Ausdrucksformen (vgl. Kap. 2.4.2).[17] Diese Aspekte können für Erwachsene befremdlich sein oder auch zu drastischer Ablehnung führen. Das Bild einer in sich autonomen und konsistenten Identität, in der alle Erfahrungen zu einem kohärenten Selbst zusammengefügt werden, wird in der Literatur mit Einschränkung als ideal betrachtet. Dieses Bild lässt sich aber, wie beschrieben, laut neuen Formulierungen kaum noch aufbauen oder halten. Es wird zwar nicht bezweifelt, dass eine Integration der Erfahrungen in das eigene Selbst stattfinden soll, auf der Grundlage vielfältiger Veränderungen ist dies aber kaum mehr zu leisten (vgl. *Scherr* 2009, S. 127ff; Kap. 2.3.1). Abschließend lässt sich also festhalten, dass die Soziologie respektive Jugendsoziologie das Thema Identität als Dimension der Persönlichkeitsentwicklung unter Aspekten der sozialen Abhängigkeit betrachtet und diese als zentral gelten dürfen. Das nachfolgende Zitat verdeutlicht dieses Verständnis: „Gegen ein gängiges Missverständnis lässt sich so zeigen, dass eigenständige und eigenverantwortliche Individuen nicht trotz sozialer Einflussnahmen und Abhängigkeiten sondern gerade in sozialen Beziehungen entstehen." (*Scherr* 2009, S. 129).

[17] Zur Auseinandersetzung mit Jugendkulturen siehe z.B. *Farin* 2011. Zur weiteren Beschäftigung mit abweichendem Verhalten im Jugendalter sei u.a. auf *Dollinger/Raithel* 2006 hingewiesen.

Entwicklungsaufgaben

Auch aus dem soziologischen Blickwinkel lassen sich trotz der zuvor thematisierten Einschränkungen im Hinblick auf Entstrukturierung und Pluralisierung (vgl. Kap. 2.3.1) analog zur entwicklungspsychologischen Betrachtung (vgl. Kap. 2.2.2) Entwicklungsaufgaben definieren, die im Jugendalter bewältigt werden müssen. Diese sind nach der Unterteilung von Robert J. Havighurst zu differenzieren. Dabei werden vier Entwicklungsaufgaben klassifiziert: das Qualifizieren, das Binden, das Konsumieren und das Partizipieren (vgl. *Hurrelmann/Quenzel* 2013, S. 28f u. 36f). Diese sind im Rahmen der Entwicklung in der Jugendphase zu bewältigen, um zu einer Veränderung des Jugendlichen beizutragen und dieser den Erwachsenenstatus erlangt. Darin enthalten sind Vorstellungen, wie eine angemessene Entwicklung zu einem bestimmten Zeitpunkt im Leben der Jugendlichen aussehen soll. Diese gesellschaftlichen Normen und Werte sind dabei in der Regel so tief verankert, dass sich Jugendliche diesen kaum entziehen können. Aus diesem Grund wird angenommen, dass alle Jugendlichen sich diesen Entwicklungen stellen müssen. Mit der Darstellung der Entwicklungsaufgaben folgen die beiden Autoren dabei der Argumentationslinie von Klaus Hurrelmann und Gudrun Quenzel (vgl. ebd.). Die benannten Aufgaben sind aus soziologischer Perspektive als eine Vorbereitung zur Übernahme verantwortungsvoller gesellschaftlicher Mitgliedsrollen zu betrachten. Entsprechend ist die Jugendphase im Vergleich zur Kindheit einer wesentlich größeren Rollenvielfalt ausgesetzt, die mit unterschiedlichen ambivalenten Erwartungen verbunden sein kann. Die soziale Integration der Jugendlichen in eine immer unübersichtlichere und komplexe Gesellschaft wird in diesem Fall von ihnen erwartet. Hierzu müssen sich Jugendliche positionieren und mit den vier zentralen Entwicklungsaufgaben umgehen (vgl. ebd.).

Im Rahmen der ersten Entwicklungsaufgabe „Qualifizieren" sollen Kompetenzen für die gesellschaftliche Mitgliedsrolle eines Berufstätigen erworben werden (vgl. *Hurrelmann/Quenzel* 2013, S. 36f). Es geht darum, die eigenen Kenntnisse in kognitiver sowie sozialer Hinsicht zu erweitern, um in ein zukünftiges Beschäftigungsverhältnis übernommen zu werden. Vor diesem Hintergrund muss die eigene Motivation und Selbststeuerung in den Fokus rücken, um die Voraussetzungen für eine gelingende Positionierung auf dem Arbeitsmarkt und im Vergleich zu Konkurrenten zu schaffen (vgl. ebd.). Diese Dimension legt den Schwerpunkt auf die ökonomische Unabhängigkeit der gesellschaftlichen Mitglieder. Wenn diese Aufgabe erfüllt ist, können sie ihren eigenen Lebensunterhalt bestreiten und damit ihre Existenz sichern. Daraus folgt, dass sie auch zur Reproduktion der ökonomischen Ordnung und damit zur Gesamtgesellschaft beitragen. Sollte dieser Entwicklungsschritt nicht gemeistert werden – dies ist aufgrund der strukturellen Unsicherheiten der aktuellen gesellschaftlichen Umstände durchaus möglich (vgl. Kap. 2.3.1) – haben es Jugendliche schwer, im Rahmen der gegebene Orientierungen zu bestehen und als eigenständige Erwachsene wahrgenommen zu werden. Im Kontext dieser Aufgabe nimmt die Schule eine gewichtige Rolle ein, weil diese die zentrale Funktion der Qualifikation innehat und zur Leistungsorientierung der Gesellschaft beiträgt (vgl. *Hurrelmann/Quenzel* 2013, S. 36f; Kap. 3.4).

Der zweite Entwicklungsschritt nimmt sich der Entwicklungsaufgabe „Binden" an. Es handelt sich hierbei um den Erwerb der Kompetenz für die gesellschaftliche Mitgliedsrolle eines Familiengründers (vgl. *Hurrelmann/Quenzel* 2013, S. 37). Hierbei soll in der Jugendphase vorrangig die Ablösung von der Herkunftsfamilie stattfinden (vgl. Kap. 3.2). Daher müssen neue soziale Beziehungen geknüpft und aufgebaut werden, in denen sich Jugendliche wiederfinden können (vgl. Kap. 3.3). Die Ablösung von der eigenen Familie und der Aufbau neuer Beziehungen, insbesondere auch intimer Paarbindungen, setzt eine stattgefundene Auseinandersetzung mit der eigenen Sexualität voraus (vgl. *Hurrelmann/Quenzel* 2013, S. 37; Kap. 2.2.2). Die eigene Verortung des Geschlechts im Rahmen gesellschaftlicher Rahmenbedingungen ermöglicht es, in einen Diskurs mit anderen Mitgliedern zu treten, um intimere Beziehungen aufzubauen. Wenn dieser Schritt erfolgt, kann dies zur Familiengründung führen und damit sowohl der biologischen Reproduktion der eigenen Familie als auch der Gesellschaft dienen. Scheitern Menschen an dieser Aufgabe, sind mögliche Schwierigkeiten im Umgang mit anderen Menschen oder Vorurteile zu erwarten. Dies korreliert mit der Nicht-Einhaltung bestehender Normen (vgl. *Hurrelmann/Quenzel* 2013, S. 37).

Die dritte Aufgabe „Konsumieren" beschreibt die Übernahme der gesellschaftlichen Mitgliedsrolle eines Konsumenten (vgl. ebd.). Jugendliche müssen sich Gedanken über die Ausgestaltung ihres Freizeitbereichs machen. Sowohl die Medien als auch vielfältige Angebote locken Jugendliche zur Gestaltung ihrer freien Zeit und ermöglichen damit die individuelle Ausübung von Interessen. Deshalb müssen sich die Jugendlichen über ihre Bedürfnisse und Anliegen im Klaren sein. Denn ohne diese Klarheit können sie sich in der Vielfalt und den Optionen des Konsumsektors verlieren. Außerdem trägt die freie Zeit zur Reproduktion der eigenen Energiereserven und somit zu einem psychologischen Gleichgewicht bei. Wenn Jugendliche innerhalb dieser Aufgabe scheitern, können sie sich im Dschungel der unübersichtlichen Angebote verlieren und ihre Reserven können nicht wieder hergestellt werden (vgl. *Hurrelmann/Quenzel* 2013, S. 37). Dies ist aber aus der Perspektive der Gesellschaft von Bedeutung, da es im Sinne der Reproduktion unabdingbar ist, dass ihre Mitglieder im oben beschriebenen Sinne psychologisch ausgeglichen bspw. ihrer Beschäftigung nachgehen oder die Familie unterstützen können. Für die Wahrnehmung und Nutzung dieser vielen Angebote können Familie, Freunde und Bekannte als Unterstützung dienen, weil die Ausprägungen des Freizeitmarktes in den meisten Fällen gemeinsam genutzt werden (vgl. ebd.; Kap. 3.2; Kap. 3.3).

Mit der letzten Entwicklungsaufgabe „Partizipieren" wird die Thematik der gesellschaftlichen Mitverantwortung und demokratischen Mitgestaltung aufgegriffen (vgl. *Hurrelmann/Quenzel* 2013, S. 37). Die Jugendlichen sollen die Kompetenz für die Übernahme einer wirtschaftlichen Mitgliedsrolle eines mündigen Bürgers erwerben. Hierbei handelt es sich um die aktive Beteiligung im Rahmen politischer wie gesamtgesellschaftlicher Prozesse, in denen sich Menschen über ihre unterschiedlichen Angelegenheiten austauschen können. Die Aushandlung unterschiedlicher Sichtweisen im Rahmen des öffentlichen Zusammenlebens ermöglicht es den Menschen, sich in Gemeinschaften zusammenzuschließen und ihre Interessen gemeinsam zu verfolgen sowie für diese einzutreten. Um dies aktiv umzusetzen, ist es notwendig, dass sich Jugendliche über weltliche, religiöse, politische oder ethische Orientierungen Gedanken machen (vgl. Kap. 2.2.1). Diese sollen sie dann in der öffentlichen Auseinandersetzung mit anderen Menschen kommunizieren und vertreten. In diesem Sinne kann es gelingen, dass sich Bürger aktiv und konstruktiv für ihre Umwelt einsetzen und damit am bürgerschaftlichen Engagement teilnehmen. Dies trägt zur Stärkung der Gesellschaft und des sozialen Zusammenhalts bei. Wenn Jugendliche diese Aufgabe nicht erfüllen können, hat dies Auswirkungen auf das öffentliche Zusammenleben der Menschen und die Gestaltungen des Gemeinwesens (vgl. *Hurrelmann/Quenzel* 2013, S. 37).

Die vier benannten Entwicklungsaufgaben markieren für das Jugendalter zentrale Punkte, um den Übergang zum Erwachsenenstatus darzustellen. Sie ermöglichen eine Integration der Jugendlichen in die Gesellschaft und die Wahrnehmung von Mitgliedsrollen im sozialen Zusammenleben. Dabei unterstützen viele verschiedene und ausdifferenzierte Sozialisationsinstanzen mit unterschiedlichen Schwerpunkten die Jugendlichen (vgl. Kap. 3; Kap. 4.4). In diesem Zusammenhang kann die Jugendphase als Zeitspanne bezeichnet werden, in der sich die Jugendlichen mit ihrer Positionierung in der Gesellschaft beschäftigen müssen (vgl. *Hurrelmann/Quenzel* 2013, S. 38). Zeitgleich – dies sollte in Kapitel 2.3.1 deutlich geworden sein – werden die Übergänge immer unschärfer und überlappen sich gegenseitig. Deshalb stellt sich die Frage, ob man den Unterschied zwischen Jugendlichem und Erwachsenem nur an der Erfüllung der benannten vier Aufgaben festmachen kann. Aufgrund des Zusammenhangs, dass die Gesellschaft immer komplexer und differenzierter wird, besteht das Potenzial, dass auch die verbindliche

Übernahme und Erfüllung der verschiedenen Rollen, also die Erfüllung der benannten Entwicklungsaufgaben aus soziologischer Perspektive, schwieriger wird. Die Integration der Jugendlichen soll vor allem über das Moratorium gewährleistet sein. Dieses verliert im Rahmen der Entstrukturierung der Jugendphase jedoch immer mehr an Bedeutung (vgl. *Böhnisch* 2012, S. 145f). Dennoch weisen die benannten Entwicklungsaufgaben aus Sicht der Autoren – aufgrund ihrer tiefen Verankerung in der gesellschaftlichen Struktur – auch heute noch eine hohe Relevanz für die Entwicklung von Jugendlichen auf.

2.4 Jugend – Betrachtungen weiterer Disziplinen

Im Anschluss an die differenzierte und tiefgehende Betrachtung der Lebensphase Jugend aus den Perspektiven von Psychologie und Soziologie sollen nun ergänzend kurze Abrisse zur Jugendphase aus den Blickwinkeln anderer für die Offene Jugendarbeit relevanter Bezugsdisziplinen Sozialer Arbeit gegeben werden. Diese schließen in einigen Punkten an die vorherigen Ausführungen an, indem bestimmte Teilaspekte der beschriebenen psychologischen sowie soziologischen Ansätze und Erklärungsversuche aufgegriffen, spezifiziert und ergänzt werden. Die herangezogenen Disziplinen liefern darüber hinaus aber auch weitere eigenständige Anknüpfungspunkte für eine Diskussion über die Sozialisationsbedarfe von Jugendlichen sowie über die Kernaufgaben des Arbeitsfeldes. In diesem Abschnitt wird dabei zunächst auf die Sichtweisen der Rechtswissenschaft und Kriminologie in Bezug auf Jugend eingegangen. Anschließend wird dann das Augenmerk auf Ökonomie, Politik- und Kulturwissenschaft gelegt.
Diese Disziplinen wurden als Ergänzung zu den Perspektiven von Soziologie und Psychologie gewählt, da sie aus Sicht der Autoren zum einen eine gestaltende Funktion insbesondere im politischen und gesellschaftlichen Diskurs über Funktion und Aufgaben der Offenen Jugendarbeit einnehmen und sich das Arbeitsfeld somit nicht vorbehaltlos der Sichtweisen dieser Disziplinen entziehen kann und sollte. Ein Beispiel kann an dieser Stelle die Auseinandersetzung zwischen dem Kriminologen Christian Pfeiffer und einigen Vertretern der Jugendarbeit über die Funktionalität und die Rolle von Jugendzentren im Kontext von Kriminalität sein (vgl. *Expertengruppe Offene Jugendarbeit* 2009; *Pfeiffer* et al. 2008). Ein weiteres Beispiel für die Relevanz der benannten Disziplinen – hier insbesondere der Kulturwissenschaft – liefert Christian Spatscheck mit seinen Ausführungen zur Relevanz jugendkultureller Praxen für die Praxis des Arbeitsfeldes (vgl. *Spatscheck* 2013, S. 173ff). Zum anderen hat sich die Ergänzung der Betrachtung der Lebensphase Jugend um die in diesem Kapitel angeführten Disziplinen aus einer E-Mail-

Befragung von Hochschullehrenden des Fachbereichs Sozialwesen der Fachhochschule Münster mit Schwerpunkten in verschiedenen Bezugsdisziplinen ergeben, aus der sich die benannten Disziplinen als relevant haben ableiten lassen.[18] In diesem Zusammenhang sei auch nochmals insbesondere auf die Rollen von Ökonomie und Politik in Verbindung mit einem zugrunde liegenden soziologischen Verständnis der gesellschaftlichen Entwicklungen verwiesen (vgl. Kap. 2.3.1). Bewusst verzichtet die vorliegende Arbeit in diesem Zusammenhang jedoch darauf, den Fokus verstärkt auf die wissenschaftliche Verortung dieser Disziplinen, deren jeweilige Gegenstände, die jeweilige Disziplingeschichte mit der Jugendphase oder den innerdisziplinären Diskurs über Jugend zu richten, sondern beschränkt sich auf elementare Kerngedanken der einzelnen Disziplinen im Kontext der Lebensphase (vgl. Kap. 2.1).

2.4.1 Rechtswissenschaft und Kriminologie

Rechtswissenschaft und Kriminologie betrachten Jugend insbesondere unter den Aspekten Delinquenz, Kriminalität sowie Beiträgen zur Entstehung von Rechtsquellen und herrschenden gesetzlichen Normen. Außerdem geraten Faktoren zur Begünstigung und Abkehr von Kriminalität ins Blickfeld (vgl. *Siller* o.J.; *Zentrale Studienberatung der Justus-Liebig-Universität Gießen* 2014, S. 2). Somit unterscheiden sie sich in gewissem Maße von den beiden bisher herangezogenen Disziplinen, die eher den Versuch unternehmen, einen ganzheitlichen Blick aus der disziplineigenen Perspektive heraus auf die jugendliche Entwicklung zu werfen, ohne spezifische Merkmale festzulegen, welche die betrachtete Zielgruppe verengen oder auf bestimmte Verhaltensweisen begrenzen.
Dass der Jugend aus rechtswissenschaftlicher Sicht ein besonderer Stellenwert zukommt, lässt sich bereits an der Existenz von eigens für diese Lebensphase bestimmten Gesetzestexten wie dem Jugendgerichtsgesetz erkennen, über welches jugendstrafrechtliche oder jugendkriminalrechtliche Zusammenhänge geregelt werden. Diese Gesetzestexte sind jedoch nicht unangefochten und werden teilweise kritisch betrachtet, was sich u.a. in Diskussionen über Sinnhaftigkeit und Zielrichtung des Jugendstrafrechts oder über dessen Verhältnis zur Pädagogik äußert. Heribert Ostendorf formuliert im Kontext dieser Debatten bspw.:

> „Eine Bescheidung auf die Verhinderung neuer Straftaten, auf ein Präventionsstrafrecht tut Not: **Jugendadäquates Präventionsstrafrecht,** bei dem die positive Individualprävention

[18] Zur Auseinandersetzung mit der Befragung der Hochschullehrenden finden sich im Anhang die E-Mail-Korrespondenzen mit den ProfessorInnen der Fachhochschule Münster.

(erzieherisch/helfende Sanktionen) Vorrang hat vor der negativen Individualprävention (individuelle Abschreckung und Sicherung). Das Ziel ist das Legalverhalten, die Mittel sollten möglichst erzieherisch ausgestaltet sein.“ (*Ostendorf* 2013, S. 58).

Christian Solte äußert in einem ähnlichen Kontext:

> „Das Recht schützt die Erwartungssicherheit (‚Was gilt?‘) und tut dieses – zunächst – ohne Ansehen der Person [...]. Genau gegenteilig verfahren Erziehung und Hilfe: sie beziehen sich auf Personen. Das Ansehen der Person im Sinne des Anschauens der Person – also die Beziehung von Erzieher und zu Erziehendem oder Helfer und Hilfsbedürftigem – ist ihr Thema. Allein deshalb kann das Verhältnis von Recht und Erziehung/Hilfe als antinomisch bezeichnet werden.“ (*Solte* 2002, S. 156)

Und Siegfried Müller ergänzt: „Die Justiz soll strafen, und zwar mit Bezug auf die Kriterien der Strafgerechtigkeit und der Strafklugheit. Die Sozialarbeit soll helfen, und zwar klienten- und lebensweltorientiert.“ (*Müller* 1993, S. 226). Aus den Äußerungen wird ersichtlich, dass Jugendliche in der Betrachtung der Rechtswissenschaft als eine formbare und sich in der Entwicklung befindende Gruppe gesehen werden (vgl. Kap. 2.2; Kap. 2.3), deren delinquentes Verhalten es gesondert zu betrachten gilt und deren Legalverhalten – trotz unterschiedlicher Meinungen bezogen auf erzieherische Funktion und Charakterprägung des Jugendstrafrechts – gesellschaftliches Ziel sein muss. In diesem Zusammenhang wird vielfach darüber diskutiert, in welchem Verhältnis Jugendhilfe und Rechtssystem zu einander stehen, stehen sollten, wie sie kooperieren und kooperieren sollten (vgl. *Ostendorf* 2008, S. 344ff).[19]

Kriminologisch lässt sich zunächst konstatieren, dass eine Unterscheidung vorgenommen wird zwischen „üblicher“ Jugendkriminalität einerseits sowie Wiederholungs- und Intensivtäterschaft andererseits. In diesem Kontext wird insbesondere auch über die Erklärung von kriminellem Verhalten im Jugendalter diskutiert. Die erstgenannte „übliche“ Jugendkriminalität tritt dabei als episodisches Verhalten, generell in Form von Bagatelldelikten sowie als Querschnittserscheinung der Gesellschaft auf (vgl. *Steffen* 2008, S. 85). „Die Trias der Jugendkriminalität lautet somit: bagatellhaft, ubiquitär, passager.“ (*Ostendorf* 2013, S. 30). Die Altersabhängigkeit von Jugendkriminalität sowie ein Unterschied bezogen auf den Zeitpunkt der Höchstbelastung zwischen Jungen und Mädchen wird auch anhand der nachstehenden Grafik deutlich.

[19] Zur weiteren Auseinandersetzung mit der Diskussion über Hintergründe und Funktionen des Jugendstrafrechts sowie jugendstrafrechtlicher Sanktionen liefert u.a. *Czerner* 2004 einen ausführlichen Beitrag

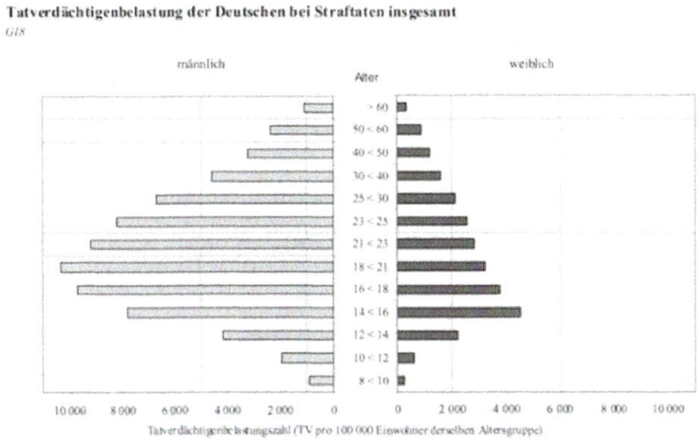

Abb. 2: Tatverdächtigenbelastung der Deutschen (Aus: *BKA* 2012, S. 115)

Neben diesen Faktoren lässt sich festhalten, dass „normale" kriminelle Verhaltensweisen im Jugendalter häufig außerhalb der Registrierung durch die sozialkontrollierenden Institutionen verbleiben und eine Spontanremission zu verzeichnen ist. Das heißt, die Jugendlichen entsagen entsprechenden Handlungen selbstständig ohne Eingriff von Polizei oder Justiz (vgl. *Ostendorf* 2013, S. 30; *Steffen* 2008, S. 85).
Demgegenüber steht in der kriminologischen Betrachtung die Gruppe der jugendlichen Mehrfach- und Intensivtäter. „Obwohl [...] nur ein ganz kleiner Teil als Mehrfach- oder Intensivtäter einzustufen ist, werden dieser Tätergruppe bis zu 40% aller jugendlichen Straftaten zugerechnet." (*Ostendorf* 2013, S. 31). Diesbezüglich ist auf der Grundlage empirischer Hell- und Dunkelfelduntersuchungen zu konstatieren, dass diese Gruppierung Gefahr läuft, Kriminalität in ihrem Verhalten zu verfestigen (vgl. *Ostendorf* 2013, S. 31). Hier greift also die angesprochene Trias zur Jugendkriminalität durch den Wegfall der Einstufung als passageres Verhalten nicht vollständig. Als Begründungsmuster für eine solche Verfestigungstendenz werden in der Literatur Schwierigkeiten im Elternhaus und daraus resultierende Unsicherheiten in der Erziehung, Scheitern im Ausbildungssystem, Umgang in kriminellen Peergroups, Verfall in Rauschmittelabhängigkeiten sowie Stigmatisierung durch Ordnungs-, Kontroll- und Hilfsinstanzen angeführt (vgl. *Meier* 2010, S. 65ff; *Walter/Neubacher* 2011, S. 465 ff; Kap. 2.2.2; Kap. 2.3.2; Kap. 3). Darüber hinaus führen Pfeiffer und Mitarbeiter auch konkrete Kontextbedingungen – hier sind insbesondere Jugendzentren durch den Kriminologen angesprochen – als Faktoren zur Kriminalitätsverstärkung an (vgl. *Pfeiffer* et al. 2008, S. 259f). Neben diesen äußeren Impulsen als Einflussfaktoren bezogen auf

die Entwicklung verfestigter Kriminalität, gelten vereinzelt auch genetische Dispositionen bspw. hinsichtlich der Aggressivität als Quelle für das Auftreten als Mehrfach- oder Intensivtäter. In den gängigen Theorien dominieren jedoch Erklärungsmuster, die ein Zusammenspiel aus innerpsychischen Komponenten und sozialer Umwelt befürworten (vgl. *Ostendorf* 2010, S. 1f). Die Begründungsmuster stehen somit im Großteil in einem engen Zusammenhang zu den beschriebenen Entwicklungsprozessen, -aufgaben, Erwartungen und Anforderungen, denen Jugend aus psychologischer (vgl. Kap. 2.2) und soziologischer (vgl. Kap. 2.3) Sicht entgegentritt. Insbesondere fällt auf, dass eben auch aus kriminologischer Sicht mit Blick auf die Persönlichkeitsentwicklung eine Verknüpfung zwischen einerseits individuellen, endogenen Determinanten und andererseits gesellschaftsbezogenen, sozialen Determinanten hergestellt wird (vgl. Kap. 2.1; Kap. 3.1).
Die Perspektive von Rechtswissenschaft und Kriminologie auf Jugend wird nochmals verdeutlicht, wenn eine Auseinandersetzung mit dem Begriff der Jugendverfehlung erfolgt. Dieser stellt heraus, dass die Disziplinen davon ausgehen, dass jugendliche Menschen aufgrund ihrer Entwicklung ubiquitär gegen Rechtsnormen verstoßen und dabei Muster bezüglich der Art und Weise dieser Verstöße festzustellen sind. Folgende Darstellung macht dies deutlich:

> „Insbesondere scheiden Verkehrsdelikte, so auch die Trunkenheit im Straßenverkehr […] nicht als typische Jugendverfehlung aus; Leichtsinn und Geltungsbedürfnis sind typische jugendliche Einstellungen. Auch bei Sachbeschädigungen durch Graffiti […] spricht mehr für eine jugendtypische Tat, die als Jugendprotest oder als Ausdruck einer sich von der Erwachsenenwelt abgrenzenden Jugend(un)kultur gewertet werden kann. Auch sind jugendtypische Taten nicht auf Bagatellen zu begrenzen.“ (*Ostendorf* 2013, S. 228).

Als disziplinäre Erwartung an Jugendliche lässt sich aus diesen Perspektiven also die Bearbeitung bestimmter Entwicklungsaufgaben über kriminelle Verhaltensweisen ableiten, die sich teilweise auch zu wiederholtem oder intensivem straffälligem Auftreten verfestigen können. Das heißt, Kriminologie und Rechtswissenschaft gehen – auch empirisch begründet – davon aus, dass eine Vielzahl von Jugendlichen zumindest im Rahmen von Bagatelldelikten oder Jugendverfehlungen durch ihr Verhalten am gegebenen Recht Anstoß nimmt und eine gewisse Anzahl dieser Jugendlichen aufgrund kumulierender Belastungen im Kontext ihrer Persönlichkeitsentwicklung in eine kriminelle Karriere verfällt oder verfallen kann. Mit diesen Erwartungen gilt es beidseitig umzugehen, das heißt, sowohl die Jugendlichen selbst über Bewältigungs- oder Ausstiegsstrategien als auch die Gesellschaft über das Rechtssystem in Form des Jugendstrafrechts und entsprechende Sanktionen sowie angemessene Umsetzungs- und Unterstützungsorgane sollen zu Bewahrung vor Fehl- und Rückkehr zum Legalverhalten beitragen (vgl. *Ostendorf* 2013, S. 31f; *Steffen* 2008, S. 87ff; Kap. 3).

2.4.2 Ökonomie, Politik- und Kulturwissenschaft

Anders als bei den bisher diskutierten Disziplinen, weisen Ökonomie, Politik- und Kulturwissenschaft keine spezifische Behandlung der Thematik Jugendphase in dem Sinne auf, dass der Versuch einer disziplinären Definition oder empirischen Forschungslinie bezogen auf Jugend besteht oder das Thema eigenständig innerhalb der jeweiligen Disziplin ausgiebig diskutiert wird (vgl. *ProfessorInnen der FH Münster* 2013, Anhang S. Iff). Dennoch beschäftigen sich diese Disziplinen unter bestimmten Gesichtspunkten mit Jugend und ihrer Entwicklung. Diese Gesichtspunkte sowie daran anknüpfende Erwartungen und Anforderungen, welche die benannten Disziplinen an Jugend richten, sollen nachfolgend in den Blick genommen werden.

Ökonomie

„Zukunft heute gestalten", so lautet der Titel einer im Jahr 2007 veröffentlichten Broschüre des Deutschen Industrie- und Handelskammertages (DIHK) (vgl. *Heintz* 2007). Über diesen Titel wird die Perspektive der Ökonomie auf Jugend bereits deutlich. Ökonomen beschäftigen sich grundsätzlich unter einer prospektiven Prämisse mit der Lebensphase, indem diese als Zwischenetappe des Weges auf den Arbeitsmarkt gesehen wird. Die Unternehmerverbände können an dieser Stelle Anzeiger für eine ökonomische Sichtweise auf Jugend sein, da wie benannt keine genuin wissenschaftliche Beschäftigung bspw. über Volks- oder Betriebswirtschaftslehre mit der Jugendphase vorliegt.
Jugendliche als Akteure der Lebensphase werden im Sinne der Veröffentlichung des DIHK „eingeschränkt" auf ihre Funktion als künftige Arbeitskräfte und die berufliche Orientierung wird zur zentralen Anforderung, der es sich innerhalb des Jugendalters zu stellen gilt. „Eine fundierte Berufsorientierung muss [...] kontinuierlich aufgebaut werden. Spätestens ab der 7. Klasse müssen die Kinder stetig an die Arbeitswelt herangeführt und mit verschiedenen Berufen vertraut gemacht werden." (*Heintz* 2007, S. 7). Zentrale Größen im Fokus der Ökonomie sind somit formale Qualifikation und beruflicher Kompetenzerwerb.
In diesem Zusammenhang finden sich auch bei weiteren Unternehmerverbänden entsprechende Positionen. Im Kontext der politischen Diskussion zum Mindestlohn erfolgt durch den Zentralverband des Deutschen Handwerks (ZDH) bspw. die Forderung nach Regelungen der Bundesregierung zur Förderung der dualen Ausbildung eingedenk der demographischen Entwicklung und des Trends zu Abitur und Studium, damit Wirtschaft gestärkt, Jugendarbeitslosigkeit bekämpft und

„das Heer der Arbeitslosen ohne Qualifikation“ eingedämmt werden kann (vgl. *Wollseifer* 2014, S. 1).
Die Disziplin schließt diesbezüglich an Teilaspekte der beschriebenen entwicklungspsychologischen und jugendsoziologischen Erwartungen an Jugend an, da sowohl die endogenen Aspekte der Identitätsbildung über die Entwicklungsaufgabe Berufswahl (vgl. Kap. 2.2.2) als auch die gesellschaftlichen Komponenten im Sinne des „Qualifizierens“ (vgl. Kap. 2.3.2) über diese Perspektive angesprochen werden.
Die nachstehende Aussage aus einem Presseinterview des Leiters einer Wirtschaftskammer in Österreich fasst die ökonomische Perspektive auf die Lebensphase anschaulich zusammen: „Unsere Ressource für die Zukunft ist der Mensch – insbesondere die Jugend. Die Jugend ist das Potenzial, auf welchem auch unsere wirtschaftliche Zukunft basieren wird.“ (*Langegger* 2014). Und auch Bundesregierung sowie EU-Kommission sprechen in ihren Veröffentlichungen zu Wirtschaftsfragen von Jugend als „schwindender und wertvoller Ressource und jungem Humankapital“ (vgl. *Europäische Kommission* 2009, S. 1). Als Erwartungen seitens der Disziplin an Jugendliche lässt sich entsprechend die Fokussierung auf eine Arbeitsmarktfähigkeit über Schul- und Ausbildungsabschlüsse sowie den Erwerb beruflicher Schlüsselkompetenzen festhalten.

Politikwissenschaft

Schaut man sich die Perspektive der Politikwissenschaft auf Jugend an, so führt dieser Blick relativ schnell zum Stichwort Jugendpolitik. Diese stützt sich in vielerlei Hinsicht auf die Jugendforschung – somit auch auf die bereits angeführten Sichtweisen soziologischer und psychologischer Erkenntnisse (vgl. Kap. 2.2; Kap. 2.3) – und ist in der Regel bipolar zu verstehen. In einem weiter gefassten Sinn ist Jugendpolitik Querschnittsaufgabe und mischt sich in andere Politikbereiche ein, da politische Entscheidungen verschiedener Ressorts auch die nachwachsende Generation betreffen. In einem engeren Sinn ist Jugendpolitik als Jugendhilfepolitik zu verorten. Dies bedeutet, es wird nur eine ressortbezogene Perspektive auf die Jugendhilfe als Bearbeiter bestimmter Problem- oder Krisenlagen von Jugendlichen berücksichtigt (vgl. *Hafeneger* 2012, S. 26f). Als politikwissenschaftlicher Versuch der Charakterisierung von Jugend lassen sich in dieser Bipolarität Hinweise auf eine Zuschreibung u.a. der folgenden Rollen für Jugendliche in der wissenschaftlichen Literatur finden: „Antrieb des Sozialen Wandels“, „Problemverursacher“ und „Problemträger“ (vgl. *Hornstein* 1999, S. 29ff).

Insgesamt lässt sich festhalten, dass man von einer Dominanz der engeren Betrachtung von Jugendpolitik sprechen kann, also einer starken Nähe zur Jugendhilfe. Entsprechend prägen auch die Rollenzuschreibungen mit Problembezug das politikwissenschaftliche Bild von Jugend. Dennoch spielen auch Aspekte wie die Stärkung von Bildungschancen, Qualifikation und Partizipation immer wieder eine wichtige Rolle und stützen einen ganzheitlichen Blick von Politik auf Jugend (vgl. *Hafeneger* 2012, S. 26f).
Als Erwartungen oder Anforderungen von Politikwissenschaft an Jugend lässt sich aus diesen Sichtweisen ableiten, dass Jugendliche im Rahmen ihrer Persönlichkeitsentwicklung einerseits gesellschaftliche Werte und Normen in ihren Verhaltensweisen berücksichtigen sollen, damit sie nicht als Problemherde für die Gesellschaft auftreten, und andererseits darüber hinaus eigene Interessen und Sichtweisen öffentlich und politisch einbringen sollen, damit sie die Gesellschaft aktiv mitgestalten.

Kulturwissenschaft

Die kulturwissenschaftliche Perspektive auf Jugend nimmt über die Kulturforschung insbesondere die Reaktionen von Jugendlichen auf mediale Kultureinflüsse in den Blick:

> „Im Zentrum von Kulturforschung stehen die historischen Medien der Erzeugung von kultureller Kommunikation, von Gedächtnis und Weltwahrnehmung. Orale Formen der kulturellen Reflexion werden ebenso als Medien begriffen wie die ausdifferenzierten Techniken der Schriftkultur und schließlich die auf komplexen technischen Konfigurationen beruhenden Medien des Printsektors, der visuellen Massenmedien und der computergestützten Kultur, die sämtliche audiovisuelle Medien in sich absorbiert und transformiert." (*Böhme* 2001, S. 10).

Zentral ist in diesem Zusammenhang die Beschäftigung mit Jugendkulturen als Gruppierungen ähnlicher Wertevertretungen und Ausdrucksformen. Diesbezüglich hält Wilfried Ferchhoff fest:

> „Jugendliche können mittlerweile zwischen Dutzenden von Musikrichtungen, Szenen, Lebensstilen und (Sub-)kulturen zappen. Das sogenannte *Wir-Gefühl* in einer alles umspannenden Jugendbewegung – etwa als Logik kollektiven Handelns bspw. im Rahmen einer sozialen Protestbewegung – scheint es jenseits bestimmter rechtsextremistischer Jugendgruppen, jenseits einiger Aussiedlergruppen und jenseits der vor allem durch Prozesse der heroischen Fremd- und Selbstethnisierung marginalisierten Jugendlichen ausländischer Herkunft bzw. mit Migrationshintergrund [...] nicht mehr zu geben." (Ferchhoff 2011, S. 193).

Dies zeigt auf, dass die Kulturwissenschaft ihren Fokus dahingehend setzt, die kulturelle Vielfalt bezogen auf das Jugendalter zu analysieren und davon Abstand zu nehmen, Jugend allgemein und umfassend charakterisieren zu wollen (vgl. ebd.

S. 191ff).[20] Als kulturwissenschaftliche Anforderung an Jugend lässt sich daran anschließend die Erwartung festhalten, dass Jugendliche sich im Rahmen ihres jeweils individuellen Umfeldes – inklusive medialer Einflüsse – orientieren und im Rahmen dieser Orientierung einen eigenen Lebensstil sowie eigene Expressions- und Lebensformen auswählen und praktizieren.[21] Damit schließen die kulturwissenschaftlichen Perspektiven deutlich an die bereits im Rahmen der psychologischen und insbesondere soziologischen Betrachtung von Jugend dargestellten Zusammenhänge zur Entstrukturierung und Entstandardisierung der Lebensphase im Kontext von Pluralisierung und Individualisierung an (vgl. Kap. 2.2; Kap. 2.3).

2.5 Zusammenfassung

Aus den bisherigen Ausführungen sollte deutlich geworden sein, dass die Lebensphase Jugend zentral, komplex und herausfordernd im menschlichen Lebenslauf verankert ist (vgl. Kap. 2.2; Kap. 2.3; Kap. 2.4). Jean-Jacques Rousseau bezeichnet in diesem Sinne „Jugend als ‚zweite Geburt' und formuliert: ‚In diesem Zeitraum, in dem gewöhnlich die Erziehung abgeschlossen wird, beginnt unsere erst richtig.'" (*Scherr* 2009, S. 94). Dies verdeutlicht, dass die Jugendphase mit einschneidenden Veränderungen und Entwicklungen verbunden ist.
Die aus psychologischer Sicht bedeutsamen Prozesse der Kognition und Biophysiologie erhalten im Jugendalter eine tragende Rolle. Die Veränderung von Verarbeitungsstrukturen und deren Ergebnisse lassen neue Handlungsmuster zu und ermöglichen gleichzeitig, eine breite Auswahl an Alternativen bereitzustellen. Daneben setzen auch Umwandlungen in Bezug auf den Körper ein. Die Pubertät und deren Auswirkungen werden klassisch mit der Jugend gleichgesetzt. Veränderungen des Hormonhaushaltes und körperliche Entwicklungen beeinflussen die Sicht der Jugendlichen auf sich selbst. Der Körper wird zu einer bedeutenden Größe und steht auch in einer Verbindung mit den Vorstellungen, die andere Menschen von den Jugendlichen und deren Körpern haben (vgl. Kap. 2.2.1). Hier zeigt sich die Verbundenheit zwischen individuellen und umfeldbezogenen Komponenten. Mit den exogenen Erwartungen und Vorstellungen müssen sich Jugendliche auseinandersetzen. Die eigene Individuation, d.h. die Entwicklung einer eigenen Persönlichkeitsstruktur ermöglicht den Jugendlichen, sich selbst zu sehen und eigene Vorstellungen und Meinungen zu etablieren (vgl. *Hurrelmann/Quenzel* 2013, S.

[20] Zur weiteren Auseinandersetzung mit Funktion und Abgrenzung der Kulturwissenschaft liefern insbesondere *Böhme* et al. 2002 sowie *Hansen* 2011 einen ausführlichen Beitrag.
[21] Zur weiteren Auseinandersetzung mit konkreten jugendkulturellen Formen und Praxen bieten insbesondere *Farin* 2011 und *Ferchhoff* 2011 einen ausführlichen Einblick.

38). Die Individuation beruht auf der Grundlage persönlich-psychologischer Determinanten welche durch die Identität, Autonomie und Selbstständigkeit vorangetrieben werden (vgl. Kap. 2.2.1).
Daneben beginnt zeitgleich die Auseinandersetzung mit der Dimension der Gesellschaft. Jugendliche stehen vor anderen Bedingungen und sind mit anderen Erwartungen konfrontiert als in der Kindheit. Die Jugendphase markiert einen bedeutenden Einschnitt: Erstmals werden ihnen gegenüber eigenständige Entscheidungen zugetraut und auch abverlangt. Diese haben sie in der heutigen Zeit auch größtenteils selber zu verantworten. Damit müssen Jugendliche schon frühzeitig die Verantwortung für die eigene Lebensführung übernehmen. Trotz dieser Prozesse verharren sie eine lange Zeit im Schul- und Ausbildungssystem, um sich für zukünftige Erwerbstätigkeiten zu qualifizieren und auf diese vorzubereiten (vgl. Kap. 2.3.1). Das bedeutet, auf der einen Seite werden ihnen vielfältige Entscheidungen zugestanden und auf der anderen Seite sollen sie sich weiterhin abgetrennt von bestimmten Einflüssen der Gesellschaft entwickeln. Eine Erklärung liefert hier in Teilen die psychologische Sichtweise. Gewisse kognitive Umformungen führen zu unvorhersehbaren Verhaltensweisen. Dies ist zentraler Bestandteil der Jugendphase und schafft zugleich auch das Potenzial, sich über bestehende Normen und Werte hinweg zu setzen (vgl. Kap. 2.2.1). Damit besitzt das Jugendalter eine besondere Entfaltungskraft, gegebene Vorstellungen und Orientierungen zu überwinden (vgl. Kap. 2.3.1).

Die herangezogenen Disziplinen Psychologie und Soziologie zeigen, wie tiefgreifend die Bedingungen der Lebensphase Jugend sind. Hieraus lassen sich dann auch spezielle Erwartungen, die an Jugendliche formuliert werden, ableiten. Jugend soll in der Zeit ihrer Entwicklung spezifische Stationen durchlaufen. Sowohl psychologisch als auch soziologisch sind dabei viele Etappen ähnlich gelagert, jedoch mit anderen Akzenten ausgestattet. Die Auseinandersetzung und Ablösung von der Herkunftsfamilie, der Aufbau neuer (intimer) Beziehungen, der Beginn und die Aufrechterhaltung einer beruflichen Karriere und die Entwicklung eigener Werte und Normen im Kontext der gesellschaftlichen Ordnung. Diese genannten Aspekte werden von Jugendlichen im Prozess der Jugendphase durchlaufen. Das Thema Identitätsbildung stellt in diesem Zusammenhang eine zentrale Größe dar, innerhalb derer sich viele weitere Aspekte wiederfinden lassen. Wenn individuelle und soziale Determinanten zusammengesetzt und interdependent betrachtet werden, kann die Entwicklung von Jugendlichen ganzheitlich in den Blick geraten (vgl. Kap. 2.2.2; Kap. 2.3.2). In diesem Rahmen werden Individuation und Integration aufgegriffen. Individuation als psychologischer Bestandteil der Entwicklungsaufgaben im Jugendalter und Integration als soziologischer Bestandteil der zu absolvierenden Aufgaben in der Lebensphase. Die Bewältigung der benannten

Faktoren kann zu einer ausgewogenen Balance der Persönlichkeitsentwicklung (Sozialisation) beitragen. Diese kann als übergeordnetes Ziel in der Jugendphase angesehen werden (vgl. *Hurrelmann/Quenzel* 2013, S. 38). Dem Aspekt Sozialisation wird daher in Kapitel 3 besondere Aufmerksamkeit gewidmet.

Neben den erwähnten Disziplinen Soziologie und Psychologie wurden zur Betrachtung der Jugendphase noch weitere Bezugsdisziplinen ausgewählt. Sie dienen zum einen dazu, aufzuzeigen, unter welchen vielfältigen Betrachtungen Jugend in der gegenwärtigen Zeit steht, und verweisen zum anderen auf eigene disziplinäre Gedanken, die für die Jugendphase von Relevanz sind. Die Rechtswissenschaft und Kriminologie zeigen, dass den Veränderungen des Jugendalters und den damit einhergehenden erhöhten Konfliktpotenzialen während dieser Zeit auch gesellschaftlich Rechnung getragen wird bzw. werden muss. Rechtliche Normierungen gehen in dieser Hinsicht bspw. von einem anderen Strafmaß als bei Erwachsenen aus. Das delinquente Verhalten in dieser Lebensphase wird den innerpsychischen und sozialen Bedingungen in einem intensiven Maße unterworfen und das Verhalten und die Auflehnung gegenüber anerkannten Normen und Rechten wird als Verarbeitungsmechanismus bestehender Entwicklungsaufgaben verortet (vgl. Kap. 2.4.1). Politikwissenschaft versucht im Rahmen eines eigenen Politikressorts – der Jugendpolitik – mit den besonderen Aspekten der Lebensphase umzugehen und dieser Phase bestmögliche Chancen einzuräumen. Welche kulturellen Expressionsmöglichkeiten Jugendliche nutzen und welche Orientierungen für sie von Bedeutung sind, versucht die Kulturwissenschaft herauszufinden. Mit welchem Verhalten drücken Jugendliche sich aus sowie welche Bedeutung hat dies für die Gesellschaft und insbesondere für den Konsummarkt, sind hier die zentralen Fragestellungen (vgl. Kap. 2.4.2).

Alle diese erwähnten Formen wirken sich auf das Handeln der Jugendlichen aus und beeinflussen ihr Leben. Sie müssen sich diesen Faktoren stellen und lernen, mit ihnen umzugehen, sie zu übernehmen oder sie zu verändern. Diesbezüglich können verschiedene Sozialisationsinstanzen die Jugendlichen unterstützen. Hierzu zählen Familie, und Freunde, aber auch die Schule und die Offene Jugendarbeit. Jede dieser Instanzen weist eigene Stärken und Schwächen bezogen auf ihre Strukturen, Charakteristika und Funktionen auf. Wenn diese aufeinander abgestimmt werden und den einzelnen Instanzen klar ist, was sie in der Lage sind zu leisten und wo ihre Grenzen liegen, können sie somit die Jugendlichen bei ihrer subjektiven Entwicklung ganzheitlich unterstützen. Diese Unterstützungsleistungen sollen im weiteren Verlauf der Arbeit aufgezeigt und für die Offene Jugendarbeit als Bezugspunkt der Arbeit systematisiert werden.

3. Leistungen ausgewählter Sozialisationsinstanzen hinsichtlich der Lebensphase Jugend

Wie deutlich geworden ist, richten sich von den Perspektiven der Bezugsdisziplinen der Sozialen Arbeit und insbesondere von den Standpunkten der Entwicklungs-psychologie des Jugendalters und der Jugendsoziologie ausgehend vielschichtige Erwartungen und Anforderungen an die Jugend (vgl. Kap. 2). Jugendliche stehen vor der Herausforderung, ihre Entwicklung möglichst positiv zu gestalten und gestärkt in den Erwachsenenstatus einzutreten und so diesen Erwartungen und Anforderungen auch gerecht zu werden. Dieser Herausforderung müssen sie sich jedoch nicht ohne Hilfe entgegenstellen, sondern erfahren vielfältige – auch gesellschaftlich und institutionell verankerte – Unterstützung. Nachdem zuvor also ein interdisziplinäres Bild der Entwicklungsaufgaben, Bedingungen, Erwartungen und Anforderungen bezogen auf die Lebensphase Jugend dargestellt wurde, sollen in diesem Kapitel die angesprochenen Aspekte über das Stichwort Sozialisation eine Filterung erhalten. Es soll deutlich werden, inwiefern die jugendliche Entwicklung durch verschiedene sozialisatorische Kontexte begleitet, gesteuert und gefördert wird. Dies stellt letztlich das Fundament dafür dar, die Rolle der Offenen Jugendarbeit – als Bezugspunkt der vorliegenden Arbeit – eingedenk ihres Profils in diesem Zusammenhang differenziert zu betrachten (vgl. Kap. 4). Diese Betrachtung soll dann wiederum Grundlage für eine Argumentation im Sinne einer eigenständigen Legitimation des Arbeitsfeldes sein (vgl. Kap. 5).

Innerhalb dieses Kapitels werden zunächst die Vorüberlegungen der Autoren bezogen auf das Thema Sozialisation im Mittelpunkt stehen. Dabei geht es einerseits um die Darstellung des zugrunde liegenden Verständnisses von Sozialisation. In diesem Kontext finden sich als Rückgriff auch einige Verknüpfungen zu den Schwerpunktsetzungen des zweiten Hauptkapitels. Andererseits geht es aber auch darum, zu erläutern, auf welche Begründung sich die anschließende Fokussierung einzelner Sozialisationsinstanzen stützt. Im Nachgang dieser Darlegungen geraten dann Familie, Peergroup und Schule/Ausbildungssystem als zentrale Akteure der Sozialisation ins Blickfeld. Diesbezüglich sollen insbesondere unter einem starken

Rückbezug zu den zuvor dargestellten Entwicklungsaufgaben und Anforderungen, denen Jugendliche ausgesetzt sind, die Strukturen sowie die grundsätzlichen Leistungen dieser Kontexte deutlich werden.

3.1 Vorüberlegungen

Bevor einzelne konkrete Akteure, welche die Entwicklungsprozesse von Jugendlichen unterstützen, begleiten und somit sozialisierend wirken, in den Blick geraten, ist es aus Sicht der Autoren erforderlich, Klarheit darüber zu schaffen, welche Zusammenhänge mit dem Begriff Sozialisation überhaupt verbunden und durch diesen abgedeckt sind sowie welchen konkreten Sozialisationskontexten im Rahmen dieser Arbeit begründet nachgegangen wird. In diesem Abschnitt soll daher zunächst die Perspektive dargestellt werden, welche die Autoren zur Deutung des Begriffs Sozialisation zugrunde legen, bevor im Anschluss die Begründung der Betrachtung einzelner Sozialisationskontexte erläutert wird.

In der wissenschaftlichen Literatur finden sich vielfältige Ansätze zum Verständnis und zur Interpretation des Begriffs Sozialisation (vgl. *Hoffmann/Merkens* 2004; *Scherr* 2010; *Tillmann* 2010; *Veith* 1996). Das Fundament für die im Rahmen dieser Arbeit herangezogene Perspektive liefern in diesem Zusammenhang Klaus Hurrelmann, Mathias Grundmann und Sabine Walper mit ihrer Definition:

> „Sozialisation ist ein Prozess, durch den in wechselseitiger Interdependenz zwischen der biopsychischen Grundstruktur individueller Akteure und ihrer sozialen und physischen Umwelt relativ dauerhafte Wahrnehmungs-, Bewertungs- und Handlungsdispositionen auf persönlicher ebenso wie auf kollektiver Ebene entstehen." (*Hurrelmann* et al. 2008, S. 25).

Die grundsätzliche Orientierung an dieser Definition stellt einen Brückenschlag zu den dargestellten Vorüberlegungen zur Betrachtung der Lebensphase Jugend dar. Hurrelmann und Quenzel folgend lässt sich die Entwicklung von Jugendlichen umfassend nur über die Verknüpfung persönlicher Determinanten mit sozialen Determinanten erfassen (vgl. *Hurrelmann/Quenzel* 2013, S. 57; Kap. 2.1). Mit Blick auf die dargestellte Definition schaffen die psychologischen und soziologischen Wissensbestände also nicht nur einen Zugang zum generellen Verständnis der Lebensphase, sondern ebenso die Grundlage für eine Auseinandersetzung mit Sozialisationsprozessen in diesem Lebensabschnitt. In der Tradition der Sozialisationsforschung findet sich diesbezüglich häufig eine Gegenüberstellung oder Trennung zwischen intentionalen und nicht-intentionalen Unterstützungsleistungen, zwischen Fremd- und Selbstsozialisation sowie zwischen Sozialisation und Erziehung (vgl. *Schneewind* 2008, S. 256). Diese Tradition wird durch die vorge-

stellte Perspektive der vorliegenden Ausführungen auf der Grundlage der Definition durchbrochen. Die Autoren vertreten diese Sichtweise, um Entwicklungsprozesse, -aufgaben und -anforderungen ganzheitlich in den Blick nehmen sowie in Bezug zu sozialen Systemen setzen zu können, die diese begleiten und unterstützen – gleich, ob willentlich oder nicht-willentlich, ob mit erzieherischem Anspruch oder ohne (vgl. ebd.).
Diese vorgestellte Betrachtungsweise von Sozialisation fußt auf dem Modell der „produktiven Realitätsverarbeitung", welches Klaus Hurrelmann in den 1980er Jahren entwickelt hat. „Dieses Modell steht für eine sowohl auf personale als auch soziale, auf subjektive wie auch objektive Faktoren der Persönlichkeitsentwicklung orientierte Theoriekonstruktion, die innerpsychische und gesellschaftliche Dynamiken aufeinander bezieht." (*Hurrelmann* et al. 2008, S. 15). Damit einher geht also der Versuch, die Idee zu entkräften, Sozialisation beschränke sich auf den „Erwerb eines gesellschaftlich erwünschten Repertoires von vorgegebenen Verhaltensweisen und Orientierungen" (vgl. *Hurrelmann/Quenzel* 2013, S. 89). „Die Persönlichkeitsentwicklung eines Menschen, auch und gerade im Jugendalter, wird vielmehr als eine in ihren Grundmerkmalen aktive und prozesshafte Auseinandersetzung mit den inneren Anforderungen von Körper und Psyche und den äußeren Anforderungen von sozialer und dingliche Umwelt konzipiert." (ebd.).

Neben dieser grundsätzlichen Voraussetzung bezüglich des zugrunde liegenden Verständnisses von Sozialisation seitens der Autoren besteht als weitere Prämisse für die folgenden Ausführungen die differenzierte Beschäftigung mit einer Auswahl bestimmter Sozialisationskontexte. Analog zu der Berücksichtigung einzelner Bezugsdisziplinen der Sozialen Arbeit im zweiten Hauptkapitel ist auch diese Auswahl nicht unbegründet oder zufällig, sondern auf der Grundlage wissenschaftlicher Hintergründe vollzogen worden.
Nachstehend widmen sich die Autoren in diesem Kapitel der Familie, der Peergroup und der Schule respektive dem Ausbildungssystem als zentrale Akteure der Sozialisation. Die Autoren folgen im Zuge der Auseinandersetzung mit diesen drei Sozialisationskontexten der Linie verschiedener wissenschaftlicher Ver-öffentlichungen, die ebenfalls ihren Fokus auf die benannten Akteure der Sozialisation richten (vgl. *Ecarius* et al. 2008; *Faltermaier* 2008; *Giddens* 1995; *Hurrelmann/Quenzel* 2013; *Oerter/Dreher* 2008). Die breit angelegte wissenschaftliche Fokussierung auf diese Kontexte resultiert u.a. aus der dominanten Position, welche sie in Bezug auf die prägenden Rollen und Lebensbereiche im Alltag von Jugendlichen ausfüllen. Familiäres Zusammenleben, schulische wie berufliche Leistung und Orientierung sowie die Beziehungen innerhalb der Gleichaltrigengruppe prägen die Lebenswelt der Jugendlichen und begleiten intensiv die Persönlich-

keitsentwicklung und Identitätsbildung (vgl. *Faltermaier* 2008, S. 165). Insbesondere die Interaktionen zwischen den Jugendlichen einerseits und den Akteuren der jeweiligen Sozialisationsfelder (z.B. Eltern, Geschwister, Lehrer, Mitschüler, Freunde) sind dabei entscheidende Faktoren (vgl. *Oerter/Dreher* 2008, S. 328f). Aus Sicht der Autoren decken diese drei Bereiche die lebensweltlich relevanten Zusammenhänge mit Blick auf die Sozialisation von Jugendlichen ab. Andere Kontexte lassen sich in diesem Sinne als Ergänzungen zu den generellen Prozessen im Rahmen der benannten Bereiche verstehen. Die sozialisatorischen Effekte, die mit diesen Kontexten in Verbindung stehen, gehen somit sozusagen in den Bereichen Familie, Peergroup und Schule auf. Ein Beispiel für diese Prämisse kann hier das Gesamtsystem der Jugendhilfe sein. Dieses unterstützt insbesondere über das Arbeitsfeld der Hilfen zur Erziehung gemäß §§27ff SGB VIII die familialen Bezüge sowie stärkt und ermöglicht in Folge dessen die Sozialisationsprozesse, die sich mit Blick auf die Familie vollziehen. Ähnliches gilt mit Blick auf das Arbeitsfeld der Jugendsozialarbeit gemäß §13 SGB VIII im Verhältnis zur Schule und zum Ausbildungssystem.
Vielfach findet sich in der wissenschaftlichen Literatur hinsichtlich der Jugendphase als vierte prägende Sozialisationsinstanz der Bereich der Medien (vgl. *E-carius* et al. 2008, S. 111ff; *Giddens* 1995, S. 87; *Lukesch* 2008, S. 384) Auch die Sozialisationseffekte dieses Kontextes lassen sich aus Sicht der Autoren jedoch im Rahmen der drei anderen Bereiche verorten. Insbesondere die Sozialisation in der Gleichaltrigengruppe ist hier als zentraler Bezugspunkt zu nennen (vgl. Kap. 3.3). Trends bezogen auf Konsumverhalten und Kleidungsstil, der Aufenthalt in sozialen Netzwerken oder die Orientierung an Berühmtheiten bspw. aus den Bereichen Musik und Sport sind nach Meinung der Autoren als Besonderheiten mit Blick auf die Auseinandersetzung mit der Peergroup zu deuten: „Z. B. werden Medienvorbilder und mediale Modelle für gruppenbezogene Stilbildungen genutzt; gemeinsame ‚Re-Inszenierungen' verdichten gemeinsames Handeln und Gruppengeschmack." (*Sting/Sturzenhecker* 2013, S. 383).

Insgesamt wird aus diesen Vorannahmen deutlich, dass sich Sozialisation im Sinne des zuvor dargestellten Verständnisses nicht kleinteilig und situiert denken lässt, sondern vielmehr als Resultat des Zusammenspiels individueller Komponenten und verschiedener sozialer Einflüsse zu verstehen ist:

> „Die Entstehung sozialer Rollen, die Etablierung gemeinsamer Wertorientierungen und kultureller Praktiken im Zusammenleben sowie die sich daraus ergebende wechselseitige Orientierung von Bezugspersonen an solchen intersubjektiven Handlungsvorstellungen werden [...] ebenso berücksichtigt wie die Ausbildung stabiler Persönlichkeitseigenschaften, die sich in der Interaktion zwischen Person und Umwelt ergeben." (*Hurrelmann* et al. 2008, S. 25).

Dennoch ist es aus Sicht der Autoren im Anschluss an die Gedanken von Jutta Ecarius et al. sinnvoll, insbesondere die benannten verschiedenen sozialen Einflüsse systematisiert zu betrachten und zwischen verschiedenen Kontexten, innerhalb derer sich Sozialisation vollzieht, zu unterscheiden (vgl. *Ecarius* et al. 2008, S. 109). Dies ruft zwar eine „künstliche Isolation oder Separation" der miteinander verwobenen Sozialisationskontexte – bspw. erfolgen Prozesse der Peergroup-Sozialisation auch im Kontext Schule – hervor, dennoch können relevante Strukturelemente sowie zentrale Funktionen der jeweiligen Bereiche bezogen auf die benannten Entwicklungsaufgaben und Anforderungen der Jugendphase (vgl. Kap. 2.2.2; Kap. 2.3.2) durch diese Differenzierung gezielt in den Blick geraten (vgl. *Ecarius* et al. 2008, S. 109).

Als letze Vorüberlegung soll im Hinblick auf den Aufbau der nachstehenden Unterkapitel die Beziehung zwischen sozialem und kulturellem Wandel als inhärenten Bestandteilen historischer Entwicklungsprozesse einerseits und der Veränderung der benannten Sozialisationskontexte andererseits vorgestellt werden. Die Autoren gehen diesbezüglich davon aus, dass sich gesellschaftliche Veränderungen auf die generelle Beschaffenheit, Struktur und Charakteristik auswirken und mitunter sogar die institutionelle Funktion der einzelnen Bereiche verändern, dabei jedoch die generelle Relevanz der einzelnen Sozialisationsfelder für die Entwicklung der Jugendlichen nicht infrage stellt wird (vgl. ebd., S. 104ff).

Eingedenk dieser Vorüberlegungen werden im Folgenden zunächst die Sozialisationseffekte im Rahmen der Familie in den Blick genommen, bevor die Peergroup sowie die Schule respektive das Ausbildungssystem in ihren sozialisatorischen Ausprägungen differenziert analysiert werden. Die Abfolge der Betrachtung dieser Sozialisationskontexte ist dabei nicht hierarchisch – dies würde dem grundsätzlichen Verständnis der Autoren von Sozialisation widersprechen – sondern lediglich als alphabetische Ordnung zu verstehen.

3.2 Familie

„Die Macht der Familie – Sie prägt unser Leben und entscheidet darüber, ob wir als Kinder glücklich und als Erwachsene erfolgreich sind. Wie sehr können wir unser Leben selbst bestimmen?" (*Schnurr* 2010). So betitelte das Magazin *ZEIT Wissen* im Februar 2010 einen Artikel in der Rubrik Gesellschaft und spielte somit auf die sozialisatorische Wirkung des Familiensystems an. In eine ähnliche Richtung tendieren Hurrelmann und Quenzel mit der Aussage: „Das Elternhaus, die Herkunftsfamilie, ist auch in historisch veränderter Form heute das Zentrum der

‚äußeren Realität‘, mit der sich Jugendliche in ihrer Sozialisation auseinandersetzen.“ (*Hurrelmann/Quenzel* 2013, S. 145). Diese Verweise machen grundsätzlich auf zwei Aspekte aufmerksam. Einerseits spielen die Aussagen darauf an, dass das System Familie hinsichtlich der herrschenden Erscheinungsformen historische Veränderungsprozesse durchlaufen hat. Andererseits wird deutlich, dass der Familie im Kontext von Sozialisation eine äußerst zentrale Position zuteilwird und sie als elementarer Sozialisationskontext angesehen wird. Beiden Aspekten soll im Folgenden differenziert nachgegangen werden. Im ersten Teil werden dabei die Veränderung familiärer Erscheinungsformen sowie die Auswirkungen dieser Veränderung bezogen auf den Aspekt der Sozialisation diskutiert. Im zweiten Teil steht dann die Funktion der Instanz Familie im Mittelpunkt der Betrachtung. Hierbei soll es konkret um die Bereiche und Entwicklungsaufgaben gehen, auf die bezogen das System Familie sozialisatorischen Einfluss nimmt.

Struktur und Erscheinungsform von Familie

Mit Blick auf die gegebene Struktur und Erscheinungsform, die das System Familie gegenwärtig ausmacht, lässt sich konstatieren, dass sozialer und kultureller Wandel in Verbindung mit den historischen Entwicklungsprozessen insbesondere der zweiten Hälfte des 20. Jahrhunderts diesen Kontext maßgeblich beeinflusst hat. Zusammenfassend lassen sich diese Entwicklungen als kontinuierliche Aufweichung der Idee der „Normalfamilie“ bezeichnen. Dies bedeutet, es kann aktuell nicht mehr von einem Standard-Modell familiärer Zusammenhänge ausgegangen werden, sondern Familie hat sich – wie im Rahmen der soziologischen Perspektive auf Jugend bereits thematisiert (vgl. Kap. 2.3.1) – ausdifferenziert und pluralisiert (vgl. *Ecarius* et al. 2008, S. 104f; *Hurrelmann/Quenzel* 2013, S. 143f).
Bis in die 1960er Jahre war der Prozess der „Familiarisierung“ prägend. Dieser beschreibt die gesamtgesellschaftliche Tendenz zur bürgerlichen Kleinfamilie (Normalfamilie), die sich aus dem Vater als Erwerbstätigem, der Mutter als Hausfrau und den durchschnittlich zwei leiblichen Kindern zusammensetzt. Diese Tendenz bestätigt sich auch mit Blick auf statistische Zusammenhänge bspw. zu Eheschließung und Kinderlosigkeit (vgl. *Hurrelmann/Quenzel* 2013, S. 143f). Merkmale dieser familiären Erscheinungsform sind die hohe Bedeutung von „Kindzentriertheit, Liebe und Emotionalität“ seitens der Mütter sowie „Werte- und Rollenprägung aufgrund patriarchalischer Grundorientierungen“ seitens der Väter. In diesem Kontext sind u.a. auch elterliche Strafpraktiken und hohe Anforderungen bezogen auf haushaltliche Tätigkeiten gegenüber den Kindern zu verorten (vgl. *Ecarius* et al. 2008, S. 105; *Trotha* 1999, S. 229).

Einen Erosionspunkt dieser Vorstellung von der „Normalfamilie“ stellen die gesellschaftlichen und kulturellen Entwicklungen seit den späten 1960er und 1970er Jahren dar. Hier sind insbesondere eine aufkommende Liberalisierung, eine Abkehr von streng-autoritären Erziehungsmodellen, Individualisierungsschübe, die Pluralisierung von Lebensweisen, eine Enttraditionalisierung von Werten, veränderte Lebens- und Arbeitswelten in Folge weiblicher Emanzipation sowie die Öffnung von Bildungszugängen und das Bestreben beider Geschlechter nach Selbstbestimmung, Eigenständigkeit und Erwerbstätigkeit anzuführen (vgl. *Ecarius* et al. 2008, S. 105). Diese Zusammenhänge wirken sich sowohl auf die generelle Erscheinungsform der Familie als auch auf die gängigen Paradigmen des Zusammenlebens aus.
In Anlehnung an Hurrelmann und Quenzel lassen sich mit Blick auf die Erscheinungsform der Familie die nachstehenden Folgen dieser Entwicklung angeben, die zu einer gegenwärtigen Vielfalt familialer Lebensformen in Ehe, Nicht-Ehe, als getrennt lebende Eltern oder Alleinerziehende sowie als Wiederverheiratete mit Kindern oder Stiefkindern beitragen (vgl. *Hurrelmann/Quenzel* 2013, S. 143f):

- Die Lebensform Ehe verliert ihre Selbstverständlichkeit.
- Vielfach treten Erscheinungsformen von Familien mit nicht-leiblichen Kindern auf.
- Die Arbeitsteilung zwischen den Elternteilen differenziert sich, insbesondere, weil Mütter vielfach nach der Geburt weiter berufstätig sind.
- Eine Ehe oder langfristige Paarbeziehung ist nicht mehr selbstverständlich auf Elternschaft hin angelegt, ein Fünftel der Paare bleibt kinderlos.
- Trennung und Scheidung sind gängige Prozesse und häufiger; dies steigert die Zahl von Alleinerziehenden.
- Es entstehen „Patchwork-Familien“ in zweiter Ehe oder Partnerschaft mit Kindern aus vorherigen Verbindungen.
- Homosexualität erfährt Akzeptanz und stellt eine Form der festen Paarbeziehung und Familie dar.

Diese Aspekte führen zu einer Veränderung erstens der Entwicklungsbedingungen für Jugendliche, zweitens der Aspekte der familiären Sozialisation und drittens der Voraussetzungen für die Bewältigung von Entwicklungsaufgaben (vgl. Kap. 2.2.2; Kap. 2.3.2). Die Geschwister werden weniger, die Anzahl an Tanten und Onkel verringert sich und die Präsenz mehrerer Generationen im Rahmen einer Familie infolge einer höheren Lebenserwartung wird häufiger (vgl. *Hurrelmann/Quenzel* 2013, S. 144). Dadurch kommt auch der Thematik des Generationsverhältnisses mit seinen Teilbereichen (vgl. Kap. 2.3.1) eine veränderte und eben auch familiäre Aufmerksamkeit zu:

> „Eine Schlussfolgerung aus diesen Wandlungsprozessen ist, dass am Ende des 20. Jahrhunderts Familie eine Lebensform geworden ist, die durch eigene Bemühungen der Familienmitglieder im Verlauf des Lebens immer wieder hergestellt bzw. verhandelt werden muss.“ (*Strohmeier/Schultz* 2005, S. 7).

Neben diesen Zusammenhängen bezogen auf die Erscheinungsform der Familie hat sich aber auch das Beziehungsgefüge und Zusammenleben innerhalb dieses Systems im Kontext der beschriebenen Prozesse verändert. Es ist eine Entwicklung zu verzeichnen, die als Auflösung der patriarchalischen Erziehungskultur im Sinne von Gerechtigkeit in Strenge einerseits und ergänzender, korrelativer Güte andererseits bezeichnet werden kann (vgl. *Fend* 1988, S. 119f). Zunächst bedeutete dies in den 1980er Jahren eine Steigerung der Konfliktintensität zwischen den Generationen und somit auch eine Distanzierung der Jugendlichen von den erlebten Erziehungsformen auf der Grundlage einer früheren Infragestellung elterlicher Verhaltensweisen (vgl. ebd., S. 123). Im weiteren Verlauf des zurückliegenden Jahrhunderts wandelte sich diese „aufrührerische“ Konstellation jedoch zu einer gesteigerten Akzeptanz gegenüber bis hin zu einer Allianz der Jugendlichen mit ihren Eltern, die auch empirisch über verschiedene Studien belegt wird (vgl. *E-carius* et al. 2008, S. 106; *Hurrelmann/Quenzel* 2013, S. 146). Zentral für diese Entwicklung ist die dominierende Balance zwischen Aufrechterhaltung der Verbundenheit einerseits und Autonomiebestreben andererseits. Dieses Gleichgewicht wird seit den 1980er Jahren im Alltagsgeschehen zwischen den Familienmitgliedern weitgehend gleichberechtigt und diskursiv ausgehandelt. Die Veränderungen bezogen auf die Anspannung der Arbeitsmarktsituation und die Verlängerung des Bildungsmoratoriums führen dabei zu einer längeren Zeitspanne familiären Zusammenlebens, zu mehr Freizeit für die Jugendlichen, zu vorbehaltloser langfristiger finanzieller Unterstützung und Beratung durch die Eltern sowie insgesamt zu einer erhöhten Liberalität bezogen auf das (Konsum)verhalten der Jugendlichen (vgl. *Hurrelmann/Quenzel* 2013, S. 146.).
Unter Rückgriff auf Ulrich Beck und Elisabeth Beck-Gernsheim fassen Ecarius et al. diese Zusammenhänge bezogen auf Struktur und Erscheinungsform wie folgt zusammen:

> „Insgesamt haben sich durch die Veränderungen der vergangenen Jahrzehnte die Chancen für Jugendliche stark erhöht, eine personale Identität zu entwickeln. Ein ‚emanzipatorischer‘ Erziehungsstil steigert den Anspruch, eigene Lösungen für Aufgaben und Probleme zu finden, verstärkt aber auch den Druck auf eine selbstständige Lebensorientierung.“ (*E-carius* et al. 2008, S. 106.).

Worauf sich dieses Fazit gründet und inwiefern die Familie zur Identitätsbildung und Bearbeitung bestimmter Erwartungen und Entwicklungsaufgaben (vgl. Kap. 2.2.2; Kap. 2.3.2) beiträgt, soll nachstehend genauer betrachtet werden.

> „Alle diese gravierenden Veränderungen haben die Bedeutung der Familie als dominante und primäre Sozialisationsinstanz [...] der Jugendlichen [...] nicht in Frage gestellt. Die Erziehung und Sozialisation in den Familien ist durch die veränderten Familienformen zwar in Stil und Inhalt betroffen, aber sie findet nach wie vor in einer emotionalen und sozialen Intensität statt, wie es in keiner anderen Sozialisationsinstanz möglich ist." (*Hurrelmann/Quenzel* 2013, S. 144).

Die Familie erbringt entsprechend verschiedene „Integrationsleistungen für die Heranwachsenden", die sich in der Jugendphase, wie zuvor beschrieben, im Prozess der Identitätsbildung befinden (vgl. Kap. 2.2.2; Kap. 2.3.2). Dies ruft ein Spannungsverhältnis zwischen „persönlicher Individuation" und „sozialer Integration" – auch hier zeigt sich also das bereits mehrfach angesprochene Zusammenspiel individueller und sozialer Determinanten – hervor (vgl. Kap. 2.5), welches zu Konflikten zwischen den Akteuren im Kontext Familie führt, die es wiederrum zu bewältigen gilt (vgl. *Ecarius* et al. 2008, S. 104).

Klaus A. Schneewind geht diesbezüglich im Rahmen einer systemischen Denkweise (vgl. Kap. 2.3.1) von einem Zusammenwirken des Gesamtsystems Familie und verschiedener Subsysteme hinsichtlich der familiären Entwicklungseffekte für Jugendliche aus. Dabei unterscheidet er zwischen den Subsystemen Eltern-Kind-Subsystem, Geschwister- / Eltern-Geschwister-Subsystem sowie Ehe- / Eltern-Subsystem (vgl. *Schneewind* 2008, S. 258f).
Die Sozialisationseffekte vollziehen sich in diesem Sinne in verschiedenen Wechselwirkungen zwischen der Entwicklung der Jugendlichen und den Teilsystemen sowie der Gesamtfamilie. Die Wechselwirkung zwischen Eltern-Kind-Subsystem und Entwicklungsprozessen der Jugendlichen erfolgt dabei in drei Funktionsbereichen: Interaktions- und Beziehungsgestaltung, Erziehungs- und Bildungskompetenz sowie Arrangieren von Entwicklungsgelegenheiten. Demzufolge besteht eine Verbindung zwischen familialer Sozialisation und dem Potenzial der Eltern, Beziehungen, Interaktionen, Bildung und Erziehung auszugestalten sowie konkrete Möglichkeiten der personalen und sozialen (Identitäts-)Entwicklung zu generieren (vgl. *Berk* 2004, S. 546f; *Oerter/Dreher* 2008, S. 318; *Schneewind* 2008, S. 259ff).
Weiteren Einfluss auf die Sozialisation von Jugendlichen in der Familie hat das Beziehungs- und Interaktionsgefüge des Eltern-Subsystems. Zentral ist dabei das Kontinuum von parentalen Konflikten bis hin zu starker Elternallianz. Die Positionierung der Eltern in diesem Kontinuum erzielt direkte und indirekte, positive und negative Effekte auf die Entwicklung der Jugendlichen. Themen hierbei sind Konfliktlöseverhalten, Kooperation und Einheitlichkeit bezogen auf erzieherische Fragen (vgl. *Schneewind* 2008, S. 264ff).

Auch die Beziehungen zu Geschwistern und die Beziehungen zwischen Geschwistern und Eltern wirken sich auf die Entwicklungsprozesse von Jugendlichen aus (vgl. *Berk* 2004, S. 548). Konflikte sowie Unterstützung zwischen Brüdern und Schwestern führen zu der Herausbildung sowie Verfestigung von externalisierenden und internalisierenden Verhaltensweisen und die Differenzierung von elterlichem Verhalten bezogen auf mehrere Kinder entfaltet nachweislich langfristige Wirkungen auf die Entwicklung von Jugendlichen (vgl. *Schneewind* 2008, S. 266). Insgesamt ergeben diese einzelnen Bestandteile und Beziehungsqualitäten ein Gefüge „Familie", das sich auch als Gesamtsystem auf die Entwicklung der Jugendlichen auswirkt. Die relevante Größe ist diesbezüglich das Familienklima, das u.a. die Komponenten Zusammenhalt, Selbstständigkeit und Kontrolle in den Blick nimmt. Hier lassen sich insbesondere klare Verbindungen zur kognitiven Entwicklung (vgl. Kap. 2.2.1) herstellen, die über das Familienklima beeinflusst wird (vgl. *Schneewind* 2008, S. 267).

Unter Einbezug dieser Systematik und Funktionen, die sich für die Sozialisationsinstanz Familie als charakteristisch zeigen, soll an dieser Stelle nochmals ein Blick auf die Erwartungshaltungen der Bezugsdisziplinen Sozialer Arbeit an die Jugendphase in Verbindung mit der Familie geworfen werden.
Aus entwicklungspsychologischer Sicht sind hierbei hinsichtlich der familiären Sozialisation einerseits die Entwicklungsaufgaben bezogen auf Partnerschaft, Geschlechterrolle und Wertekonzept zu benennen. Es geht für die Jugendlichen darum, in der Auseinandersetzung mit dem eigenen Selbst, Vorstellungen über die eigene zukünftige Gestaltung von Ehe- und Familienleben herauszubilden, Verhaltensweisen zu entwickeln, die der gesellschaftlichen Idee der männlichen/weiblichen Geschlechtsrolle entsprechen, und ein ethisches System zu erlangen, das verhaltensleitend wirkt (vgl. Kap. 2.2.2). Hierbei fungieren Familie und insbesondere die Eltern als Orientierungspunkt, Muster und Reibefläche und wirken somit sozialisierend auf die Jugendlichen ein. Andererseits besteht der klarste Bezug zwischen der Familie als Sozialisationsinstanz und den psychologischen Entwicklungsaufgaben bezogen auf den Ablösungsprozess vom Elternhaus und den Umbau der sozialen Beziehungen (vgl. *Oerter/Dreher* 2008, S. 318f). Diesbezüglich sind die Jugendlichen gefordert, das Beziehungsgeflecht mit den Eltern dahingehend umzustrukturieren, dass der Aufbau einer eigenen Partnerschaft sowie eines Freundeskreises ermöglicht wird (vgl. Kap. 2.2.2). Dieser Prozess wird vielfach von Konflikten zwischen den Generationen innerhalb der Familie begleitet, die in ihrer gemeinsamen Bewältigung ihr sozialisatorisches Potenzial entfalten.
An dieser Stelle lässt sich auch eine Verbindung zu den jugendsoziologischen Erwartungen an die Lebensphase herstellen. In den Anforderungen der Familienorientierung, des Bindens und der gesellschaftlichen Positionierung finden sich klare

Überschneidungen mit den zuvor beschriebenen psychologischen Erwartungen. (Geschlechts)Rolle, Wertorientierung und Ablösung sind hier ebenfalls zentrale Aspekte (vgl. Kap. 2.3.2). Insofern erfährt auch aus soziologischer Sicht die Familie eine klare Zuschreibung hinsichtlich sozialisierender Wirkungen.
Ähnliches lässt sich mit Blick auf die weiteren disziplinären Erwartungen, die zuvor aufgezeigt wurden (vgl. Kap. 2.4), konstatieren. Hinsichtlich einer starken Arbeitsmarktorientierung der Ökonomie oder einer Fokussierung auf deviantes Verhalten durch die Kriminologie und Rechtswissenschaft kann die Familie als Unterstützungssystem wichtige Positionen in der Bewältigung von Problemlagen und Konflikten für die Jugendlichen einnehmen, denen diese individuell nicht gewachsen sind. Somit fungiert die Familie als eine breit angelegte Unterstützungsinstanz mit Blick auf die verschiedenen Anforderungen, die sich sozial in Form der Gesellschaft und individuell in Form der Entwicklungsprozesse an Jugendliche richten (vgl. *Hurrelmann/Quenzel* 2013, S. 144ff).
Die Veränderungen, die diese Instanz im historischen Verlauf durchlaufen hat, haben dabei die Formen der Umsetzung und Inszenierung dieser Unterstützerrolle zwar ebenfalls verändert, die generelle Notwendigkeit und Präsenz im Lebenslauf der Jugendlichen jedoch nicht infrage gestellt. Der Einfluss, den die Familie bezogen auf die Sozialisation eines Jugendlichen aufweist, steht dabei in einer Abhängigkeit von unterschiedlichen familialen Ressourcen und Dispositionen. Beispielsweise spielen sozioökonomische Verhältnisse, Bildungsstand, Beziehungsgefüge zwischen den Generationen, kulturelle Praxen, Werte und Orientierungen sowie Erziehungsstile eine wichtige Rolle (vgl. *Schäfers/Scherr* 2005, S. 102). Die Sozialisation vollzieht sich also konkret anhand der Gestaltung des Klimas im Gesamtsystem der Familie und in Bezug auf die verschiedenen Teilsysteme abhängig von den zuvor benannten Faktoren. In diesem Zusammenhang sind die Initiierung von Ritualen und Routinen sowie positiv besetzte „Familiengeschichten" als klare Sozialisationsfaktoren zu benennen (vgl. *Schneewind* 2008, S. 267). Im Kontext dieser Prozesse stellen sich die Jugendlichen den verschiedenen Entwicklungsaufgaben und erfahren dabei einerseits vielseitige Unterstützung. Andererseits bestehen jedoch auch Risiken bezogen auf die Entwicklung der Jugendlichen, die aufgrund der familialen Beschaffenheit entstehen können oder verstärkt werden.

3.3 Peergroup

Die Peergroup (im deutschen Sprachraum auch Gleichaltrigengruppe) bietet neben der Familie wichtige sozialisatorische Prozesse an, um die Jugendlichen in der Lebensphase Jugend gestaltend zu unterstützen. Der Prozess der Bildung von Gleichaltrigengruppen findet schon während der Kindheit statt, gewinnt jedoch in

der Jugendphase nochmals in mehrfacher Hinsicht an Bedeutung (vgl. *Hurrelmann/Quenzel* 2013, S. 172f; *Oswald* 2008, S. 321; *Scherr* 2009, S. 165f). Dabei lassen sich innerhalb der Peergroup-Forschung zwei zentrale Orientierungen unterscheiden (vgl. *Oswald* 2008, S. 321). Erstens die Analyse der positiven Leistungen, die Peers zur Persönlichkeitsentwicklung im Jugendalter beitragen. Hierunter fällt der Aspekt der Bedeutung von Beziehungen (Paarbindungen und Gruppen) außerhalb der Familie sowie deren Einwirkung auf Jugendliche. Zweitens die Untersuchung des Einflusses, den Gleichaltrige auf das abweichende Verhalten haben. Diese Betrachtungsweise legt den Fokus auf das delinquente Verhalten in der Peergroup und die Auswirkungen im individuellen und sozialen Kontext. Beide Orientierungen nehmen entsprechend das Handeln in der Jugendphase in den Blick (vgl. *Oswald* 2008, S. 321). Im weiteren Verlauf dieses Kapitels soll primär die erste Orientierung betrachtet werden, da diese die grundsätzliche Perspektive der vorliegenden Arbeit unterstützt und nicht auf eine bestimmte Verhaltensweise oder Gruppe von Jugendlichen fokussiert.
Weiterhin gilt es, zu klären, was unter dem Terminus Peer zu verstehen ist. Wörtlich sind mit dem Begriff sowohl die Gleichaltrigen, als auch die Gleichrangigen gemeint. Unter diesen Bezugspunkten stehen also nicht nur altershomogene Jugendgruppen im Fokus der Betrachtung; es werden ebenfalls gleichrangige Beziehung, die keinen formalen Grad einer Hierarchisierung wie in Schule oder auch Familie aufweisen, in den Blick genommen (vgl. *Beierle* 2013, S. 8). Die weiteren Ausführungen werden sich – vergleichbar mit dem Aufbau von Kapitel 3.2 – in zwei Teile gliedern. Zunächst wird die Veränderung im Hinblick auf Strukturen von Peergroups insbesondere in der Zeit seit den 1950er Jahren betrachtet, bevor diskutiert wird, welche Sozialisationsleistungen die Peergroup erbringen kann.

Struktur und Erscheinungsform von Peergroup

Die Gleichaltrigengruppe und ihre heutige Ausprägung als einflussreiche Kontextbedingung für Jugendliche hat sich erst mit der Etablierung der Lebensphase Jugend durchsetzen können. Waren vor der Industrialisierung vor allem altersheterogene Gruppen anzutreffen, veränderte sich das Bild im Zuge des Ausbaus des Bildungssystems sowie der Erhöhung des Stellenwerts beruflicher Qualifizierung (vgl. Kap. 2.3.1). Innerhalb der Gleichaltrigengruppen haben sich über die Jahrzehnte immer wieder verschiedene jugendkulturelle Praxen entwickeln können (vgl. *Scherr* 2009, S. 181ff; Kap. 2.4.2). Diese sind von besonderer Bedeutung innerhalb der Jugendphase, da sich in diesen Strukturen kollektive Orientierungsmuster wiederfinden lassen, an denen sich die jeweiligen Jugendlichen außerhalb von Familie und weiteren Institutionen orientieren können (vgl. *Ecarius* et al.

2008, S. 106). Dabei spielen die Peers vor allem für die Freizeitgestaltung in der Jugendphase eine herausragende Rolle. Außerdem bieten sie den Jugendlichen wichtige Unterstützungsprozesse im Rahmen der Identitätsentwicklung an (vgl. Kap. 2.2.2; Kap. 2.3.2). Diesbezüglich stellt die Peergroup den Jugendlichen unterschiedliche Möglichkeiten zur Verfügung, sich selbst auszuprobieren und Experimente mit der eigenen Lebensführung durchzuführen (vgl. *Ecarius* et al. 2008, S. 106f; *Hurrelmann/Quenzel* 2013, S. 173ff; *Reinders* 2003, S. 127).

Im Folgenden soll ein kurzer Blick auf die historischen Veränderungen der Peergroup geworfen werden, um aufzuzeigen, inwieweit sich die Peers und ihre Orientierungsmuster verändert haben. In Deutschland hat sich die Gleichaltrigengruppe erst nach dem zweiten Weltkrieg umfassend als Sozialisationskontext etabliert (vgl. *Ecarius* et al. 2008, S. 106f). Innerhalb dieser Phase zeigten sich die ersten kulturellen Orientierungen der Jugendlichen in Form der Halbstarken. Dies kann als Reaktion auf den damaligen Zeitgeist (gesellschaftlicher und politischer Umbruch und Thema Amerika) gewertet werden. Daneben bildeten sich erste Jugendgruppen mit einer Ausrichtung auf Mode und Musik. Darauf folgend entstanden in den 1960er Jahren vor allem politische Protestbewegungen der Jugendlichen. Hierunter fallen die 68er-Bewegung, eine verstärkte ökologische Bewegung oder auch die Rockerbewegung. Im Laufe der 1980er Jahre traten dann weitere kulturelle Stile der Jugendlichen auf. Hierzu zählen u.a. Punks, Fußballfans (Hooligans), Skinheads, aber auch Nazi-Skins (vgl. ebd., S. 107). Alle genannten jugendlichen Gruppen sind primär als Gegenbewegungen zur etablierten Erwachsenenkultur zu verstehen.
Jedoch löste sich seit dem Ende der 1980er Jahre die Bezugskraft dieser jugendlichen Gruppierungen auf und die gesellschaftlichen Prozesse, die auch auf das Jugendalter einwirkten, gewannen an Bedeutung (vgl. Kap. 2.3.1). Die Themen Entgrenzung der Lebensphase sowie das Individualisierungstheorem führten zu einer Veränderung der jugendlichen Orientierungen. Die jugendlichen Praxen pluralisierten im Kontext der gesellschaftlichen Entwicklung und generierten eine stärkere Diversifizierung der Orientierungen (vgl. Kap. 2.4.2). Dies stellt im Vergleich zu den vorherigen Jahren eine klare Veränderung dar. Waren zuvor vor allem wenige übergreifend prägende Orientierungen in Jugendkulturen anzutreffen, haben sich diese seit den 1990er Jahren stark verändert und ausdifferenziert. Außerdem sind die Orientierungen auch nicht mehr ausschließlich gegen die Erwachsenenkultur gerichtet, sondern richten sich mitunter an den gegebenen gesellschaftlichen Normen und Werten aus (vgl. *Ecarius* et al. 2008, S. 108).

Im Kontext der Struktur von Gleichaltrigengruppen lassen sich Unterscheidungen treffen. Dabei ist sowohl unter soziologischen als auch psychologischen Gesichtspunkten zwischen einerseits Gruppen und andererseits Netzwerken von Jugendlichen zu differenzieren (vgl. *Oswald* 20008, S. 322f). In diesem Zusammenhang werden Gruppen als Gebilde mit einer starken emotionalen Beziehung, in denen sich die Gruppenmitglieder kennen, und in einem gemeinsamen Wir-Gefühl agieren, charakterisiert. Demgegenüber kann das Netzwerk als Form charakterisiert werden, innerhalb dessen sich Jugendliche kennen aber der Gruppencharakter respektive Zusammenhalt nicht sehr stark ausgeprägt ist. Dadurch sind eher kurzfristige Anbindungen und hohe Fluktuationen von Mitgliedern der Netzwerkstruktur inhärent (vgl. ebd.).
In den Gleichaltrigengruppen lässt sich typischerweise eine unterschiedliche Anzahl von Jugendlichen finden. Dabei sind ungefähr fünf engere Freunde, daneben zwischen zehn und zwanzig weitere Gleichaltrige und darüber hinaus über das Internet (und die sozialen Netzwerke z.B. Facebook) – hier sei nochmals auf die enge Verbindung der medialen Sozialisation mit Effekten der Peergroup verwiesen (vgl. Kap. 3.1) – viele weitere Kontakte durchschnittlich präsent (vgl. *Hurrelmann/Quenzel* 2013, S. 173). Weiterhin lassen sich in diesen Gruppen oder Netzwerken von Jugendlichen gewisse soziale Reproduktionsprozesse wiederfinden, da die Peergroups häufig eine vergleichbare soziale Lage (Schichtzugehörigkeit, ethnische Herkunft und Schulleistungen) repräsentieren. In diesem Kontext können sie zur Reproduktion bzw. Aufrechterhaltung von sozialen Ungleichheiten beitragen (vgl. *Scherr* 2009, S. 167). Darüber hinaus finden sich hinsichtlich der Jugendphase die Entwicklungen, dass die Gleichaltrigengruppen verstärkt gemischtgeschlechtliche Ausprägungen annehmen und die Dynamik sowie das inhärente Gemeinschaftsgefühl stark mit einem konkreten Aufgabenbezug der Gruppe korreliert (vgl. *Oswald* 2008, S. 323f).
Des Weiteren spielt die soziale Akzeptanz für die Gleichaltrigengruppe eine wichtige Rolle. Diese kann unterschiedlichen Einfluss auf die jeweiligen Mitglieder einer Gruppe haben. Dabei kann dieser Einfluss dazu führen, dass Jugendliche aus der Gruppe ausgegrenzt oder stärker einbezogen werden. In diesem Rahmen kann die Peergroup auch als Entlastung für die Jugendlichen dienen und sich damit positiv auswirken (vgl. *Hurrelmann/Quenzel* 2013, S. 172; *Oswald* 2008, S. 324ff).
Die bisherigen Ausführungen zeigen, dass die Peergroup vielfältige Ausprägungen sowie Strukturen aufweisen kann, welche auf die Jugendlichen und ihre Entwicklungen einwirken. Welche konkreten Effekte der Sozialisation die Peergroup im Hinblick auf die bestehenden Entwicklungsaufgaben übernimmt, soll nachfolgend differenziert betrachtet werden.

Sozialisationsfunktionen und -bereiche von Peergroup

Peergroups und die Freundschaften innerhalb dieser können in der Jugendphase positive Entwicklungsprozesse anregen und unterstützen (vgl. *Hurrlemann/Quenzel* 2013, S. 174). Die altershomogenen Gruppen bilden in der Regel gemeinsame Normen und Werte aus und schaffen vor diesem Hintergrund eine gemeinsame Struktur, die den Jugendlichen im Zuge der vielfältigen Veränderungen in der Lebensphase Halt geben kann (vgl. ebd; Kap. 2.2; Kap. 2.3). Daneben können sich Peers gegenseitig unterstützen und damit positive Förderbedingungen generieren. Gleichzeitig lässt sich aber auch zeigen, dass das Fehlen von Freunden zu negativen Konsequenzen im Jugendalter (Isolation, Einsamkeit) führen kann (vgl. *Hurrelmann/Quenzel* 2013, S. 174). Aufgrund der Altershomogenität und vor allem der Gleichrangigkeit lassen sich bei den Peers ganz andere Bedingungen vorfinden, als dies in der Familie oder der Schule der Fall ist (vgl. Kap. 3.2; Kap. 3.4). In den Peergroups können die Jugendlichen relativ unabhängig von Erwachsenen eigene Prozesse durchleben, die sie selber steuern, beeinflussen und verändern können. In diesem Sinne verläuft die Sozialisation in einem eigenem Rahmen (vgl. *Ecarius* et al. 2008, S. 106). Daneben unterstützen die Gleichaltrigengruppen die Entwicklungsaufgabe, sich von der Herkunftsfamilie abzulösen (vgl. Kap. 2.2.2; Kap. 2.3.2). Dafür bieten sie unterschiedliche Hilfestellungen an. Hierzu zählt die emotionale Bindung der Jugendlichen untereinander sowie darin inbegriffen die gemeinsame Unterstützung bei Herausforderungen. Des Weiteren bilden Peers auch gemeinsame Regeln aus und vertreten diese gegenüber anderen Gruppen. Dies kann zur Erhaltung der Gesellschaft beitragen und die Ausbildung einer eigenen Persönlichkeit stärken (vgl. *Hurrelmann/Quenzel* 2013, S 175f). Diesen Bedingungen folgend können sich der Handlungsrahmen von Jugendlichen und damit Bewältigungsspielräume vergrößern. In Folge dessen kann der Prozess der Ablösung von der Herkunftsfamilie positiv begleitet werden, um somit den Übergang in das Erwachsenenalter gelingend zu gestalten (vgl. ebd.).

Außerdem leistet die Peergroup wichtige Prozesse bei der Auseinandersetzung mit den Themen Freizeitgestaltung und Konsum und setzt somit einen Bezugspunkt für die soziologischen Entwicklungsaufgaben (vgl. Kap. 2.3.2). Diesbezüglich können sich Jugendliche neue Handlungsräume erschließen und neue Orientierungen experimentell ausprobieren. Dies verbindet sie in den Peergroups untereinander und schafft darüber gemeinsame Bezugspunkte und Erfahrungen, auf denen aufbauend die Bildung neuer sozialer Beziehungen stattfinden kann. Hier zeigt sich, wie dargestellt, eine weitere wichtige Aufgabe im Jugendalter (vgl. Kap. 2.2.2; Kap. 2.3.2). Daneben können erste und weiterführende sexuelle Bedürfnisse ausgelebt werden, um daraus eigene Erfahrungen zu generieren. Jugendliche können sich in der Peergroup gut über dieses Thema austauschen, da die Gleichaltrigen ähnliche körperliche Prozesse durchlaufen (vgl. Kap. 2.2.1) und gemeinsame Kommunikationsformen nutzen können (vgl. *Scherr* 2009, S. 167). Somit fungiert die Peergroup auch aus psychologischer Sicht als elementarer Sozialisationskontext insbesondere im Hinblick auf die Auseinandersetzung mit Körper und Sexualität.

Die Rollenvielfalt sowie die Rollenausgestaltung und -übernahme sind in Gleichaltrigengruppen sehr heterogen und unübersichtlich. Diesbezüglich können Jugendliche neue und andersartige Tätigkeiten übernehmen als dies in der Schule oder der Familie der Fall ist (vgl. Kap. 3.2; Kap. 3.4). Dabei können systematisch die eigenen Ideen und Vorstellungen ausgelebt werden bzw. diese kommen intensiver zum Tragen als in anderen Kontexten (vgl. *Hurrelmann/Quenzel* 2013, S 176). Ein weiterer Aspekt der Sozialisation in der Peergroup liegt in der Konstitution der Beziehungen untereinander. Anders als in der Familie gehen die Peers ihre Bindungen unter freiwilligen Bedingungen ein und können diese auch wesentlich schneller beenden. Daneben schafft die Gleichrangigkeit unter den Mitgliedern in den jugendlichen Gruppen ein anderes Vertrauensverhältnis, auf dessen Basis emotionale und sexuelle Themen eher angesprochen werden als in familiären Kontexten. Trotzdem lassen sich in Gleichaltrigengruppen hierarchische Unterschiede feststellen. Diese beruhen aber – anders als in Generationenverhältnissen – nicht auf Autorität, welche über Lebenserfahrung generiert wird, sondern auf der Stellung in der Gruppe und den damit verbundenen Aufgaben und Funktionen (vgl. *Hurrelmann/Quenzel* 2013, S. 176f).

Unter den genannten Punkten lassen sich Peergroups als relevante Sozialisationsinstanzen klassifizieren, welche wichtige positive Aspekte bezogen auf die Unterstützung der Entwicklung von Jugendlichen zur Verfügung stellen können. Daneben bieten sie aber auch Raum für Grenzerfahrungen, z.B. im Umgang mit Alkohol oder illegalen Drogen. Dabei können sich die Jugendlichen gegenseitig anstiften, um ihre Grenzen und Möglichkeiten auszutesten (vgl. Kap. 2.4.1). Des Weiteren können negative Aspekte wie bspw. das Ausgrenzen oder Hänseleien dazu führen, dass sich Jugendliche selbst aufwerten bzw. andere abwerten (vgl. Kap. 2.2.1). Dies kann in der Folge zu Konflikten und Auseinandersetzungen beitragen und damit zu delinquentem Verhalten führen (vgl. *Dollinger/Raithel* 2006, S. 92ff; *Oswald* 2008, S. 325f). Im Rahmen entsprechender Verhaltensweisen gestaltet sich die Lebensphase Jugend insbesondere im Hinblick auf gesellschaftliche Normen schwierig, was dazu führen kann, dass viele Institutionen aktiv werden sollen.

Diese negativen Aspekte gilt es, in der Jugendphase zu thematisieren und zu behandeln. Hier ist jedoch gleichzeitig nochmals zu benennen, dass die meisten delinquenten Verhaltensweisen nur passager während der Jugendphase auftreten (vgl. Kap. 2.4.1). Somit erhält die Peergroup auch aus kriminologischer Perspektive eine deutliche Relevanz. In diesem Prozess können jedoch auch vielfältige Anlässe zur Verknüpfung mit der Thematik der eigenen Identität im Rahmen der sozialen Determinanten gefunden werden und somit wiederum an soziologische Erwartungen gegenüber Jugendlichen anknüpfen (vgl. *Hurrelmann/Quenzel* 2013, S. 176ff; *Oswald* 2008, S. 325f).

Auch wenn die Peergroup während der Sozialisation im Jugendalter eine wichtige Instanz darstellt, kann nicht davon gesprochen werden, dass diese die Familie gänzlich ablöst oder die familiären Sozialisationseffekte obsolet werden lässt (vgl. *Hurrelmann/Quenzel* 2013, S. 179f). Vielmehr existieren Themen, welche eher in der Familie besprochen werden (Zukunft und Beruf) und Themen, welche eher mit der Gleichaltrigengruppe verhandelt werden (Freizeit und Sexualität). Diese Aspekte der Differenzierung gilt es, zu berücksichtigen. Sie verweisen nochmals auf das Zusammenspiel der verschiedenen Sozialisationskontexte im Hinblick auf die Gesamtheit der Herausforderungen im Jugendalter (vgl. *Hurrelmann/Quenzel* 2013, S. 179f).

3.4 Schule / Ausbildungssystem

Den Abschluss dieses Kapitels bildet die Betrachtung der Schule bzw. des Ausbildungssystems als weiterer relevanter Sozialisationsinstanz für Jugendliche. In der wissenschaftlichen Literatur findet sich diesbezüglich die verbreitete Position, die Schule als zentrale Instanz der sekundären institutionellen Sozialisation in Abgrenzung zur Sozialisation innerhalb der Familie zu verstehen (vgl. *Rosenbaum* 2012, S. 6; *Vester* 2009, S. 68). Das Ausbildungssystem spielt in diesem Sinne eine bedeutende Rolle für die Entwicklung innerhalb der Lebensphase Jugend, da Jugendliche im Kontext der gesetzlichen Schulpflicht einem Berührungszwang und somit unweigerlich den Prozessen in Verbindung mit dieser Instanz ausgesetzt sind. Auch dieser Abschnitt soll in Anlehnung an die vorherigen Ausführungen die Gliederung aufrecht erhalten, zunächst die generelle Struktur und Erscheinungsform der Instanz in den Blick zu nehmen, bevor im Anschluss daran auf konkrete Funktionen und Bereiche respektive Entwicklungsaufgaben und Anforderungen eingegangen wird, auf welche bezogen sich eine sozialisatorische Wirkung entfaltet.

Im Vergleich mit der Familie (vgl. Kap. 3.2) oder der Gleichaltrigengruppe (vgl. Kap. 3.3) weist die Instanz Schule / Ausbildungssystem die klarsten Strukturen als Sozialisationskontext auf. Dies resultiert aus der Institutionalisierung, die die Schule als öffentliche Einrichtung erfährt. Das Ausbildungssystem wird politisch und gesellschaftlich geplant als Sozialisationsakteur eingesetzt und mit entsprechenden Funktionen ausgestattet, um Jugendliche in ihrer Entwicklung zu unterstützen (vgl. *Ecarius* et al. 2008, S. 109; *Horstkemper/Tillmann* 2008, S. 290). Das hat zur Folge, dass sich Sozialisation bezogen auf diese Instanz eng gebunden an die dort ausgeübten Rollen vollzieht (vgl. *Sturzenhecker* 2005, S. 342). Unter Rückgriff auf Lothar Böhnisch stellen Angela Ittel und Diana Raufelder diesbezüglich eine „künstlich-institutionelle Trennung" zwischen den Aspekten der Lehrer- / Schüler-Rolle und des Lehrer- / Schüler-Seins fest (vgl. *Ittel/Raufelder* 2008, S. 82). Der institutionelle Rahmen, der sich in einem eindimensionalen Verständnis von Schule als didaktisch-pädagogischem Lehr- / Lernort widerspiegelt, die öffentliche Wahrnehmung und auch die empirische Forschung reduzieren dabei häufig die Akteure im Kontext Schule auf den Wahrnehmungsausschnitt ihrer Funktion als Lehrender und Lernender; fernab der jeweiligen Persönlichkeit und lebensweltlicher respektive „seins-relevanter" Zusammenhänge (vgl. *Ittel/Raufelder* 2008, S. 82). Es geht in Schule darum, einerseits einem gesellschaftlichen Reproduktionsanspruch gerecht zu werden – dies zeigt sich in der zuvor thematisierten Reduktion der Wahrnehmung der Institution. Andererseits steht aber auch die Persönlichkeitsentwicklung des / der einzelnen Jugendlichen im Mittelpunkt. Von diesem Aspekt ausgehend wird in der Sozialisationsforschung nach der „persönlichkeitswirksamen Kraft" der Schule gefragt (vgl. *Ecarius* et al. 2008, S. 109).
Wie bereits bei den beiden zuvor beschriebenen Sozialisationsinstanzen gesehen (vgl. Kap. 3.2; Kap. 3.3), lassen sich auch in Bezug auf die Schule Veränderungsprozesse im Zusammenhang mit sozialem und kulturellem Wandel in der Zweiten Hälfte des 20. Jahrhunderts feststellen. Im unmittelbaren Nachgang des Zweiten Weltkriegs wurden zunächst die Strukturen der Weimarer Zeit – u.a. die Dreigliedrigkeit im Schulsystem mit geringer schulischer Auftstiegsmobilität – reaktiviert (vgl. *Ecarius* et al. 2008, S. 109). Hans-Georg Herrlitz und Koautoren sprechen in diesem Zusammenhang von einer Systemstagnation, da infolgedessen die gesellschaftlichen Schichten und etwaigen Ungleichheiten im schulischen Kontext – Arbeiterschaft ging zur Volksschule, Mittel- und Oberschicht zum Gymnasium – verstetigt wurden (vgl. *Herrlitz* et al. 2005, S. 163). Eine teilweise Auflösung dieser Verstetigung erfolgte ab den 1960er Jahren in Verbindung mit der „Bildungsexpansion". Der Begriff kennzeichnet die Entwicklung einer Angleichung von

„bürgerlicher und proletarischer Jugend", einer Etablierung des mindestens mittleren Schulabschlusses als Standard, einer Verlängerung der Schulzeit und eines Anstiegs weiblicher Schulabgänger – diese galten im Vorhinein in Bezug auf das Schulsystem als benachteiligt – mit Abitur (vgl. *Ecarius* et al. 2008, S. 110). Diese implizierte eine Veränderung der Institution Schule nicht hinsichtlich ihrer Abläufe und Strukturen, sondern elementar im Hinblick auf die Nutzung dieser Institution durch die Schülerpopulationen (vgl. *Tillmann* 1999, S. 103f).[22]
Nährboden für die Bildungsexpansion waren insbesondere ökonomische Aspekte: „Für Jugendliche der 1960er und frühen 1970er Jahre ergab sich so die historisch einmalige Situation, nach der Schulzeit gute Berufschancen und aussichtsreiche Lebensperspektiven vorzufinden." (*Ecarius* et al. 2008, S. 110). Wirtschaftswunder, daran anknüpfende annähernde Vollbeschäftigung und materielle Möglichkeiten generierten diese Situation. Diese historische Verknüpfung ökonomischer bzw. arbeitsmarktbezogener Aspekte mit den Entwicklungen des Ausbildungssystems macht die Bedeutung schulischer Sozialisation als qualifizierende Sozialisation deutlich und gibt nochmals Aufschluss bezogen auf die zuvor beschriebene bestehende Reduktion der Schule als Lehr- / Lernort. Im Kontext der Ölkrise in den 1970er Jahren, der Verschlechterung der Lebensperspektiven und der Abkoppelung des Beschäftigungssystems vom Bildungssystem bestätigte sich die Korrelation von Ökonomie und schulsystematischer Veränderung nochmals (vgl. ebd.). Diese Einschränkungen veränderten die Bedeutung von Schule für Jugendliche auf zwei Weisen:

> „Auf der einen Seite ist angesichts der Verknappung von Ausbildungs- und Arbeitsplätzen die Notwendigkeit eines guten Schulabschlusses offensichtlich, andererseits verliert die Schule an Bedeutung, weil und insofern selbst ein guter Schulabschluss kein Garant mehr für eine reibungslose Berufseinmündung und einen höheren sozialen Status ist." (ebd., S. 111).

Ab den 1980er Jahren wirkten sich darüber hinaus die Effekte der Enttraditionalisierung und Pluralisierung (vgl. Kap. 2.3.1) auch auf das Ausbildungssystem aus. Es ist eine „Humanisierung schulischer Pädagogik" im Sinne einer Verlagerung von Disziplinierung und Züchtigung hin zu Wahl- und Entscheidungsmöglichkeiten für die Schüler zu verzeichnen (vgl. *Tillmann* 1986, S. 140). Walter Hornstein erkennt in diesem Zusammenhang die Situation, dass die Intention von Schule nicht mit Wahrnehmung und Erlebnis der Schüler konform ging, da diese sich aufgrund von Eintönigkeit und Langeweile sowie von bestehenden Sinnfragen an

[22] Zur vertieften Auseinandersetzung mit empirischen Aspekten der Bildungsforschung im Hinblick auf diese Veränderungen zwischen den 1960er und 1980er Jahren liefert *Fend* 1990 einen strukturierten Einblick.

Schule bzw. an Unterricht und schulische Anforderungen kritisch zeigten (vgl. *Hornstein* 1990, S. 85).

Im Kontext der Verschiebung des Übergangs in das Beschäftigungssystem und einer längeren Ausbildungszeit (vgl. Kap. 2.3.1) veränderte sich also der Stellenwert des Ausbildungssystems als Sozialisationsinstanz (vgl. *Hurrelmann/Quenzel* 2013, S. 110). Außerdem spielten und spielen Aspekte der Individualisierung eine Rolle, da höhere Freiheitsgrade und Selbstverwirklichung einerseits mit Entscheidungszwängen und Problembelastungen andererseits verknüpft werden (vgl. *E-carius* et al. 2008, S. 111). Welche konkreten Sozialisationsaufgaben dabei in Bezug auf die verschiedenen Entwicklungsaufgaben von Jugendlichen für das Ausbildungssystem bestehen, wird nachfolgend betrachtet.

Sozialisationsfunktionen und -bereiche von Schule / Ausbildungssystem

Als öffentliche Institutionen weisen Schule im Speziellen und Ausbildungssystem im Allgemeinen wie zuvor beschrieben explizite und geplante pädagogischen Aufträge auf. Diese beziehen sich darauf, den nachwachsenden Mitgliedern der Gesellschaft Wissen, Kompetenzen und Weltorientierungen zu vermitteln (vgl. *E-carius* et al. 2008, S. 109; *Fend* 2008, S. 29f; *Horstkemper/Tillmann* 2008, S. 290). Darüber hinaus erfolgen neben diesen intendierten Bildungs- und Qualifizierungseffekten aber auch weitere ungeplante Beiträge zur Persönlichkeitsentwicklung der Jugendlichen (vgl. *Hurrelmann/Quenzel* 2013, S. 110). Das Ausbildungssystem erfüllt also sowohl Sozialisationsfunktionen, die dem politischen und gesellschaftlichen Auftrag der Institution zuzuordnen sind, als auch solche, die ohne klare Funktionszuschreibung in der alltäglichen Interaktion zwischen den Jugendlichen und den Akteuren dieses Kontextes erfüllt werden. Fend unterscheidet hier in „Außensicht“ (gesellschaftliche Funktionszuschreibung) und „Innensicht“ (sich in der Interaktion vollziehende Sozialisationseffekte) (vgl. *Horstkemper/Tillmann* 2008, S. 291f).

Institutionell finden sich diesbezüglich als zentrale Funktionen, die der Schule mit Blick auf die Entwicklung von Jugendlichen zugeordnet sind, drei Aspekte: *Qualifikation, Selektion/Allokation, Integration* (vgl. *Hintz* et al. 1993, S. 118). Diese werden teilweise um weitere Funktionen ergänzt – Beispiele sind hier die kustodiale Funktion (vgl. *Flechsig/Haller* 1975, S. 199ff), die administrative Funktion (vgl. *Saalfrank* 2012, S. 3ff) oder die Funktion der Kulturüberlieferung (vgl. *Klafki* 1989, S. 25) – bleiben aber die Kernelemente einer funktionalen Zuordnung im Hinblick auf die Schule.

Qualifikation spielt in diesem Zusammenhang auf die Aufgabe an, den Jugendlichen im Rahmen des Unterrichts, angepasst an kulturelle und technologische

Trends erforderliche Fertigkeiten, Kenntnisse und Fähigkeiten für Beruf und gesellschaftliche Teilhabe zu vermitteln. Darüber hinaus geht es unter Verwertungsinteressen um die Vermittlung von Schlüsselqualifikationen wie Lernfähigkeit, Kooperationsbereitschaft und Entscheidungskompetenz (vgl. *Hintz* et al. 1993, S. 118).

Selektion/Allokation bezieht sich auf die Sortierung von Schülern über Zensuren, Zeugnisse und Abschlüsse hinsichtlich der schulischen Laufbahn und der daran angeschlossenen Zugangsmöglichkeiten in berufliche Ausbildung und Hochschule. „Bildlich gesprochen ist die Schule einem großen Rüttelsieb vergleichbar, das zwischen den Generationen angeordnet ist und den Zugang zu beruflichen Positionen, sozialem Prestige und materiellem Erfolg steuert." (ebd.).

Integration meint mit Blick auf die Schule die Aufgabe der reibungslosen Einordnung der Jugendlichen in die Gesellschaft über das „Einüben gesellschaftlich erwünschter Verhaltensweisen". Hierbei geht es insbesondere auch um die Auseinandersetzung mit Werten, Einstellungen und Haltungen wie bspw. Genauigkeit, Fleiß, Verlässlichkeit, Pünktlichkeit oder Loyalität (vgl. ebd.).

Mit Blick auf die enge Verknüpfung zwischen Ökonomie respektive Arbeitsmarkt und schulischen Wandlungsprozessen sowie auf die Reduktion des Ausbildungssystems auf die reine Lehr- / Lernbeziehungen – diese Aspekte wurden zuvor bereits thematisiert – sprechen Kritiker mit Blick auf diese Funktionen auch von Schule als „bürokratischer Zuteilungsapparatur von Lebenschancen" (*Schelsky* 1957, S. 18) oder „parapädagogischer Institution" (*Fischer* et al. 1978) (vgl. *Bisiaux* 2002, S. 111; *Ecarius* et al. 2008, S. 110).

Hinsichtlich der Sozialisation in der Schule erkennen Marianne Horstkemper und Klaus-Jürgen Tillmann außerhalb dieser klaren institutionellen Funktionen ebenfalls drei zentrale Aspekte, denen insbesondere im Rahmen der Sozialisationsforschung Raum gegeben wird: *Sozialisationseffekte der Schule*, *Schule als Lebenswelt* und *Schule als biographisches Element* (vgl. *Horstkemper/Tillmann* 2008, S. 291ff).

Der erste Aspekt bezieht sich dabei auf die sozialisierende Wirkung des Zusammenspiels von Schulklima und institutionellem respektive curricularem Arrangement (vgl. ebd., S. 292). Basis für dieses Verständnis von schulischer Sozialisation sind die empirischen Untersuchungen von Helmut Fend in den 1970er Jahren, der die Auswirkungen von u.a. Schulform, Abschlussregelungen, Fächerorganisation, Lehrplan und Klassenverbänden (Institutionelles Arrangement) sowie der Ausprägung der Interaktionsprozesse (Schulklima) – Beispiele sind hier der Umgang mit Strafen oder das Unterstützungsverhalten von Lehrern – auf die Persönlichkeitsentwicklung erforscht hat (vgl. *Fend* 1977, S. 119ff; 1980, S. 334ff; *Horstkemper/Tillmann* 2008, S. 291f). Dieses Grundmodell hat sich im Laufe der Zeit weiter ausdifferenziert und geht von der Frage aus, wie Jugendliche schulische Interaktionserfahrungen und Kontextbedingungen verarbeiten und in ihre Entwicklungsprozesse einbeziehen (vgl. *Fend* 1991, S. 25f; *Horstkemper/Tillmann* 2008, S. 292).

Der zweite Aspekt bezieht sich auf die Schule als wichtigem Bestandteil der Lebenswelt von Jugendlichen. „Wie deuten die Jugendlichen ihren Alltag, welche Sinngebung verbinden sie mit ihrem Verhalten, welche Bedeutung schreiben sie der Schule zu?" (*Horstkemper/Tillmann* 2008, S. 293). Dies sind die Forschungsfragen, die hinter einem solchen Verständnis schulischer Sozialisation stehen. Lothar Krappmann und Hans Oswald haben diese Fragen bspw. in ihren Studien Mitte der 1990er Jahre umgesetzt. Dabei wurden insbesondere die Interaktionen zwischen den Gleichaltrigen in den Blick genommen, der Kontextfaktor Schule zu Grunde gelegt und die Gestaltung von Beziehungen (vgl. *Krappmann/Oswald* 1995, S. 43ff) sowie Aushandlungsprozessen (vgl. ebd., S. 87ff) unter den Schülern eingedenk der Verhältnisse zwischen Jungen und Mädchen (vgl. ebd., S. 189ff) erforscht. Als Ergebnis lässt sich hier die Existenz einer „eigenständige[n], von Erwachsenen wenig beeinflusste[n] Welt" innerhalb der Institution Schule herausstellen (vgl. *Horstkemper/Tillmann* 2008, S. 294). Dies bedeutet: Für die Jugendlichen tritt das Ausbildungssystem nicht nur in Form der institutionellen Funktionalität auf, sondern entfaltet im Rahmen seiner Struktur auch eine elementare Bedeutung hinsichtlich der Auseinandersetzung mit Gleichaltrigen.

Der dritte Aspekt sieht schulische Sozialisationseffekte im Kontext biographischer Prozesse. Zentrale Zusammenhänge dieser Perspektive sind Verarbeitungsprozesse schulischer Erfahrungen durch die Jugendlichen sowie die Auswirkungen bestimmter Komponenten der Schullaufbahn wie bspw. Auf- und Abstiege zwischen den Schulformen.

> „Eine biographisch orientierte Sozialisationsforschung zeichnet somit nach, wie sich unterschiedlicher Erfahrungen, die Heranwachsende in ihrer Schullaufbahn machen, als Teile ihrer Persönlichkeit ‚ablagern' und wie sich auf diese Weise Selbstbilder und Handlungstypen herausbilden, die bis weit in das Erwachsenenalter hineinwirken." (ebd., S. 295).

Mit Blick auf die aufgezeigten jugendsoziologischen Erwartungshaltungen, kristallisiert sich die Aufgabe des „Qualifizierens" (vgl. Kap. 2.3.2) in Folge der vorherigen Darstellung als deutlichster Bezugspunkt für die schulische Sozialisation heraus. Hier schließt sich auch eine Verbindung zur ökonomischen Perspektive auf Jugend als zukünftige personale und ökonomische Ressource (vgl. Kap. 2.4.2) an. Dem Ausbildungssystem kommt dabei die Aufgabe zu, die Jugendlichen auf ihre zukünftige Rolle in Wirtschaftssystem und Arbeitsmarkt vorzubereiten, entsprechendes Wissen zu vermitteln sowie geeignete Kompetenzen zu schulen.

Auch aus entwicklungspsychologischer Sicht tritt die Schule als relevante Unterstützungsinstanz zur Bewältigung bestimmter Erwartungen auf. Bezugspunkte sind hier Bildung, der Umgang mit Schule und die Berufswahl. Die Jugendlichen müssen eigene Stärken und Schwächen herausarbeiten, diszipliniertes Arbeiten und leistungsorientiertes Denken lernen sowie mit eventuellen Misserfolgen aufgrund schulischer Selektion umgehen (vgl. Kap. 2.2.2). Außerdem müssen sie sich in der Arbeitswelt orientieren und einen Beruf auswählen, um somit die Weichen für den Übergang in die zukünftige Berufs- und Konsumentenrolle zu stellen (vgl. Kap. 2.3.2). Hier kann Schule Orientierungen und Unterstützungsleistungen bieten, die die Jugendlichen in diesem Prozess der Bewältigung begleiten. Die aufgezeigte Struktur der Instanz bietet jedoch auch das Potenzial, Probleme zu verfestigen und Ungleichheiten aufrecht zu erhalten (vgl. *Ecarius* et al. 2008, S. 111).
Neben diesen Aspekten liefert Schule als Lebenswelt und biographische Phase der Jugendlichen wie beschrieben aber auch Beiträge in dem Sinne, dass Raum für Peergroup-Interaktion zur Verfügung steht bzw. über die Schulpflicht erzwungen wird und somit Aspekte der Sozialisation in der Gleichaltrigengruppe (vgl. Kap. 3.3) subventioniert werden. Auch lassen sich deutliche Prägungen hinsichtlich der Verarbeitung schulischer Erfahrungen über die Biographieforschung nachweisen (vgl. *Horstkemper/Tillmann* 2008, S. 295f).
Außerdem erfolgen sozialisatorische Effekte auf der Basis persönlicher Interaktionen zwischen Schülern und Lehrern außerhalb der reinen Lehr- / Lernbeziehung, innerhalb derer Lehrer als weitere Modelle für Geschlechts- und Familienrolle (vgl. Kap. 2.3.2) im Rahmen einer soziologischen Betrachtung der Persönlichkeitsentwicklung neben den Eltern (vgl. Kap. 3.2) auftreten.
Zusammenfassend lässt sich also konstatieren, dass das Ausbildungssystem nicht nur formal, sondern auch informell zur Identitäts- und Persönlichkeitsentwicklung beiträgt. „Hier lernen Jugendliche, wie sie sich präsentieren und durchsetzen, soziale Regeln aushandeln und umsetzen, Diskriminierungen und Enttäuschungen verarbeiten und Anerkennung und Erfolg erleben können.“ (*Hurrelmann/Quenzel* 2013, S. 113). Somit ergibt sich eine Vielfalt von Sozialisationseffekten, die sich mit diesem Kontext verknüpfen lassen, obwohl sich dessen Organisationszweck und öffentliche Wahrnehmung größtenteils auf eine reine Lern- und formale Bildungsinstitution verkürzt (vgl. ebd.).

4. Das Profil der Offenen Jugendarbeit

Kern dieses Kapitels ist die Beschreibung eines Struktur- und Aufgabenprofils der Offenen Jugendarbeit, anhand dessen sich die im Titel ausgewiesenen Kernaufgaben des Arbeitsfeldes beschreiben lassen. Mit Hilfe des zuvor aufgezeichneten, interdisziplinär gewonnenen Bildes der Lebensphase Jugend (vgl. Kap. 2) soll es gelingen, dieses grundsätzliche Profil abzubilden. Dabei werden die vorgenommene Filterung der abgeleiteten Erwartungen und Anforderungen an Jugendliche durch die Sozialisationsinstanzen Familie, Peergroup und Ausbildungssystem (vgl. Kap. 3) berücksichtigt und Sozialisationsaufgaben der Offenen Jugendarbeit mit Blick auf historische Entwicklungslinien sowie strukturelle Charakteristik des Arbeitsfeldes dargelegt. Über diesen Schritt soll einerseits die Grundlage für selbstreflexive Schlussfolgerungen der Offenen Jugendarbeit bezogen auf den wissenschaftlichen Diskurs innerhalb des Arbeitsfeldes gelegt werden. Andererseits stellt dies die Basis für mögliche Handlungsempfehlungen gegenüber der öffentlichen Hand in Form von Politik und Kommunalverwaltung dar. Dies kann wiederrum Fundament für eine eigenständige Legitimation des Arbeitsfeldes sein (vgl. Kap. 5).

4.1 Die (theorie-)geschichtliche Entwicklung

In diesem Abschnitt soll zunächst ein Blick auf die Etablierung der Offenen Jugendarbeit als Handlungsfeld in der Jugendhilfelandschaft innerhalb des 20. Jahrhunderts in Deutschland geworfen und die Theorieentwicklung des Arbeitsfeldes differenzierter nachgezeichnet werden. Im Zuge dessen werden bedeutsame Entwicklungslinien und Veränderungsprozesse, welche die Erscheinungsform des Arbeitsfeldes nachdrücklich beeinflusst haben, betrachtet, um einen historisch fundierten Anknüpfungspunkt für eine Diskussion über Kernaufgaben und eigenständige Legitimation sowie für eine etwaige zukünftige Ausrichtung zu bieten.

Generell ist zu sagen, dass die Offene Jugendarbeit in ihrer heute präsenten Form ihre Wurzeln erst nach dem Zweiten Weltkrieg – insbesondere seit den 1960er Jahren – geschlagen hat (vgl. *Deller* 1995, S. 11; *Giesecke* 1980, S. 12ff; *Krafeld* 1984, S. 147ff; *Thole* 2000, S. 229). Dies korreliert einerseits mit der relativ jungen psychologischen und soziologischen Geschichte von Jugend und deren Etablierung als eigenständiger Lebensphase, der auch öffentlich gesonderte Aufmerksamkeit zuteilwurde (vgl. Kap. 2.1; Kap. 3.1):

> „Das Jugendalter wurde zu einer Lebensphase, die einerseits immer weniger durch die familiäre Herkunft determiniert sein mußte, in der andererseits von der Herkunftsfamilie relativ freie ‚Spielräume' für berufliche, politische und weltanschauliche Entscheidungen bzw. Lebensperspektiven entstanden." (*Giesecke* 1980, S. 20).

Andererseits spielt aber auch das generelle Verständnis und die Struktur der Förderung der Entwicklung junger Menschen in der ersten Hälfte des 20. Jahrhunderts eine entscheidende Rolle.[23]
Trotz dieser eigentlichen Verortung der Entstehung und Ausformung Offener Jugendarbeit in der Zeit nach 1945 sind für das heutige Verständnis des Arbeitsfeldes auch die Entwicklungen vor und während des Zweiten Weltkrieges relevant, da einige der heute prägenden Aspekte ihren Ursprung in diesen historischen Konstellationen haben und daher auch aus der Perspektive der Offenen Jugendarbeit heraus nicht vernachlässigt werden sollten. Zusammenfassend lässt sich an dieser Stelle sagen, dass in der Zeit bis zum Ende des Zweiten Weltkriegs die verbandliche Jugendarbeit die prägende Form darstellte, die Umsetzungsformen sehr stark mit der politischen und gesellschaftlichen Situation korrelierten – dies wird besonders in der Adaption sämtlicher Strukturen durch die Hitlerjugend deutlich – und dass sich als grund-sätzliche Elemente der Arbeit ungezwungene Umgangsformen, die Entdeckung der Natur und die Romantik des Gemeinschaftslebens zeigten (vgl. *Giesecke* 1980, S. 17).

Im unmittelbaren Nachgang des Zweiten Weltkriegs wurden zunächst die Strukturen der Weimarer Republik als einzigem demokratischem Bezugspunkt der deutschen Historie reaktiviert. Jugendarbeit fand somit weiterhin in Verbänden und als staatliche Jugendpflege mit dem Auftrag der sozialen Disziplinierung der Jugend, des Schutzes vor Verwahrlosung und der Bekämpfung des Non-Konformismus statt (vgl. *Giesecke* 1980, S. 102f). Darüber hinaus nutzten die Alliierten im Zuge der „Re-Education" das Feld der Jugendarbeit jedoch auch insofern, dass offene Angebote und Formen als Kontrastprogramm zur verbandlichen Arbeit generiert wurden. „Einerseits sollten [...] Häuser der Offenen Tür einen Freiraum und ein Übungsfeld für demokratisches Handeln anbieten [...] andererseits sollten sie jugendschützerische Kontrolle leisten." (*Sturzenhecker* 2005, S. 339). In dieser

[23] Zur weiteren Auseinandersetzung mit der öffentlichen Förderung der Entwicklung junger Menschen im 20. Jahrhundert sowie zur semantischen Entwicklung insbesondere in der Gesetzeslage unter anderem bezogen auf die Begriffe Jugendpflege, Jugendfürsorge, Jugendarbeit und Jugendhilfe liefern *Giesecke* 1980, *Jordan/Münder* 1987 und *Petersen* 1915 ausführliche Beiträge.

Entwicklung liegt u.a. der Ursprung für das noch heute charakteristische funktionale Spannungsfeld zwischen Bildung und Normalisierung (vgl. Kap. 4.2). In der ersten Phase dieser Entwicklung fanden sich entsprechende Angebote zumindest in Kleinstädten und Dörfern jedoch „allenfalls sehr sporadisch oder als kleine Ergänzungen verbandsspezifischer Aktivitäten“ (*Krafeld* 1984, S. 182).

In den 1960er und 1970er Jahren wirkten sich dann die bereits erwähnten Effekte der Bildungsexpansion (vgl. Kap. 2.3.1; Kap. 3.4) sowie die gesellschaftskritischen Komponenten im Rahmen der Studentenbewegung auch auf den Sektor der Jugendarbeit aus. Leistungsdruck in der Schule, längere Zeiten im Ausbildungssystem einerseits und das Bedürfnis nach Mitbestimmung und Freiheit andererseits prägten die jugendliche Lebenswelt. Der Jugendarbeit wurde in diesem Zusammenhang die Funktion zuteil, einen Beitrag zur Bildung und zum Erwerb gesellschaftlich relevanter Kompetenzen zu leisten. In den 1960er Jahren äußerte sich dies insbesondere in der Jugendzentrumsbewegung, die aufgrund quantitativer Unterrepräsentanz von offenen Freizeitangeboten sowie qualitativer Unterrepräsentanz von Selbstbestimmung in den Einrichtungen Forderungen nach selbstverwalteten Jugendhäusern stellte, die sich von sanktionierenden und interessensgebundenen Institutionen (u.a. Familie, Schule, Sportvereine) distanzierten (vgl. *Damm* 1973, S. 266; *Krafeld* 1984, 182f). An dieser Stelle des historischen Verlaufs lässt sich ein Ankerpunkt für die verstärkte Berücksichtigung des strukturellen Charakteristikums Diskursivität im Rahmen der Offenen Jugendarbeit festmachen (vgl. Kap. 4.2). Eine weitere konkrete Angebotsform, die sich in dieser Zeit intensiver ausgestaltete sind die Abenteuerspielplätze, die als Ergebnis der Initiativen von Eltern und Pädagogen u.a. ebenfalls aus der Studentenbewegung heraus als „Alternative zur Gestaltung und Verbesserung der soziokulturellen Lebensbedingungen“ von Kindern und Jugendlichen entstanden (vgl. *Spiegel* 1997, S. 12).

Im Vorfeld dieser Entwicklungen der Nachkriegszeit lässt sich theoretisch keine Fassung der Jugendarbeit finden. Lediglich Herman Nohl liefert in der Zeit vor 1960 mit seinen eingeforderten „Standards einer akademischen Hochschulausbildung für AkteurInnen mit Kindern und Jugendlichen“ einen theorieähnlichen Beitrag (vgl. *Thole* 2000, S. 229). Die Entwicklung nach dem Zweiten Weltkrieg wurde dann jedoch durch verschiedene theoretische Ansätze begleitet. Diese gingen relativ zeitgleich in den 1960er und 1970er Jahren aus den Jugendarbeitsbiographien der Vertreter der Theorien hervor und hielten Plädoyers für die jeweiligen gesellschaftlichen Vorstellungen, die sich hinter den Ausführungen verbargen (vgl. ebd.). Im Zuge dessen sind die Theorien teilweise von deutlich kritischen Positionen gegenüber den jeweils gegenwärtigen gesellschaftlichen Zuständen geprägt. Theorie und Praxis vereinten in dieser Zeitspanne somit gesellschaftskritische Komponenten. Diese Ansätze sollen an dieser Stelle etwas ausgiebiger betrachtet werden, da sie eine umfassende Dimension entwickelten und als „klassische Kerntheorien" der Jugendarbeit noch heute ihre Berechtigung aufweisen, auch wenn sie im Zuge jüngerer Entwicklungen in ihrer Anwendung auf die Praxis an Gewicht verloren haben (vgl. ebd.). Die nachstehende Abbildung verdeutlicht den Gesamtprozess der Theorieentwicklung der Jugendarbeit zwischen 1960 und 1980, die einzelnen Theorien werden anschließend kurz skizziert.

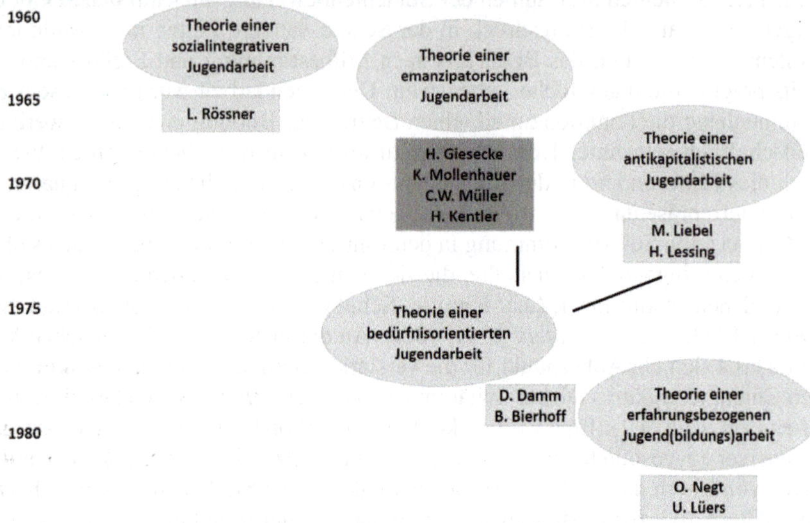

Abb. 3: Theoriegeschichtliche Entwicklung (Aus: *Thole* 2000, S. 231)

Erster Vertreter einer theoretischen Verortung der Jugendarbeit ist Lutz Rössner mit dem Modell der „Sozialintegrativen Jugendarbeit".

> „Den Überlegungen [Rössners][…] zufolge sollte die Jugendarbeit so geschaffen sein, dass in ihr ‚Übungsfelder möglich werden, innerhalb derer die Jugendlichen gesellschaftliches Leben erlernen, innerhalb derer sich das Leben in der offenen Gesellschaft wiederspiegelt'." (*Thole* 2000, S. 230).

Diese Theorie ist somit eher konservativ geprägt, da es um die Bewahrung gängiger Verhaltensweisen und Normgefüge – kurz: die Reproduktion der Gesellschaft – ging.
Rössner verknüpft die Jugendarbeit mit einem spezifischen Bildungsanspruch eines „unschulischen Programms"; soziale Ungleichheiten finden in den Ausführungen keine Berücksichtigung (vgl. *Rössner* 1967, S. 153).

Als Reaktion auf die Gedanken der „Sozialintegrativen Jugendarbeit" krist ten sich im weiteren Verlauf letztlich die drei distanzierenden Ideen, „Emanzipatorische Jugendarbeit", „Antikapitalistische Jugendarbeit" und „Bedürfnisorientierte Jugendarbeit", heraus. Ausgangspunkt dieser Ansätze war im Grunde genommen die Fragestellung nach der politisch-emanzipatorischen Funktion des Arbeitsfeldes.

Emanzipatorische und antikapitalistische Theorie sind dabei in ihrem Verständnis geeint, dass die Jugendarbeit die Jugendlichen als zukünftige gesellschaftliche und politische Akteure durch gesellschaftskritische Ansätze in Einstellung, Meinungsbild und Verhaltensweisen prägen sollte (vgl. *Krafeld* 1984, S. 187f; *Thole* 2000, 232f). Die Vertreter der emanzipatorischen Jugendarbeit (siehe Abbildung) vertraten dabei die Haltung, gesellschaftliche Konflikte auf der Basis von Ungleichheiten im Kapitalismus seien nicht in Gänze zu überwinden und die Heranwachsenden hätten einen Bedarf an „planmäßigen Lernhilfen für eine Bearbeitung solcher Konflikte im Sinne der Emanzipation" (*Giesecke* 1980, S. 152). Die Vertreter der anti-kapitalistischen Jugendarbeit (siehe Abbildung) kritisierten diese „pessimistische" Haltung und charakterisierten diese als zu nah an einem sozialintegrativen oder konformistischen Verständnis. Aus ihrer Warte heraus sollte das System grundsätzlich infrage gestellt werden. Dies sei durch die emanzipatorische Idee nicht gänzlich gegeben, da diese „lediglich" eine innere Reform im Sinne der Aufklärung intendierte. Gemäß diesen Vorstellungen sollten die Jugendlichen durch eine antikapitalistische Jugendarbeit zu einer gesellschaftskritischen Praxis und zur Bekämpfung von Ausbeutung und gesellschaftlichen Zwängen befähigt werden (vgl. *Deller* 1995, S. 17f; *Thole* 2000, S. 232f). Insbesondere in diesen beiden Theorien finden sich Ankerpunkte für das Charakteristikum der Diskursivität (vgl. Kap. 4.2) sowie das Thema Partizipation (vgl. Kap. 4.4).

„[In der dritten Theorie sollte] die übliche Trennung von Freizeitaktivitäten und politischen Aktivitäten, Freizeitbedürfnissen und politischen Bedürfnissen überwunden werden." (*Damm* 1975, S. 81). Die bedürfnisorientierte Jugendarbeit von Diethelm Damm und Burkhard Bierhoff nimmt also erstmals Abstand davon, gesellschaftliche und politische Verantwortung zum alleinigen Hauptaugenmerk der Jugendarbeit zu erklären. Vielmehr rücken Themen und Bedürfnisse der Jugendlichen als Anknüpfungspunkt für politisches Engagement in den Fokus. Der Jugendarbeit soll dabei die Aufgabe zukommen, die Jugendlichen auf ihre zukünftige gesellschaftliche Rolle selbstreflexiv und kritisch vorzubereiten und gleichzeitig den Bedürfnissen nach Freizeit und unpolitischer Aktivität Rechnung tragen (vgl. *Thole* 2000, S. 234).

> „Gemeinsam ist den erwähnten theoretischen und konzeptionellen Rahmungen der Jugendarbeit ihr Entstehungsort und -zeitpunkt. Sie entwickelten sich im Kontext der gesellschaftlichen Umbruchsituation in den späten 60er und frühen 70er Jahre des 20. Jahrhunderts.

> Einhellig plädierten sie für eine politische Demokratisierung und die Liberalisierung der Erziehung, für eine emanzipative Wende und für enthierarchisierte Beziehungen." (ebd., S. 235)

Die angeführten „klassischen Kerntheorien" der Jugendarbeit verloren seit den 1980er Jahren, wie bereits benannt, an Einfluss auf die Praxis. Sie wurden als zu „schwerfällig" betrachtet, da die konkreten Praxisprobleme der Offenen Jugendarbeit nicht direkt in den Blick genommen wurden. Dies hatte zur Folge, dass sich die theoretischen Perspektiven, von denen aus auf den Gegenstand Jugendarbeit geschaut wurde, von der gesamtgesellschaftlichen Ebene ausgehend an den Ort der Praxis annäherten und das Abstraktionsniveau geringer wurde. Es entstanden – auch unter dem Einfluss der Bildungsexpansion – neuere Theorieansätze wie die akzeptierende Jugendarbeit, die Cliquen- und die Sozialraumorientierung. Diese fokussierten sich auf bestimmte Zusammenhänge bezogen auf die Jugendphase oder die Gesellschaft, ergänzten sich gegenseitig oder schlossen sich aus (vgl. ebd.). Geprägt war diese Phase auch von einer „Krisenhaftigkeit" und generellen Infragestellung der Zukunft des Arbeitsfeldes (vgl. *Deller* 1995, S. 27f; *Giesecke* 1984, S. 442f; *Mollenhauer* 1982, S. 26).

Im Anschluss daran entstand auf theoretischer Ebene eine Konstellation, die Werner Thole in der Kategorie „theoretisch-konzeptionelle Orientierungen" zusammenfasst. Hierunter fallen Ideen wie Jugendarbeit als Dienstleistungszentrum, „anti-pädagogische" Aktion oder Prävention. Diese mündeten in Praxiskonzepten wie Mädchen- / Jungenarbeit, Arbeit mit Fangruppen und Hooligans – hier ist bspw. die Entstehung der Fanprojektarbeit als konkrete Angebotsform zu verorten – sowie Kulturpädagogik oder Erlebnispädagogik (vgl. *Thole* 2000, S. 236f). Den Abschluss dieser Entwicklung stellen die Einrichtungskonzepte dar, die in ihrer inhaltlichen Zielsetzung – je nach konkreter Besucherstruktur, einrichtungsbezogenem Schwerpunkt und Sozialraum – verschiedene Aspekte der zuvor skizzierten Theorieentwicklung aufgreifen und versuchen, diese in die Praxis zu transferieren. Im Kontext dieser Entwicklungen sind auch die „neueren" Formen jugendarbeiterischer Praxis wie bspw. die aufsuchende Jugendarbeit zu verorten (vgl. *Krafeld* 2004).

Zusammenfassend lässt sich sagen, dass die Entstehung der Jugendarbeit, ihr Aufschwung im Nachgang des Zweiten Weltkriegs sowie ihre Theorieentwicklung sehr stark in Beziehung mit gesellschaftlichen Strömungen und politischer Motivation stehen. Die Themen Politik und Gesellschaft sind für die Offene Jugendarbeit also sowohl Katalysator als auch zentraler Bezugspunkt. Ebenfalls charakteristisch für die historische Entwicklung sind die kontinuierliche Veränderung der

Erscheinungsform anhand der jeweils zugrunde liegenden theoretischen Gedanken sowie die sich durchziehende Infragestellung der Sinnhaftigkeit, Funktionalität und Zukunft der Offenen Jugendarbeit (vgl. *Thole* 2000, S. 238):

> „Fragten die Protagonisten der außerschulischen Jugendarbeit – K. Mollenhauer, C.W. Müller, H. Kentler und H. Giesecke – zu Beginn der 60er Jahre noch offensiv ‚Was ist Jugendarbeit?' und L. Böhnisch und R. Münchmeier Mitte der 80er Jahre ‚Wozu Jugendarbeit?', so scheint im Zuge fiskalpolitisch motivierter Überlegungen seit Mitte der 90er Jahre ‚Warum überhaupt noch Jugendarbeit?' zur alles entscheidenden Frage zu avancieren." (*Scherr/Thole* 1998, S. 11).

Die aufgezeichnete, in Theorie aber auch in Praxisformen etwas diffus anmutende Geschichte des Arbeitsfeldes eröffnet im Anschluss die Frage nach zentralen Ankerpunkten, welche die Offene Jugendarbeit im Kern charakterisieren. Dieser Fragestellung soll im folgenden Abschnitt eine Antwort entgegnet werden.

4.2 Die strukturelle Charakteristik

Welche zentralen Merkmale zeichnen die Offene Jugendarbeit aus? Diese Fragestellung eröffnet einen Diskurs über strukturelle Bedingungen, institutionellen Charakter und allgemeines Verständnis des Arbeitsfeldes. Diesem Diskurs soll innerhalb des vorliegenden Abschnitts genauer nachgegangen werden. Als Stellungnahme und zur Beantwortung der eingangs gestellten Frage eignet sich zunächst ein Verweis auf die von Benedikt Sturzenhecker vertretene Trias der generellen Strukturcharakteristik der Offenen Jugendarbeit: Offenheit, Marginalität, Diskursivität (vgl. *Sturzenhecker* 2000, S. 161ff; 2004a, S. 3ff; 2005, S. 341f; 2006, S. 180f). Dieser Dreiklang beschreibt aus Sicht Sturzenheckers umfassend den Kern der Institution Offene Jugendarbeit. Rahmung für diese Charakterisierung ist ein arbeitsfeldbezogenes Institutionsverständnis, welches davon ausgeht, dass im Kontext von erziehenden oder sozialisierenden Institutionen Menschen geregelt miteinander kooperieren; und zwar im Sinne einer klaren gesellschaftlichen Funktion und unter bestimmten strukturellen Bedingungen (vgl. *Sturzenhecker* 2005, S. 339). Für die Offene Jugendarbeit lässt sich an dieser Stelle sagen, dass zwar „keine ausgearbeitete Theorie als pädagogische Institution" vorliegt und diese nicht den „durchstrukturierten und funktionsbestimmten Charakter" wie bspw. die Schule aufweist (vgl. Kap. 3.4), das Arbeitsfeld aber dennoch einen Status als Erziehungs- und Bildungsinstitution insbesondere im Zuge der wohlfahrtstaatlichen Modernisierungsoffensive erhalten hat (vgl. *Sturzenhecker* 2005, S. 339). Die Offene Jugendarbeit bewegt sich dabei als Institution mit einer Hybridfunktion. Es existiert ein auch historisch gewachsenes, funktionales Spannungsfeld zwischen Bildung auf der einen Seite und Normalisierung/Kontrolle auf der anderen (vgl.

Böhnisch/Münchmeier 1999, S. 32). Jugendarbeit soll sowohl Freiräume zur Verfügung stellen und Bildungsprozesse initiieren als auch der Reproduktion der Gesellschaft im Sinne der gängigen Werte und Normen Rechnung tragen. Als Stichworte aus der historischen Perspektive können hier nochmals die sozialintegrative Jugendarbeit und die Bedürfnisorientierung, die Re-Education in der Nachkriegszeit sowie die Bildungsexpansion angeführt werden (vgl. Kap 4.1). Diese geforderte Balance generiert eine relativ vage Institutionalisierung des Arbeitsfeldes, welche in den Augen Richard Münchmeiers – mit Blick auf Individualisierung, Pluralisierung sowie Differenzierung jugendlicher Entwicklung und Problemlagen (vgl. Kap. 2.3.1) – die funktionale Stärke der Offene Jugendarbeit hinsichtlich der Aspekte Bildung, Erziehung und Sozialisation ausmacht (vgl. *Münchmeier* 1992, S. 376). Offenheit, Marginalität und Diskursivität sind dabei das Fundament für die strukturelle Einlassung der Offenen Jugendarbeit.
Die Autoren folgen im Rahmen der vorliegenden Arbeit diesem Verständnis zur Charakterisierung des Arbeitsfeldes und wollen nachstehend die jeweiligen Hintergründe und Zusammenhänge dieser drei Charakteristika differenziert in den Blick nehmen. In diesem Kontext sollen weitere auszeichnende Merkmale deutlich sowie die grundsätzlichen Konturen des Arbeitsfeldes erkennbar werden.

Als erstes zentrales Charakteristikum lässt sich ein Zusammenhang beschreiben, der sich unter dem Stichwort *Offenheit* subsumiert. Die Hintergründe dieses Zusammenhangs werden bereits im ersten Teil der Definition Offener Jugendarbeit von Lothar Böhnisch und Richard Münchmeier aus den späten 1980er Jahren deutlich (vgl. Kap. 4.1): „[Offene Jugendarbeit meint] [...] ‚offen' zu sein, Jugend ‚geschehen' zulassen, d.h. eben nicht pädagogisch vorstrukturiert und damit gegenüber den Jugendlichen selektiv [zu sein] [...].“ (*Böhnisch/Münchmeier* 1999, S. 223). Offenheit beschreibt demzufolge Ausprägungen hinsichtlich verschiedener Dimensionen.
Markantestes Kennzeichen ist die Freiwilligkeit der Teilnahme von Jugendlichen an Angeboten des Arbeitsfeldes (vgl. *AGJ* 2011, S. 4; *Bierhoff* 1978, S. 53; *Giesecke* 1980, S. 14; *Sturzenhecker* 2004a, S. 3; *Wischmeier/Macha* 2012, S. 178). Das heißt, die Offene Jugendarbeit macht den Jugendlichen „Angebote, die sie ablehnen können“ (vgl. *Sturzenhecker* 2006, S. 179). Prägend für das Arbeitsfeld ist dementsprechend eine Komm-Struktur. Die Jugendlichen entscheiden selbstbestimmt, ob sie Einrichtungen besuchen oder an Angeboten teilnehmen. Darin wiederum begründet ist eine Offenheit bezogen auf die Zielgruppe des Arbeitsfeldes. Es gilt der Grundsatz: „Wer kommt, ist Zielgruppe“ (*Krafeld*, 2004, S. 44). Zwar erfolgen in der Praxis des Arbeitsfeldes Versuche, klare einrichtungsspezifische Zielgruppen sowie deren Interessen und Bedürfnisse, Ausdrucksformen und

Lebensweisen (vgl. Kap. 2.4.2; Kap. 3.2) auszumachen und sich entsprechend auszurichten. Dies führt jedoch nicht kausal zum wirklichen Erreichen dieser Zielgruppen oder dem Ausschluss bestimmter anderer Gruppen (vgl. *Sturzenhecker* 2006, S. 180; Kap. 4.3). Neben dieser grundlegenden Freiwilligkeit in der Wahrnehmung der Angebote besteht eine Offenheit auch hinsichtlich weiterer Aspekte, die im Folgenden kurz erläutert werden.

Ein erster Punkt ist dabei die inhaltlich-programmatische sowie zeitliche Ausgestaltung in Einrichtungen und Angeboten der Offenen Jugendarbeit. Diese orientiert sich nicht an einem vorgefertigten, allgemein gültigen (Lehr)Plan, sondern setzt an Interessen und Bedürfnissen der jungen Menschen an: „Da die Jugendarbeit kein inhaltliches Curriculum [...] kennt, kann sie sich strukturell auf das einlassen, was die Kinder und Jugendlichen in ihr tun [...]." (*Sturzenhecker* 2013, S. 328). Folglich liegt es nur mittelbar in der Hand der Fachkräfte in den Einrichtungen der Offenen Jugendarbeit, was inhaltlich dort passiert. Es geht darum, Anliegen und Interessen der Jugendlichen zu erkennen und diesen in Form von möglichen Angeboten zu begegnen, was zunächst einmal die Bereitschaft der Pädagogen erfordert, den Jugendlichen „das Feld zu überlassen" und „Pauschalangebote" wie u.a. Raumnutzung, Gerätenutzung oder Beziehungsarbeit vorzuhalten (vgl. *Krafeld* 2004, S. 44). Außerdem muss die Offene Jugendarbeit auch in ihrer Zeitstruktur entsprechend agieren. Es gilt bspw., Öffnungszeiten der Einrichtungen mit den „Gepflogenheiten, Bedürfnissen und Interessenlagen" der Jugendlichen abzustimmen (vgl. *Sturzenhecker* 2004a, S. 3f).

Ein zweiter Aspekt umfasst die Angebotsformen und die methodisch-didaktische Ausgestaltung des Arbeitsfeldes. Die diesbezügliche Offenheit wird u.a. deutlich, wenn man sich die beschriebene geschichtliche Entwicklung des Arbeitsfeldes vor Augen führt. Häuser der Offenen Tür, selbstverwaltete Jugendzentren, Abenteuerspielplätze, Fanprojekte und aufsuchende Angebote können hier u.a. als Stichworte zur Beschreibung der – auch historisch erkennbaren – modalen Dynamik der Offenen Jugendarbeit herangezogen werden (vgl. Kap 4.1). Dieses Merkmal der Offenheit hinsichtlich der Angebotsformen führt zu einer fehlenden Formalisierung von Handlungsabläufen:

> „Ob man einer Projektmethode folgt oder in Einzelberatung ‚rogert', ob man soziale Gruppenarbeit macht oder Thekengespräche führt, ob man Erlebnispädagogik macht oder Mädchenarbeit, darüber gibt es keine verbindlichen Orientierungen. Es ist also möglich (aber auch nötig) das methodische Handeln den jeweiligen Zielgruppen und ihren Themen, Interessen und Zielen anzupassen." (*Sturzenhecker* 2004a, S. 4).

Diese Offenheit in Form und Weise nimmt Werner Thole zum Anhaltspunkt für die bilanzierende Aussage: „[Die *Offene* Jugendarbeit stellt das] quantitativ größte und wahrscheinlich auch qualitativ vielfältigste, aber zugleich auch heterogenste Feld der Kinder- und Jugendarbeit dar." (*Thole* 2000, S. 102).

Ein weiterer Gesichtspunkt bezogen auf das Charakteristikum Offenheit wird über die Ziele des Arbeitsfeldes markiert. Zwar liefert das SGB VIII über §11 die Ankerpunkte Selbstbestimmung und gesellschaftliche Mitverantwortung als generelle Orientierungen, darüber hinaus hält der Gesetzestext aber lediglich programmatische Hinweise auf die zentralen Ziele der Offenen Jugendarbeit bereit. Diese dienen mehr als Konturierung des Arbeitsfeldes für Außenstehende denn als klare Vorgabe für konkrete Wirkungsziele und davon abgeleitete pädagogische Tätigkeit auf Einrichtungsebene (vgl. *Sturzenhecker* 2006, S. 180f). Fernab den generellen Vorgaben des SGB VIII fehlen vielerorts in den Einrichtungen entsprechend konkret operationalisierte Ziele. Es gilt für die verantwortlichen Fachkräfte, diese aufgrund der zuvor beschriebenen Offenheit hinsichtlich Zielgruppe, Inhalt und Angebotsform ebenfalls „offen", dynamisch und an den Interessen der Jugendlichen anknüpfend zu formulieren (vgl. *Sturzenhecker* 2004a, S. 3).
„[Offene Jugendarbeit meint][...]gleichzeitig aber diese offene Arbeit als pädagogische Facharbeit vor allem gegenüber den administrativen Kontrollorganen begründen zu müssen." (*Böhnisch/Münchmeier* 1999, S. 223). Dies ist der zweite Teil der oben bereits angeführten Definition Offener Jugendarbeit von Böhnisch und Münchmeier. Diese Aussage macht deutlich, dass das Charakteristikum der Offenheit in den benannten Ausprägungen zur Folge hat, dass sich das Arbeitsfeld aufgrund der geringen zielbezogenen, inhaltlichen und didaktisch-methodischen Strukturierung gegenüber Politik und Verwaltung in seinem Handeln rechtfertigen muss. Dementsprechend steht die Offene Jugendarbeit wie einleitend beschrieben in einer charakteristischen Balance zwischen bedürfnisorientierter Tätigkeit im Sinne einer Bildungsarbeit einerseits und einer öffentlichen Infragestellung der Art und Weise des Handelns auf der Grundlage eines instrumentalisierenden Normalisierungs- oder Kontrollanspruchs seitens der Gesellschaft andererseits (vgl. *Sturzenhecker* 2005, S. 340). In der öffentlichen Diskussion und in den Einrichtungen der Offenen Jugendarbeit ist es daher wichtig, diese Infragestellung nicht unreflektiert als Folge individuellen Agierens von Fachkräften – dies trifft sicherlich in bestimmten Zusammenhängen auch zu – zu verorten, sondern sie als Strukturgegebenheit anzuerkennen und mit dieser gestaltend umzugehen (vgl. Kap. 4.4; Kap. 5).
Zusammenfassend lässt sich zur Offenheit als prägendem strukturellen Charakterzug des Arbeitsfelds sagen, dass diese das Potenzial entfaltet und einfordert, an lebensweltlichen Problemlagen und individuellen Unterstützungsbedarfen – bezogen auf die Persönlichkeitsentwicklung – anzusetzen, damit Angebote überhaupt wahrgenommen werden können. Die Jugendarbeit muss sich als Feld begreifen, welches sich selbst sowie die zugehörigen Räume zur Aneignung durch die Jugendlichen zur Verfügung stellt (vgl. *Deinet* 2003, S. 7; *Deinet* 2009, S. 57; *Klawe* 2001, S. 5). „Wer in eine Einrichtung kommen soll, welche Ziele dort vermittelt

werden sollen, wie sie methodisch-inhaltlich umgesetzt werden sollen, all das muss dann von den betroffenen Kindern und Jugendlichen mitentschieden werden [...]." (*Sturzenhecker* 2004a, S. 3).

Das zweite Charakteristikum stellt die *Marginalität* Offener Jugendarbeit dar. Über diesen Begriff werden ebenfalls verschiedene Eigenschaften des Arbeitsfeldes in den Blick genommen. Zum einen drückt sich Marginalität im Verhältnis zu den anderen Sozialisationsinstanzen aus. Die Offene Jugendarbeit wird im Vergleich insbesondere zur Familie oder zum Ausbildungssystem von Gesellschaft und Öffentlichkeit als nachrangig wahrgenommen, da sie die Schwächen dieser Institutionen kompensieren soll sowie sich in ihrer Arbeit auf das richtet, „was vom Tage übrig bleibt" (vgl. *Sturzenhecker* 2005, S. 342). Dieser Zusammenhang resultiert u.a. auch daraus, dass das Arbeitsfeld über deutlich weniger institutionelle Machtmittel verfügt als andere Sozialisationsfelder (vgl. *Sturzenhecker* 2007, S. 20). Während bspw. die Schule durch die Vergabe formeller Abschlüsse oder den Rückgriff auf die gesetzliche Schulpflicht deutlich selektive Verfügungsgewalt gegenüber den Jugendlichen aufweist (vgl. Kap. 3.4), kann die Offene Jugendarbeit aufgrund der oben beschriebenen Merkmale Offenheit und Freiwilligkeit nur im Rahmen des Interesses der Jugendlichen agieren. Folglich wird das Arbeitsfeld aufgrund seiner strukturellen Charakteristik geradezu dazu gedrängt, intensive Beziehungsarbeit zu leisten, um überhaupt pädagogischen Spielraum zu erhalten (vgl. *Krafeld* 2004, S. 43ff; *Sturzenhecker* 2007, S. 20). Diese auch historisch gewachsene Hierarchisierung der Sozialisationsinstanzen gilt es seitens der Offenen Jugendarbeit anzuerkennen und in gewisser Hinsicht auszugestalten.
Marginalität äußert sich aber nicht nur im Verhältnis zu den anderen Sozialisationsinstanzen, sondern ebenfalls im Verhältnis zu anderen Arbeitsfeldern der Jugendhilfe. Sturzenhecker fasst diesen Zusammenhang wie folgt zusammen:

> „In der Jugendhilfe sind die Betreuung von Kindern in Tageseinrichtungen und die erzieherischen Hilfen wichtig. Dafür gibt es klare institutionelle Formen und Aufträge, dahin geht ein Großteil der finanziellen Mittel. Die MitarbeiterInnen kommunaler und freier Träger der Jugendarbeit hingegen stehen eher am Ende der Jugendamtshierarchie. Das äußert sich auch in niedriger Bezahlung und schlechter finanzieller Ausstattung der Einrichtungen." (*Sturzenhecker* 2005, S. 342).

Entsprechend kommt die beschriebene Marginalität sowohl hinsichtlich fiskalischer Aspekte als auch hinsichtlich arbeitsfeldspezifischer Vernetzung sowie mit Blick auf die öffentliche und politische Wahrnehmung zum Tragen.[24] Jugendarbeit wird von Politik und Leitungsebene der jeweiligen kommunalen Organe – generell

[24] Zur weiteren Auseinandersetzung mit der Rolle der Offenen Jugendarbeit im Kanon der gesamten Kinder- und Jugendhilfe insbesondere unter quantitativen und fiskalischen Aspekten liefert *Pothmann* 2011 einen ausführlichen Beitrag.

Jugendhilfeausschuss und Verwaltung des Jugendamtes – aufgrund der strukturellen Offenheit als wenig greifbar erachtet. Auch Kontrolle und Erkennen von Wirkung fallen diesen Akteuren bezogen auf die Jugendarbeit häufig schwer, was zu einer Verortung des Arbeitsfeldes eher als Unruhe- und Problemstifter beiträgt. Das Fehlen eines individuellen institutionellen Rechtsanspruchs für die Zielgruppe sowie die zuvor und nachstehend beschriebenen weiteren marginalisierenden Faktoren führen außerdem dazu, dass das Arbeitsfeld im Zuge fiskalischer Probleme der Kommunen – Stichwort: Haushaltskonsolidierung – häufig als erster Vertreter der Jugendhilfe mit finanziellen Kürzungen rechnen muss (vgl. *Sturzenhecker* 2005, S. 342).

Ein dritter Bereich, innerhalb dessen sich Marginalität als zentrales Merkmal der Offenen Jugendarbeit äußert, ist die Hochschulausbildung. Innerhalb der qualifizierenden Studiengänge für soziale Berufe weist die Jugendarbeit – eng verknüpft mit dem zuvor beschriebenen Zusammenhang – im Vergleich zu anderen Tätigkeitsfeldern eine deutlich geringere Repräsentanz in Lehre und Stellenaufkommen auf (vgl. *Deinet* et al. 2014; *Thole* 2005, S. 202ff; *Wegener* 2005, S, 15f).[25] Eine Entwicklung, wie sie aktuell an der Hochschule Kempten zu verzeichnen ist, an welcher ein Studiengang Soziale Arbeit mit dem Schwerpunkt Jugendarbeit etabliert werden soll, stellt hier diesbezüglich eine deutliche Ausnahme dar (vgl. *Nick* 2014).

Neben diesen Zusammenhängen lässt sich auch davon sprechen, dass Marginalität das Arbeitsfeld in der Hinsicht prägt, dass ein großer Teil der realen Zielgruppe von Angeboten der Offenen Jugendarbeit als gesellschaftlich randständig beschrieben werden kann (vgl. *Schmidt* 2011, S. 53ff; *Sturzenhecker* 2014). Dies muss jedoch sensibel und reflektiert betrachtet werden, da sich – wie oben beschrieben und auch gesetzlich verankert –das Arbeitsfeld generell an alle Jugendlichen richten und an den Interessen aller Jugendlichen orientieren muss. Über eine solche Eingrenzung der Zielgruppe verstetigt sich ein weiteres Mal die eingangs beschriebene Balance zwischen Bildung / Sozialisation und Kontrolle / Normalisierung. Daher erfordert die Verknüpfung zwischen Arbeitsfeld und randständiger Zielgruppe eine kritische Verfolgung und kontinuierliche Diskussion. Diese Verbindung unterstützt jedoch nochmals zusätzlich die zuvor benannten Faktoren zur Kennzeichnung des marginalen Status des Arbeitsfeldes, da eine insbesondere von außen insofern charakterisierte Zielgruppe kein prägender Faktor für den Aufbau einer starken institutionellen Lobby sein kann (vgl. *Sturzenhecker* 2005, S. 342).

Folge der struktureigenen Marginalität der Offenen Jugendarbeit ist aber neben den beschriebenen Legitimations- und Positionierungskämpfen sowie der Gefahr

[25] Zur vertieften Auseinandersetzung mit der Lagerung der Kinder- und Jugendarbeit in Studium und Hochschule liefern *Thole* et al. 2005 einen ausführlichen Beitrag.

fiskalischer Kürzungen auch das Potenzial, als Experimentier- und Erprobungsfeld sowie relativ frei von Kontroll- und Beobachtungszwängen administrativer (Verwaltungs-)Organe agieren zu können. Anders als in den Arbeitsfeldern Hilfen zur Erziehung oder Kindertagesbetreuung stehen die Fachkräfte und Einrichtungen weniger im Fokus öffentlicher Debatten und unter weniger Druck, bestimmte Vorgaben umzusetzen oder zu erreichen. Als Gegenbeispiel können hier u.a. die Fachkräfte im Allgemeinen Sozialen Dienst im Kontext Kinderschutz herangezogen werden. Dies birgt für die Offene Jugendarbeit die Kapazität, den Jugendlichen Räume und Zeit zur Entfaltung ihrer Anliegen, Interessen und Bedürfnisse zur Verfügung zu stellen sowie in einem relativ geschützten Rahmen alternative Bearbeitungswege bestimmter Entwicklungsaufgaben (vgl. Kap. 2.2.2; Kap. 2.3.2) gemeinsam mit den Jugendlichen zu durchlaufen. Darüber hinaus bietet die Marginalität des Arbeitsfeldes einen Spielraum für die aktive Erprobung des Umgangs mit gesellschaftlichen und demokratischen Entscheidungsprozessen, da die Jugendlichen im „Schutzraum" der Einrichtungen der Offenen Jugendarbeit – (teilweise) pädagogisch angeleitet – eigene Strukturen schaffen und pflegen, aber auch kritisch diskutieren, umwandeln und verwerfen können, ohne dass dies weitreichende individuelle wie gesellschaftliche Folgen hervorruft (vgl. *Sturzenhecker* 2004b, S. 9; Kap. 4.4).

Das dritte zentrale Charakteristikum Offener Jugendarbeit ist die *Diskursivität.* Diese weist eine starke Nähe zum Charakteristikum Offenheit auf und bezieht sich im Kern auf das Prinzip der Aushandlung als prägendem Moment. Dieses Prinzip knüpft an den Umstand an, dass strukturelle Offenheit und Freiwilligkeit der Teilnahme eine Situation schaffen, in der die pädagogischen Akteure in den Einrichtungen des Arbeitsfeldes, wie bereits beschrieben, auf die Jugendlichen und deren transparente Darstellung ihrer Anliegen und Interessen bezogen auf den jeweiligen Alltag angewiesen sind:

> „Immer wieder neu muss geklärt werden, was für die jeweiligen BesucherInnen Thema ist, welche Ziele und Inhalte sich daraus ergeben und wie methodisch gehandelt werden soll. Gerade im ‚Offenen Bereich', in dem es am wenigsten strukturierende Vorgaben gibt, muss im Prinzip jeden Tag neu eine spezifische Definition der Situation von den Beteiligten (Pädagog(inn)en und BesucherInnen) gefunden werden." (*Sturzenhecker* 2004a, S. 5).

Dadurch wird als weiteres zentrales Merkmal Offener Jugendarbeit die Partizipation respektive die Selbstbestimmung und Einmischung der Jugendlichen deutlich. „Die strukturelle Offenheit erlaubt genau dieses, da es nur sehr weite gesetzliche Vorgaben gibt, besteht Offenheit, daß sich die beteiligten Kinder und Jugendlichen mit ihren Zielvorstellungen einmischen können." (*Sturzenhecker* 2004a, S. 3). Den markantesten praktischen Anknüpfungspunkt für die Einforderung und Wahrnehmung dieses Charakteristikums stellt historisch die Jugendzentrumsbewegung dar (vgl. Kap. 4.1).

Im Sinne einer lebensweltorientierten Sozialen Arbeit entsteht eingedenk der Diskursivität ein Zustand, der sich als „koproduktive Klärung" zwischen Fachkräften und Jugendlichen beschreiben lässt. Charakteristisch für diesen Zustand ist das beidseitige Einbringen von Gedanken, Vorstellungen, Anliegen und Werten. Der Expertenstatus für die konkrete Ausgestaltung des Alltags in den Einrichtungen verbleibt dabei bei den Jugendlichen, die durch die Fachkräfte unterstützt und begleitet werden (vgl. *Spiegel* 2011, S. 44ff; *Thiersch* et al. 2002, S. 170ff). Offene Jugendarbeit kann aufgrund der strukturellen Voraussetzungen hier als Paradebeispiel für ein solches theoretisches Verständnis Sozialer Arbeit herangezogen werden.

Die Akteure im Alltag der Offenen Jugendarbeit, also Fachkräfte sowie Jugendliche, verlassen demzufolge ihre rein institutionellen Rollen und werden als bloße Personen zu einer zentralen Handlungsbedingung. Dies ist ein entscheidender Unterschied bspw. zur Schule, wo die institutionellen Rollen „Lehrer" und „Schüler" deutlich prägend für das alltägliche Geschehen sind (vgl. *Böhnisch* 2012, S. 185f; *Sturzenhecker* 2005, S. 342; Kap. 3.4). Auch an dieser Stelle wird die mit Blick auf das Merkmal Marginalität bereits thematisierte Notwendigkeit ausgeprägter Beziehungsarbeit deutlich.

Als Folge des Charakteristikums Diskursivität lässt sich entsprechend benennen, dass das Arbeitsfeld an der Lebenswelt, das meint an Bedürfnissen, Interessen und Problemlagen ihrer sich dynamisch und ständig verändernden Zielgruppe, ansetzen *muss*, damit sie überhaupt eine Wirkung entfalten kann. Dies stellt die Akteure in der Offenen Jugendarbeit vor eine besondere alltägliche Herausforderung:

> „Auf Dauer gestellte Partizipationsnotwendigkeit ist in anderen erzieherischen oder gesellschaftlichen Handlungsfeldern kaum bekannt und geübt. Plötzlich alles selber entscheiden zu können und zu sollen stellt häufig eine Überforderung dar und eine ‚Angst vor der Freiheit' setzt sich durch, in der man lieber feste Regeln und leicht konsumierbare Angebote möchte als permanente Neuverhandlung aller wichtigen Entscheidungen." (*Sturzenhecker* 2004a, S. 5)

Insbesondere die Diskursivität wirkt sich somit wie erkennbar geworden ist auf die pädagogische Vorgehensweise der Offenen Jugendarbeit aus.

> „Die pädagogische Grundstruktur des ‚geteilten Alltags' oder der Begleitung verlangt ein pädagogisches Handeln, das zwischen eher passivem Mitschwimmen und eher aktivem Eingreifen (also hier: Anbieten, Aufgreifen, Vorgeben, Regeln, usw.) oszilliert." (*Sturzenhecker* 2005, S. 343).

Die mit diesem Zustand verbundenen Herausforderungen und Chancen gilt es seitens der Fachkräfte reflektiert zu berücksichtigen (vgl. Kap. 4.4).

An dieser Stelle ist darauf zu verweisen, dass die Charakteristik des Arbeitsfeldes in besonderem Maße für die beschriebene Bildungsfunktion (vgl. Kap. 4.4) zuträglich ist, da hierüber das Paradox einer fremdbestimmten Entwicklung zur Selbstbestimmung, welches bspw. für die öffentliche Wahrnehmung der Sozialisation im Ausbildungssystem charakteristisch ist (vgl. Kap. 3.4), überwunden werden kann:

> „Der Freiraum der Jugendarbeit ist funktional, weil er zulässt, das Bildungsparadox zu bearbeiten. Mit den Strukturbedingungen der Jugendarbeit ist eine bildende Institution geschaffen, die Erfahrung von subjektiver Selbstbestimmung in Verbindung mit demokratischer Mitverantwortung eröffnen kann und dennoch als pädagogische Einrichtung gleichzeitig die Vorbedingungen solcher Erfahrungen ermöglicht und deren Chancen maximieren, aber auch Risiken abfedern kann." (*Sturzenhecker* 2007, S. 20)

Insgesamt machen die beschriebenen Charakteristika deutlich, dass die Offene Jugendarbeit von äußerst geringen institutionellen Rahmungen geprägt ist und sich generell in einem Freiraum bewegt. „Diese Rahmungen reichen gerade, um trotz Offenheit das Feld überhaupt herzustellen, sodass es Handlungsanreize gibt und soziale Prozesse zustande kommen können." (ebd.). In diesem Zusammenhang machen die beschriebenen zentralen Aspekte der strukturellen Fassung Offener Jugendarbeit aber auch auf Potenziale und Herausforderungen für ein Verständnis des Arbeitsfeldes als Sozialisationsinstanz aufmerksam und fordern Sensibilität und Reflektion seitens der verantwortlichen Akteure innerhalb des Arbeitsfeldes sowie in Politik und Verwaltung ein.

Inwiefern sich diese Zusammenhänge auf konkrete Sozialisationsaufgaben (vgl. Kap. 4.4) und eine Diskussion über eine eigenständige Legitimation des Arbeitsfeldes (vgl. Kap. 5) auswirken, soll nachfolgend in den Fokus der vorliegenden Ausführungen gerückt werden.

4.3 Die Jugend als eine zentrale Bezugsgruppe

Bevor im nachfolgenden Kapitel die Rolle der Offenen Jugendarbeit als Sozialisationskontext für Jugendliche differenziert in den Blick genommen wird, soll an dieser Stelle eine kleine „Zäsur" in Form einer Darstellung der Lebensphase Jugend als zentrale Bezugsgruppe des Arbeitsfeldes erfolgen. Dies dient dazu, einerseits die zuvor dargestellten Zusammenhänge im Rahmen des Arbeitsfeldes bezogen auf die Lebensphase Jugend zu verorten und andererseits eine Orientierung für konkrete Sozialisationsaufgaben der Offenen Jugendarbeit für Jugendliche zu bieten, an welche die späteren Ausführungen anknüpfen.

Die vorgestellten Zusammenhänge im Kontext der historischen Entwicklungsprozesse (vgl. Kap. 4.1) sowie der charakteristischen Strukturen (vgl. Kap. 4.2) lassen sich zunächst grundsätzlich als übergreifende Merkmale für die Offene Arbeit sowohl mit Kindern als auch mit Jugendlichen benennen. Daher ist es aus Sicht der Autoren sinnvoll, die besondere Relevanz der Jugendlichen als Zielgruppe des Arbeitsfeldes gezielt in den Blick zu nehmen und herauszustellen. Diese Relevanz ergibt sich auf der einen Seite aus empirischen Zusammenhängen zur Wahrnehmung der Angebote gemäß §11 SGB VIII durch Jugendliche sowie auf der anderen Seite aus den dargestellten Besonderheiten in Verbindung mit dem Entwicklungsprozess der Lebensphase Jugend (vgl. Kap. 2).

Empirisch zeigt sich, dass die Angebote der Kinder- und Jugendarbeit frequentiert durch Jugendliche wahrgenommen wurden und auch aktuell noch werden (vgl. *Schmidt* 2011, S. 50f). Zwar gibt es Entwicklungen und Meinungsbilder, die eine Verlagerung der Angebote nach §11 SGB VIII in Richtung einer jüngeren Zielgruppe konstatieren, die Jugendlichen und jungen Erwachsenen bleiben aber dennoch eine relevante statistische Größe (vgl. *LWL-Landesjugendamt Westfalen/LVR-Landesjugendamt Rheinland* 2012, S. 11).[26] „Anteilig zur Gesamtzahl werden die meisten jungen Menschen in der Altersgruppe der 12- unter 15-Jährigen erreicht. Fast jeder 10. zwischen 6 und unter 18 Jahren nutzte 2011 regelmäßig die Angebote der Offenen Kinder- und Jugendarbeit.“ (ebd.).
Dies zeigt auf, dass die Praxis des Arbeitsfeldes eine Auseinandersetzung mit der Lebensphase Jugend geradezu unumgänglich macht, da Jugendliche einen prägenden Anteil an der Zielgruppe ausmachen.
Neben dieser rein quantitativen Zuschreibung eines hohen Stellenwerts der Lebensphase Jugend für die Offene Jugendarbeit lässt sich aber auch über die grundsätzlichen Zusammenhänge in Verbindung mit den Entwicklungsprozessen des Jugendalters und den daraus abgeleiteten Erwartungen und Anforderungen an die Jugendlichen eine Begründung dafür ableiten, sich als Arbeitsfeld intensiv mit der Zielgruppe Jugend auseinanderzusetzen. Auf einer theoretisch-wissenschaftlichen Grundlage, die mit den Aussagen im zweiten Hauptkapitel dieser Arbeit vergleichbar ist, kommt Achim Schröder auf vier Bewältigungsfelder, auf denen Jugendliche im Zuge ihrer gesellschaftlichen Rollenfindung und individuellen Persönlichkeits-entwicklung aktiv werden: *Familie, Liebe, Arbeit* und *Selbst* (vgl. *Schröder* 2013, S. 113ff). Es geht um eine Ablösung vom Elternhaus und den Umbau der eigenen sozialen Beziehungen, die Entwicklung einer Liebes-, Beziehungs- und

[26] Zur Auseinandersetzung mit Entwicklungstendenzen hinsichtlich der strukturellen Entwicklung (u.a. Ausstattung, Fachkräfte, Zielgruppen) der Jugendarbeit liefern *Santen/Prein* 2013 und für Baden-Württemberg *Rauschenbach* et al. 2010 weiterführende Beiträge.

Arbeitsfähigkeit sowie die Integration „gegensätzlicher Erfahrungen und polarer Persönlichkeitsanteile“ im Selbst (vgl. ebd.). Mit Blick auf diese Herausforderungen, die sich den Jugendlichen in der Adoleszenz stellen, zeigt sich die besondere Relevanz einer eigenständigen Betrachtung der Lebensphase – auch durch die Offene Jugendarbeit – nochmals deutlich. Im Rahmen der Ausführungen zur soziologischen Betrachtung der Jugend ist bereits erkennbar geworden, dass sich dieser Lebensabschnitt als Zeitraum begreifen lässt, innerhalb dessen routinehafte und bewährte Konstellationen und Strategien der Lebensbewältigung, die in der Kindheit Berechtigung und Sinnhaftigkeit aufwiesen, umgebaut werden müssen (vgl. Kap. 2.3.2). Es ist entsprechend für das Arbeitsfeld erforderlich, die Unterschiede in den Herausforderungen zwischen Kindheit und Jugend anzuerkennen und differenziert anzugehen sowie zu bearbeiten. Die vielfältigen Entwicklungsprozesse (körperlich, kognitiv und sozial) im Jugendalter (vgl. Kap. 2.2.2; Kap. 2.3.2) erfordern hier einen sensiblen Umgang der Fachkräfte mit den Jugendlichen sowie einen spezifischen fachlichen Wissens- und Kompetenzbestand zur Einordnung und Bearbeitung zentraler Fragen in der Lebenswelt der Jugendlichen. Darüber hinaus ist es elementar, dass das Arbeitsfeld aufgrund der Charakteristika Offenheit und Diskursivität (vgl. Kap. 4.2) die Jugendlichen in ihrer Entwicklung respektiert und ihnen liberal entgegentritt, ohne ihnen Angebote oder Themen aufzuzwängen.

> „Jugendarbeit kann dann eine belebende und stärkende Funktion für den experimentellen ‚Möglichkeitsraum‘ der Jugendphase übernehmen, wenn die Jugendarbeit für die Jugendlichen zu ‚ihrem‘ Ort wird. Dabei kommt es für die Jugendarbeit darauf an, nicht nur offen zu sein, sondern diesen Bedeutungen eine konkrete Gestalt in Form von adäquaten Angeboten und Strukturen zu geben, damit Jugendliche sich darin wieder finden bzw. daran reiben und sich soziale Räume aneignen können.“ (*Schröder* 2013, S. 117).

Inwiefern die Offene Jugendarbeit diese Herausforderung angehen kann und welche konkreten sozialisatorischen Aufgaben das Arbeitsfeld dabei aufweist, soll im nachstehenden Abschnitt dargestellt werden.

4.4 Die Sozialisationsaufgaben

Die Offene Jugendarbeit als Feld, innerhalb dessen sich Jugendliche bewegen und begegnen, stellt ein eigenes Repertoire an Sozialisationsmöglichkeiten zur Verfügung, um die Jugendlichen in ihrer Persönlichkeitsentwicklung und Identitätsbildung zu unterstützen. Diese Aufgaben lassen sich von den Aspekten, die in Kapitel 3 – im Hinblick auf die dort genannten Sozialisationsinstanzen – dargestellt wurden, mitunter unterscheiden, können aber auch ergänzend zu oder gleichgerichtet mit diesen Zusammenhängen wirken. Für die Offene Jugendarbeit ist es diesbezüglich wichtig, die eigenen sozialisatorischen Aufgaben zu kennen und diese gezielt zu berücksichtigen sowie einzusetzen. An dieser Stelle bieten sowohl die Geschichte des Arbeitsfeldes (vgl. Kap. 4.1) als auch die struktureigene Charakteristik (vgl. Kap. 4.2) Anknüpfungspunkte, die eigene Sozialisationsfunktion bestimmen zu können. Dabei ist es in der Argumentationslinie der vorliegenden Ausführungen relevant, diese Herleitung von den Jugendlichen bzw. der Jugendphase ausgehend vorzunehmen und die wissenschaftlichen Erkenntnisse dieses Kontextes (vgl. Kap. 2) zugrunde zu legen. Auf dieser Basis sollen günstige Bedingungen für die Entwicklung von Jugendlichen im Kontext der Offenen Jugendarbeit bestimmt werden.

Einen zentralen Bezugspunkt, den das Arbeitsfeld im Hinblick auf die Unterstützung der Jugendlichen in ihrer Entwicklung setzen kann, bietet das Thema Bildung. In den aktuellen und vergangenen Diskursen im Rahmen der Jugendarbeit finden sich immer wieder unterschiedliche Meinungen und Gedanken zu diesem Thema (vgl. *Lindner* et al. 2003; *Müller* 1996, S. 89f; *Scherr* 2013b, S. 301ff; *Schröer* 2006, S. 197f; *Sting/Sturzenhecker* 2013, S. 375ff; *Sturzenhecker/Lindner* 2004). Heutzutage wird die Bildungsfunktion der Offenen Jugendarbeit im Fachdiskurs allgemein anerkannt (vgl. Kap. 4.1; Kap. 4.2). Auch in der politischen Diskussion und aus der Sicht von anderen Sozialisationsinstanzen (z.B. der Schule) wird die Bildung der Jugendlichen im Rahmen der Jugendarbeit weitgehend akzeptiert. Dabei ist für das Arbeitsfeld und den öffentlichen Diskurs ein eigenes arbeitsfeldspezifisches Verständnis von Bildung von hoher Bedeutung, welches die Strukturen und Charaktermerkmale der Offenen Arbeit mit Jugendlichen berücksichtigt sowie die intendierten Auswirkungen für die Lebensphase Jugend im Sinne von Bildungsprozessen beinhaltet. Bildung sollte im Verständnis der Jugendarbeit als umfassender Prozess der Entwicklung des Menschen betrachtet werden. Diese Gedanken gehen auf Wilhelm von Humboldt und Johann Gottfried Herder zurück und verstehen Bildung als „Resultat tausender würkender Ursachen“ (*Herder* 1967, S. 81). Bildung versteht sich als ganzheitliches Unterfangen, in dessen Rahmen nicht zwischen willkürlichen und unwillkürlichen oder zwischen physischen und kognitiven Aspekten unterschieden wird. Das bedeutet, Bildungsprozesse finden in ständiger Auseinandersetzung mit der gegeben Umwelt statt und ermöglichen dem Menschen eine „Veredlung der Persönlichkeit“ (*Humboldt* 1980, S. 238) (vgl. *Sting/Sturzenhecker* 2013, S. 377f). Weiterhin wird in dem benannten Verständnis Bildung als Selbstbildung des jeweiligen Menschen begriffen. Hierbei wird der Mensch als Subjekt mit eigenen Möglichkeiten zur Auswahl und Beeinflussung seiner Umgebung bestimmt. Er muss sich aktiv mit sich selbst und seiner Umwelt auseinandersetzen. Hier geht Bildung über eine

reine Ansammlung von Wissen hinaus und umfasst auch andere Bereiche der Entwicklung (vgl. *Scherr* 2003a, S. 145ff; *Scherr* 2003b, S. 97ff; *Sting/Sturzenhecker* 2013, S. 380).
Eine zusätzliche Komponente hinsichtlich der Beschäftigung mit dem Thema Bildung stellt die Differenzierung zwischen drei unterschiedlichen Bildungskonstellationen bzw. Lernsituationen dar (vgl. *Mack* 2007, S. 9ff). Die erste Konstellation bezieht sich auf *formale Bildung,* also jene, die im formalen Schul- und Ausbildungssystem mit festen Curricula sowie klaren zeitlichen und inhaltlichen Strukturen stattfindet. Diesbezüglich dienen Zertifikate und Zeugnisse als Ausweis erfolgreich durchlaufener Bildungsprozesse. Die *nicht-formelle* Bildung als zweite Konstellation meint jede organisierte Form von Angeboten, die auf freiwilliger Basis stattfinden. Hier finden sich teilweise auch feste zeitliche Abläufe, inhaltliche Programme sowie Nachweise der Absolvierung, jedoch nicht in der Deutlichkeit und Stringenz, die formale Bildungsprozesse aufweisen. Als letzte Variation lässt sich die *informelle Bildung* bestimmen. Dabei sind nicht-intendierte oder ungeplante Bildungsprozesse gemeint, die sich in der alltäglichen Interaktion entwickeln und vollziehen. Für Jugendliche geht es hierbei um die Anregung u.a. kognitiver, emotionaler und sozialer Kräfte (vgl. ebd.; *BJK* 2001, S. 4f).
In diesem Sinne soll in der Gesamtheit der Prozesse eine Aneignung der Welt stattfinden, um sich selbst in dieser verorten zu können. Dieser Prozess kann dabei nicht erzwungen werden, sondern muss selbstgesteuert ablaufen. Abschließend soll im Zuge dessen die Entfaltung der Persönlichkeit einsetzen. Der Einbezug informeller Prozesse in den Bildungsbegriff nimmt die Identitätsbildung des jeweiligen Subjekts in den Blick und trägt somit zu einer Reflektion über die individuellen und sozialen Faktoren bei (vgl. *Corsa* 2009, S. 104f; *Müller* 2004, S. 36f).

Setzt man dieses umfassende Bildungsverständnis voraus, können gesellschaftliche Wandelprozesse wesentlich gezielter mit dem Thema Bildung in Verbindung gebracht werden. Die in Kapitel 2.3.1 beschriebenen Veränderungen der Gesellschaft machen ein ganzheitliches Verständnis von Bildung nötig, um Jugendliche in ihrer Entwicklung zu unterstützen. Folgt man diesen Überlegungen, hat eine umfassende und nicht (wie z.B. mit Blick auf Schule und Ausbildungssystem häufig bestehende (vgl. Kap. 3.4)) verkürzte Ausformulierung der Hintergründe von Bildung also einen hohen Nutzen für die Gesellschaft und den Erhalt ihrer Ordnung, da sich bestimmte Dispositionen nicht über rein wissens- und qualifikationsbezogene Bildungsprozesse generieren, sondern (auch ungeplante) Interaktionen und Aneignungsprozesse im Alltag der Jugendlichen erfordern (vgl. *BJK* 2001, S. 2f; Kap. 3.1). Jugendliche können in diesem Zusammenhang also wichtige Bildungsprozesse auch außerhalb der Schule durchlaufen und für sich selbst

Nutzen aus diesen Prozessen ziehen, um sich für die Gegenwart und Zukunft zu positionieren. Dies ist für Jugendliche heutzutage von hoher Bedeutung, weil die aktuellen Veränderungen der Gesellschaft in die Lebensphase hineinreichen und Jugendliche somit neben der Bewältigung der individuellen körperlichen und kognitiven Entwicklungsprozesse (vgl. Kap. 2.2.1) schon mit vielfältigen sozialen Umbrüchen und deren Folgen konfrontiert sind (vgl. Kap. 2.3.1). Aus diesem Grund gewinnt das Thema Lebensbewältigung im Hinblick auf Bildung an Bedeutung (vgl. *Lindner* 2003, S. 61; *Münchmeier* 2003, S. 74f; *Scherr* 2003a, S. 147f). Die Jugendlichen müssen Kompetenzen ausbauen – kognitiv, emotional und sozial – um sich in der Unübersichtlichkeit der eigenen Entwicklung (vgl. Kap. 2.2) und der Vielfalt von Optionen sozialen Zusammenlebens (vgl. Kap. 2.3) zurecht zu finden (vgl. *BJK*, 2001, S. 2f).[27]

Unter diesen Bedingungen lassen sich in der Offenen Jugendarbeit unter Berücksichtigung der struktureigenen Charakteristika (vgl. Kap. 4.1) wichtige Prozesse bei den Jugendlichen im Kontext Bildung begleiten. Es geht um die Unterstützung der Jugendlichen im Verlauf ihrer Entwicklung. Diesbezüglich soll insbesondere auf die von Lothar Böhnisch und Richard Münchmeier etablierte sozialräumliche Jugendpädagogik sowie auf die von Albert Scherr formulierte subjektorientierte Jugendarbeit hingewiesen werden (vgl. *Böhnisch/Münchmeier* 1990; *Scherr* 1997).

Bei der sozialräumlichen Jugendpädagogik stehen die Begriffe Raum und Aneignung als zentrale Größen im Fokus (vgl. *Deinet* 2004, S. 111ff). In diesem Kontext wird davon ausgegangen, dass sich Jugendliche Räume zu eigen machen können (vgl. Kap. 4.2). Jugendliche bringen Themen in den Alltag der Jugendarbeit ein und diese werden wiederrum in frei gestaltbaren Räumen ausgeformt und dynamisch verändert. So werden den Jugendlichen Möglichkeiten geboten, in denen sie neue Verhaltensweisen und Rollen ausprobieren können (vgl. *Böhnisch/Münchmeier* 1990, S. 66f). Dies lässt sich als Prozess der aktiven Verarbeitung der Umwelt beschreiben und trägt unter diesem Aspekt zur Bildung der Jugendlichen bei (vgl. *Deinet* 2004, S. 112ff). Aneignung als die Auseinandersetzung mit Objekten und Subjekten in einem Raum ermöglicht es, den Handlungsrahmen der eigenen Person zu erweitern und damit zur Entwicklung der Identität beizutragen (vgl. *Deinet* 1990, S. 63ff). An dieser Stelle entfaltet das Charakteris-

[27] Der grundlegenden Perspektive dieser Arbeit folgend beschreibt Lebensbewältigung hier nicht eine verkürzte Betrachtung unter der Prämisse von Qualifikation, finanzieller Sicherheit und Arbeitsmarktfähigkeit, sondern nimmt die Entwicklungsprozesse im Jugendalter ganzheitlich in den Blick.

tikum Offenheit seine elementare Wirkungskraft auf die Entwicklung der Jugendlichen und erweist sich mit Blick auf die Sozialisationseffekte der Offenen Jugendarbeit als stärkender Faktor (vgl. Kap. 4.2).
Ebenso findet sich in der subjektorientierten Jugendarbeit ein weiterer wichtiger Bezugspunkt, um das Thema Bildung für die Offene Jugendarbeit und ihre Sozialisationsaufgaben nutzbar zu machen. In diesem Fall wird die Subjektivität der Jugendlichen hervorgehoben. Dies bedeutet, dass diese selbstbewusst und selbstbestimmt im Alltag sowie im Zuge der Rollenfindung und Positionierung in der Gesellschaft agieren. Des Weiteren geschieht dies nicht voraussetzungslos, sondern abhängig von den sozialen Bedingungen, denen die Jugendlichen unterworfen sind. Mit diesem Verständnis von Subjektivität können Jugendliche die Anforderungen der heutigen vielschichtigen und komplexen Gesellschaft bewältigen. In Verbindung mit dem vorgestellten Bildungsbegriff gewinnt dieser Ansatz an Bedeutung für die Jugendarbeit insgesamt und speziell für die Auseinandersetzung des Arbeitsfeldes mit den Jugendlichen (vgl. *Scherr* 2003a, S. 147f). Es geht in der alltäglichen Arbeit um die Subjektwerdung des einzelnen Individuums zu kritisch denkenden Menschen, die in der Lage sind, gegebene Strukturen und Normen zu erkennen, zu reflektieren sowie zu hinterfragen und somit zur gesellschaftlichen Entwicklung beizutragen (vgl. *Scherr* 2003b, S. 97f; *Scherr* 2013, S. 301ff).

Mit diesen Gedanken zur Bildung in der Offenen Jugendarbeit lässt sich wie bereits angedeutet eine direkte Verbindung mit den der Jugendarbeit inhärenten Charakteristika herstellen (vgl. Kap. 4.2). Insbesondere die Offenheit lässt sich in dem Zusammenspiel eines ganzheitlichen Bildungsverständnisses verorten. Jugendarbeit schafft Räume und nimmt die Jugendlichen als Subjekte ernst, um ihnen Möglichkeiten zur Entfaltung und Erweiterung ihrer Persönlichkeit zur Verfügung zu stellen. Die Maxime der Freiwilligkeit und modalen Flexibilität unterstützen diesen Zusammenhang. Hieraus folgt, dass die Offene Jugendarbeit den Jugendlichen wichtige Rahmenbedingungen eröffnen kann, damit diese ihre Entwicklung zum Erwachsensein konstruktiv bewältigen. Gleichzeitig können sie aber auch die Jugend als Zeit eigener kultureller Vielfalt nutzen. Die Peergroup, die interaktiven Gestaltungsoptionen durch die neuen Medien sowie die vielfältigen Konsumgüter können das Arbeitsfeld und die Bildungspotenziale bereichern (vgl. Kap. 2; Kap. 3.3). Dabei versteht sich Bildung in der Jugendarbeit als ein Setzen von Impulsen, damit sich Jugendliche selbst einbringen bzw. sich mit den jeweiligen Gegebenheiten auseinandersetzen können (vgl. *Schröder* 2013, S. 116f). Bildung geht im Rahmen des hier benannten Verständnisses vom Subjekt aus und kann nur über dessen selbstständige Tätigkeit vollzogen werden (vgl. *Scherr* 2003a, S. 147; *Sting/Sturzenhecker* 2005, S. 233 u. 247). Dies rückt auch das Charakteristikum der Diskursivität nochmals als stärkenden Faktor sozialisatorischer Komponenten im Rahmen der Offenen Jugendarbeit in den Mittelpunkt der Betrachtung (vgl. Kap. 4.2).

Gemäß dem hier beschriebenen Muster einer Bildungsorientierung der Jugendarbeit finden sich drei Bezugsdimensionen, diese Thematik im Jugendalter aufzugreifen und für das Feld nutzbar zu machen (vgl. *Sting/Sturzenhecker* 2013, S. 379ff).
Als erste Dimension lässt sich dabei die Geselligkeitsdimension beschreiben. Das menschliche Leben – dementsprechend auch die Jugendphase – ist als soziales Zusammenleben zu klassifizieren (vgl. Kap. 2.3.1). In dieser Interaktivität findet eine ständige Auseinandersetzung mit anderen Menschen statt, wodurch soziale Bezüge hergestellt werden. Im Rahmen der Offenheit, der Diskursivität und der Bezüge zur Gleichaltrigengruppe (vgl. Kap. 4.2; Kap. 3.3) schafft das Arbeitsfeld ein austariertes Verhältnis von selbstgestalteten Freizeitaktivitäten und gemeinsamem Agieren. Es geht dabei um die freie Tätigkeit der Jugendlichen sowie die Thematisierung ihrer jeweiligen Anliegen und Bedürfnisse. Vor diesem Hintergrund konstituiert sich ein klassisches Verständnis von Bildung im Rahmen der Offenen Jugendarbeit als Möglichkeit der Geselligkeitsdimension, indem Peers und auch Pädagogen Aneignungsprozesse eröffnen und durchlaufen (vgl. *Sting/Sturzenhecker* 2005, S. 233f).
Die zweite Dimension thematisiert die biographische Komponente. Bildungsprozesse finden über den gesamten Lebenszeitraum statt. Der Mensch muss sich in seiner gesamten Biographie mit Bildungsprozessen auseinandersetzen (Stichwort: Lebenslanges Lernen). Diese können wie beschrieben nicht nur unter dem reinen Wissenserwerb subsumiert werden – ein solches Verständnis würde der gesellschaftlichen Struktur nicht entsprechen – sondern können als zentrales Gut in einer individualisierten und entstrukturierten Gesellschaft angesehen werden. Trotzdem ist Bildung als Stärkung des Einzelnen zu werten, da diese zur Identitätsbildung beiträgt (vgl. Kap. 2.2.2; Kap. 2.3.2). Sie soll – wie im Zuge der Beschränkung von Bildung auf Qualifikationsprozesse hinsichtlich der Arbeitnehmerrolle anzutreffen – nicht zu ökonomischen oder gesellschaftlichen Zwecken instrumentalisiert werden. Jugendarbeit kann in dieser Dimension den Verlauf der Bildung im Kontext der Biographie der Jugendlichen in den Fokus rücken, indem sie neue Perspektiven und Möglichkeiten eröffnet. Hier schließt sich das sozialräumliche Muster der Jugendpädagogik an, indem Räume zur freien Gestaltung zur Verfügung gestellt werden und eine Aneignung derselben ermöglicht wird (vgl. *Deinet* 1990, S. 62ff; *Sting/Sturzenhecker* 2005, S. 234).
Zuletzt wird die Bewältigungsdimension aufgezeigt. Das Thema Bewältigung meint in diesem Zusammenhang, dass Bildung auch immer eine Auseinandersetzung mit den jeweiligen Lebenskontexten und der sozialen Lage ermöglichen soll.

Der Handlungsspielraum der Jugendlichen soll erweitert werden, um eine reflexive Auseinandersetzung mit der eigenen Position im Gefüge des sozialen Zusammenlebens zu ermöglichen. Aus der sozialen Lebenslage der Jugendlichen lassen sich verschiedene soziale Praktiken ableiten, die wiederrum auf bisherigen Erfahrungen und den gegeben Möglichkeiten fußen. Jugendarbeit kann die Jugendlichen dabei unterstützen, ihre subjektiven Handlungsmöglichkeiten zu stärken sowie Ressourcen aufzeigen, mit deren Hilfe sie sich sowohl im gesellschaftlichen Diskurs als auch im Rahmen der Individuation adäquat entwickeln können. Dies kann dazu beitragen, dass diese gesellschaftlich ganzheitlich als eigene Subjekte wahrgenommen werden (vgl. *Sting/Sturzenhecker* 2005, S. 234.).
Die vorherigen Ausführungen zeigen, welche großen Chancen der Offenen Jugendarbeit im Rahmen des Themas Bildung zur Verfügung stehen und wie das Feld diesen Aspekt gezielt zur Unterstützung der Jugendlichen als Sozialisationsaufgabe einsetzen kann.

Ein weiteres zentrales Bezugsthema der Offenen Jugendarbeit im Kontext jugendlicher Sozialisation findet sich in der Beschäftigung mit der Thematik Partizipation.[28] Hierzu findet sich schon im Gesetz zur Kinder- und Jugendarbeit ein direkter Bezugspunkt. Der §11 SGB VIII formuliert unterschiedliche Faktoren, die das genannte Thema bedingen. Unter anderem werden die Selbstbestimmung, die gesellschaftliche Mitverantwortung und das soziale Engagement im Gesetzestext aufgeführt. Diese Formulierungen finden im Bezugsrahmen Partizipation ihren Ausdruck. Daneben zeigt sich auch, dass das Thema Bildung (im zuvor dargestellten Verständnis) hier inbegriffen ist. Diesen Aspekten folgend, soll Jugendarbeit dazu beitragen, ein mündiges Subjekt im Kontext der gesellschaftlichen Teilhabe zu fördern. Diesbezüglich ist nicht nur eine einfache Mitbeteiligung oder das Experimentieren im Rahmen von Projekten gemeint, sondern die aktive Teilhabe an und Gestaltung von demokratischen Prozessen in der Gesellschaft. In diesem Fall schreitet Partizipation also weiter und meint die aktive Nutzung der Demokratie in einer Gesellschaft. Jugendliche sollen die Prozesse beeinflussen, sich selber verorten sowie eigene Meinungen und Vorstellungen zum Ausdruck bringen (vgl. *Sturzenhecker* 2014).
Schaut man sich unter dieser Prämisse die Lebensphase Jugend und die an diese gerichteten Erwartungen an (vgl. Kap. 2.2.2; 2.3.2), knüpft Partizipation an bestimmte individuelle und soziale Determinanten an. In der Jugendphase soll die eigenständige Verortung der Person im Rahmen des sozial-gesellschaftlichen Lebens stattfinden und insofern die Gesellschaft weiterentwickelt und reproduziert

[28] Zur grundsätzlichen Verortung des Begriffs Partizipation im wissenschaftlichen Diskurs siehe z.B. *Knauer/Sturzenhecker* 2005, *Schröder* 1995 oder *Stange/Tiemann* 1999.

werden. Dies ist nicht nur für das Individuum von Bedeutung, sondern auch für die Gesellschaft, welche in einem hohen Maße von Wandelprozessen betroffen ist und aktive Menschen benötigt, die unter neuen Voraussetzungen Entscheidungen zum Wohl der Gesamtheit treffen können (vgl. *Sturzenhecker* 2011, S. 131f). Mit dieser Verortung geht Partizipation über eine rein theoretische Vermittlung (wie sie z.B. im schulischen Unterricht erfolgt) hinaus. Sie findet in der Jugendarbeit über aktive Prozesse und die Einmischung sowie Selbsttätigkeit der Jugendlichen in Einrichtungen, Angeboten oder (kommunal)-politischen Entscheidungsprozessen statt. Hier wird die sozialisatorische Wirkungskraft der Diskursivität als Strukturmerkmal des Arbeitsfeldes besonders deutlich (vgl. Kap. 4.2). In den aktuellen Fachdiskursen wird zwischen Partizipation und Demokratie unterschieden (vgl. *Sturzenhecker* 2011, S. 133f). Dabei meint Demokratie ein kodifiziertes Recht auf Mitbestimmung der Jugendlichen an allen gesellschaftlichen Prozessen. Sie sollen zur Einflussnahme auf die soziale Umwelt animiert und befähigt werden. Partizipation demgegenüber meint die pädagogische Gewährung von begrenzten Möglichkeiten der Mitsprache, Mitwirkung und Mitbestimmung durch Erwachsene (vgl. *Winklhofer* 2000, S. 31). In diesem Sinne kann Partizipation als wesentliche Vorstufe von Demokratie gewertet werden (vgl. *Sturzenhecker* 2011, S. 133f). Mit dem folgenden Zitat lässt sich dieser Zusammenhang nochmals aufgreifen:

> „Damit lässt sich zusammenfassend der Auftrag der Jugendarbeit als die Ermöglichung von ‚Demokratiebildung' bezeichnen, und zwar im Sinne der Aneignung von Demokratie durch Demokratie, die die Subjekte im sozialen Zusammenhang der Organisationen der (Offenen) Kinder- und Jugendarbeit praktizieren." (ebd., S. 132f).

Insgesamt birgt der Themenkomplex Partizipation viele gewinnbringende Komponenten, um Jugendliche bei der Gestaltung ihres Lebens und im Umgang mit den Herausforderungen der Jugendphase zu unterstützen. Diese Faktoren können vielfältiger Natur sein und ermöglichen es in diesem Sinne dem Arbeitsfeld, Aspekte der Individuation und sozialen Integration der Jugendlichen zu stärken (vgl. Kap. 2.5). Jugendliche können im Kontext der öffentlichen und politischen Einflussnahme neue Aneignungsprozesse anstoßen und erleben, dass Bedingungen nicht festgeschrieben und unveränderbar sind, sondern durch eigenes Aktivwerden verändert werden können (vgl. *Zinser* 2005, S. 161f). In diesem Prozess trägt Partizipation zur Bildung bei und ermöglicht den Jugendlichen eine ganzheitliche Auseinandersetzung mit der Umwelt und dem eigenen Selbst – ganz nach dem zuvor aufgezeichneten Verständnis von Bildung. Des Weiteren können in der Gemeinschaft der Peergroup neue Projekte und somit Veränderungen angestoßen werden, um damit die eigene Lebenswelt oder den öffentlichen Raum zu verändern. Jugendliche erleben hierbei nicht nur sich selbst in Aktion. Auch Erwachsene werden wichtige Partner, um neue Vorhaben durchzusetzen (vgl. *Zinser*

2005, S. 161f). Entsprechende Erfahrungen können die eigene Entwicklung befördern. Jugendliche entwickeln sich auf diese Weise zu eigenständigen Subjekten, die in der Lage sind, Einfluss auf ihre Umwelt und sich selbst zu nehmen. Um die Jugendlichen zu begleiten, muss die Jugendarbeit geeignete Bedingungen zur Verfügung stellen. Anderenfalls lässt sich Partizipation nur schwer bzw. wenig nachhaltig realisieren. Hierzu sind sowohl strukturelle als auch prozessuale Bedingungen erforderlich. Zu den wichtigen Strukturen gehören bspw. festgeschriebene Ressourcen wie Personal und Finanzen. Des Weiteren ist eine offene Grundhaltung der Fachkräfte (für Konflikte und Ergebnisse) wichtig, damit Partizipation gelingen kann. Im Rahmen der Prozesse ist es von Bedeutung, die Jugendlichen anzuerkennen und ihre Aktivität wertzuschätzen. Weiterhin sollten Planungen ergebnisoffen sein und das Scheitern oder Revidieren als Möglichkeiten im Verlauf von Mitgestaltung anerkennen (vgl. *Knauer/Sturzenhecker* 2005, S. 71ff; *Stange/Tiemann* 1999, S. 241; *Sturzenhecker* 2014; *Zinser* 2005, S. 161ff).

Im Hinblick auf die Gedanken zur Demokratiebildung (Partizipation als wichtiger Vorprozess) kann die Offene Jugendarbeit somit eine weitere Sozialisationsaufgabe neben der Raumöffnung für und Begleitung von Bildungsprozessen wahrnehmen. Dabei kann Partizipation sowohl als Teil von Bildung und doch auch von ihr unabhängig verstanden werden. Partizipation meint die konkrete Mitgestaltung in Prozessen des alltäglichen Lebens. Die Offene Jugendarbeit weist durch die Charakteristika Offenheit und Diskursivität (vgl. Kap. 4.2) schon in ihrer strukturellen Beschaffenheit zentrale Anknüpfungspunkte für eine entsprechende Partizipation der Jugendlichen auf. Im Kontext der Offenheit gegenüber den Vorstellungen der Jugendlichen können neue Aneignungen angestoßen werden. Durch die Diskursivität muss eine gleichberechtigte Aushandlung hinsichtlich der Ausgestaltung dieser Vorstellungen stattfinden. Somit können Jugendliche *und* Jugendarbeit von Partizipation profitieren. Gleichzeitig können – wie auch in Bezug auf Bildung – die Prozesse nicht von den Fachkräften eigenmächtig initiiert werden, sondern die Jugendlichen müssen diese eröffnen. Vielmehr sollen Fachkräfte als gleichberechtigte Partner dienen und eigene Aspekte, Ideen und Werte im Rahmen der Aushandlung einbringen. In diesem Rahmen muss Partizipation und die darin inhärenten Bedingungen ernst genommen werden. Es geht um echte Entscheidungsrechte, damit die Bildung von Jugendlichen, ihre Entwicklung sowie die Lebensbewältigung gestärkt werden können (vgl. *Sturzenhecker* 2013, S. 333ff).

Neben den Sozialisationsaufgaben Bildung und Partizipation lässt sich der Offenen Jugendarbeit noch eine Aufgabe zuschreiben, die auch für die Sozialisation in der Jugendphase von Relevanz ist. Dabei erfüllt diese dritte Aufgabe eine eher rahmengebende Funktion. Jugendarbeit soll sich öffentlich und politisch für die

Jugendlichen einsetzen. Das Arbeitsfeld trägt dazu bei, die Lebensphase Jugend aktiv zu gestalten, indem es für die Thematisierung der von Jugendlichen vorgefundenen Bedingungen eintritt (vgl. *Schröer* 2006, S. 201ff). Diese Dimension stärkt den Einmischungscharakter der Jugendarbeit. Hierbei kann sich das Arbeitsfeld – insbesondere auf der Grundlage seines marginalen Status (vgl. Kap. 4.2) – sowohl den Jugendlichen mit ihren individuellen Problemen widmen als auch deren soziale Lagen analysieren, um geeignete Veränderungs- und Unterstützungsprozesse in die Öffentlichkeit zu tragen. Offene Jugendarbeit steht dabei nicht unter starken Kontrollblicken der Öffentlichkeit, sondern kann diese Prozesse in bestehenden Angebotsformen anstoßen und begleiten. Durch stetige Veränderungen im Entwicklungsprozess der Jugendlichen (endogen) und die gewandelten Bedingungen der Gesellschaft (exogen) verändern sich vielfältige Bedingungen des Aufwachsens. Diese sind auch für die Jugendarbeit relevant, da in der öffentlichen Diskussion die Entwicklungen häufig nur unter einer arbeitsgesellschaftlichen Vermittlungslogik betrachtet werden (vgl. Kap. 2.4). Das Arbeitsfeld kann darüber hinaus Prozesse initiieren, die diese Logik überwinden und weitere relevante Aspekte bezogen auf jugendliche Entwicklung und gesellschaftliche Relevanz des Jugendalters thematisieren (vgl. *Böhnisch/Münchmeier* 1999, S. 233; *Schröer* 2006, S. 201ff). In diesem Kontext zeigen die diskutierten Themen Bildung und Partizipation ihre Bedeutung, indem ein ganzheitliches Verständnis des Aufwachsens im sozialstaatlichen Rahmen angenommen wird. Insofern soll die Lebensphase Jugend umfassend mit allen Voraussetzungen und Bedingungen (vgl. Kap. 2) und nicht nur aus der Perspektive bestimmter Felder der Gesellschaft betrachtet werden. Jugendarbeit muss sich im zivilgesellschaftlichen Kontext einmischen, um die Lebensbedingungen der Jugendlichen verbessern und eigene Sichtweisen auf die Zielgruppe aufzeigen zu können – fernab extern zugeschriebener Funktionslogiken. Unter diesen Voraussetzungen kann die Offene Jugendarbeit als Seismograph für Sozialisationsbedarfe fungieren. Daraus kann als Ergebnis auch eine Stärkung der Jugendlichen hinsichtlich der Lebensbewältigung sowie ein höheres Maß an Handlungskompetenz entstehen (vgl. *Schröer* 2006, S. 201ff).

Die drei zentralen Aufgaben der Offenen Jugendarbeit im Rahmen der Sozialisation von Jugendlichen sind daher: Bildungsfunktion, Partizipationsfunktion und Seismographenfunktion. Diese sind sowohl inhärente als auch konstitutive Merkmale. Jugendarbeit kann diese Aufgaben unter Einbezug der strukturellen Charakteristika erfüllen (vgl. Kap. 4.2), um Jugendliche in ihrer Persönlichkeitsentwicklung zu stützen und zu sozialiseren. Weitere konzeptionelle Orientierungen der Jugendarbeit gehen in diesen Funktionen auf und ergänzen diese, ohne eine neue sozialisatorische Funktionalität zu generieren. Somit kann sich Jugendarbeit als Feld der Bildung und Partizipation begreifen und gleichzeitig nach Außen die Interessen und Anliegen der Jugendlichen sowie des Feldes selber vertreten.

5. Offene Jugendarbeit und eigenständige Legitimation

Welche Bedeutung haben diese dargestellten Zusammenhänge nun für die wissenschaftliche Auseinandersetzung mit der Offenen Jugendarbeit sowie für die öffentliche Verortung des Arbeitsfeldes? Dieser Frage versucht das vorliegende und inhaltlich abschließende Kapitel nachzugehen. Es soll letztlich darum gehen, zu diskutieren, inwiefern die herangezogenen wissenschaftlich-theoretischen Aspekte eine legitimierende Wirkung für das Arbeitsfeld entfalten können. Zentrum dieser Diskussion soll dabei auf der einen Seite die selbstreflexive Komponente sein. Hier geht es den Autoren darum, die Auswirkungen der bisher dargestellten Hintergründe (zur Lebensphase Jugend, zur Sozialisation und zum Profil der Offenen Jugendarbeit) auf den wissenschaftlichen Diskurs innerhalb des Arbeitsfeldes in den Blick zu nehmen. Dieser Komponente soll der größere Teil dieses Kapitels gewidmet werden. Auf der anderen Seite soll es aber ebenfalls darum gehen, mögliche Handlungs-empfehlungen für Akteure in Politik und Kommunalverwaltung aus den Darstellungen der vorherigen Kapitel abzuleiten. Insgesamt sollen die Ausführungen und Gedanken dieses Kapitels sowohl das feldeigene Selbstvertrauen als auch die reflexive Sensibilität sowie die Lobby der Offenen Jugendarbeit stärken.

5.1 Selbstreflexive Schlussfolgerungen für den wissenschaftlichen Diskurs innerhalb des Arbeitsfeldes

Aus den bisherigen Ausführungen zur Offenen Jugendarbeit sollte deutlich geworden sein, dass es sich um ein sehr heterogenes und vielschichtiges Feld handelt (vgl. Kap. 4). Diesem gegenüber werden in der heutigen Zeit ebenso viele Erwartungen geäußert wie gegenüber der Lebensphase Jugend (vgl. Kap. 2.2.2; Kap. 2.3.2; Kap. 2.4; Kap. 4.1; Kap. 4.2). Unter Berücksichtigung der Charakteristika des Arbeitsfeldes (Offenheit, Marginalität und Diskursivität; vgl. Kap. 4.2) sowie der identifizierten Sozialisationsaufgaben (Bildung, Partizipation und Seismographen-funktion; vgl. Kap. 4.4) lässt sich eine flexible Anpassung des Arbeitsfeldes als zentraler legitimierender Faktor für die eigenständige Position des Arbeitsfeldes im Rahmen der bestehenden Sozialisationskontexte klassifizieren.

Das Feld kann (und muss) sich immer wieder neu auf seine Zielgruppe (vgl. Kap. 4.3) einstellen. Denn diese Zielgruppe tritt mit unterschiedlichen Anliegen an die Jugendarbeit und ihre Fachkräfte heran. In dieser Hinsicht muss die Offene Jugendarbeit genügend Handlungsspielraum aufweisen, um sich jeweils neu auf die Adressaten einzulassen. Folglich ist es für das Arbeitsfeld auch notwendig, sich hinsichtlich seiner Angebotsformen ständig neu zu erfinden bzw. sich ständig auf die Bedarfe und Anliegen der Jugendlichen hin auszurichten. Dies ist gleichzeitig notwendige Voraussetzung und Stärke der Jugendarbeit. Neue Aspekte und Themen der Jugendlichen aufzudecken, sie in Zeiten starker Umbrüche in ihrer Entwicklung zu begleiten und ihnen geeignete Aneignungsräume aufzuzeigen sowie die gesellschaftliche Einflussnahme zu ermöglichen sind die zentralen Aspekte, welche das Arbeitsfeld profilieren (vgl. Kap. 4.4).
Auch geschichtlich lässt sich zeigen, dass sich die Offene Jugendarbeit ständig angepasst und sich mit ihrer Zielgruppe sowie den politischen Strömungen verändert hat (vgl. Kap. 4.1). Dies markiert, wie beschrieben, keine Schwäche, sondern das feldeigene Potenzial. Hier bilden die struktureigenen Charakteristika auch über die Jahrzehnte hinweg den festen Ankerpunkt der Jugendarbeit (vgl. Kap. 4.2). Diese können offensiv als Ausdruck der ureigenen Strukturen des Feldes benannt werden und genau an der Stelle einer flexiblen Anpassung ansetzen. Offenheit und Diskursivität ermöglichen und erzwingen eine Ausrichtung an den Jugendlichen – ansonsten wird das Angebot nicht wahrgenommen. Marginalität ermöglicht es, sich offen und größtenteils ohne Vorgaben im eigenen Feld zu bewegen.
Unter diesen Prämissen muss die ständige Veränderung der Jugendarbeit als Ausweis der eigenständigen Legitimation gewertet werden. Gerade im Hinblick auf die vielschichtigen Erwartungen und Aufgaben der Entwicklung im Jugendalter (vgl. Kap. 2) kann dieser Aspekt zur klaren Positionierung des Arbeitsfeldes als eigenständigem Sozialisationskontext beitragen. Denn die Jugendarbeit ist wesentlich besser in der Lage, sich ganzheitlich und bedarfsgerecht an den Jugendlichen und ihrer Lebenswelt zu orientieren (vgl. Kap. 4.4), als dies die anderen Instanzen – bspw. die Schule aufgrund ihrer staatlich festgeschriebenen Funktionen und Strukturen (vgl. Kap. 3.4) oder die Familie aufgrund ihrer emotionalen Beziehungen und kleinteiligen Subsysteme (vgl. Kap. 3.2) – können. Dies muss die Jugendarbeit offensiv in Diskurse (reflexiv-fachlich wie öffentlich) über das Arbeitsfeld einbringen.
Dieser Argumentation folgend, müssen sich die Offene Jugendarbeit und ihre Fachkräfte also, wie zuvor dargestellt, ständig neu auf ihre Adressaten einstellen. Dabei ist es aus den benannten Gründen notwendig, sich vorrangig an den Jugendlichen zu orientieren, gleichzeitig aber die gesellschaftliche Perspektive nicht aus-

zublenden. Wie in Kapitel 2 gezeigt wurde, beeinflussen sich individuelle und soziale Determinanten gleichermaßen und wirken auf die Lebensphase Jugend ein. Unter dieser Bedingung muss Jugendarbeit immer wieder berücksichtigen und für sich reflektieren, welche Erwartungen von außen an Jugend gerichtet werden, damit ihre Sozialisation gewinnbringend vorangetrieben werden kann. Es hat sich zwar gezeigt, dass es Aspekte gibt, die für das Jugendalter zentral und über Jahrzehnte hinweg von Bedeutung sind (u.a. Berufstätigkeit und familiäre Orientierung (vgl. Kap. 2.2.2; Kap. 2.3.2)). Dies entbehrt jedoch nicht einer ständigen Reflektion dieser Lebensphase. Nur unter der Bedingung einer gezielten Analyse der aktuellen Ausprägungen der Jugendphase und der mit diesem Lebensabschnitt verbundenen gesellschaftlichen Anforderungen und Erwartungen können auch geeignete Hilfen zur Bewältigung zur Verfügung gestellt werden.

Bei der genauen Betrachtung der Entwicklungen der Jugendphase (vgl. Kap. 2) unter Aspekten der Sozialisation (vgl. Kap. 3) ergeben sich viele Anknüpfungspunkte für die Offene Jugendarbeit. Die Entwicklung eines Jugendlichen zu einer eigenständigen, von anderen zu unterscheidenden Persönlichkeit ist wichtiges Ziel der Lebensphase (vgl. Kap. 2.2.2; Kap. 2.3.2). Dazu müssen geeignete Bedingungen vorherrschen, damit Jugendliche diesen Prozess bewältigen können (vgl. Kap. 3). Die der Jugendarbeit inhärenten Charakteristika (vgl. Kap. 4.2) sowie die benannten Sozialisationsaufgaben (vgl. Kap. 4.4) können dabei unterstützend wirken. Das Arbeitsfeld ist im Hinblick auf das Thema Bildung in Korrelation mit dem Thema Partizipation in der Lage, an den jeweiligen Herausforderungen, denen Jugendliche aktuell gegenüberstehen, anzusetzen und ihnen entsprechende Erfahrungs- und Bewältigungsräume zur Verfügung zu stellen. Dabei hilft es der Offenen Jugendarbeit, von einem ganzheitlichen Bildungsverständnis auszugehen und dieses nicht zu negieren, sondern im wissenschaftlichen Diskurs offensiv zu vertreten (vgl. *Lindner* 2008, S. 9ff). Ein entsprechendes Verständnis ermöglicht die Berücksichtigung aller bildenden Prozesse eines Menschen – im Verlauf der Selbstbildung (vgl. Kap. 4.4) – und kann damit zur Bewältigung der Entwicklungsaufgaben beitragen sowie die Identitätsbildung im Kontext der Individuation und Integration unterstützen (vgl. Kap. 2.5). Somit erwächst aus dem eigenen Anspruch, Bildungsprozesse aufzugreifen und zu begleiten, ein weiteres legitimierendes Moment für die Eigenständigkeit der Offenen Jugendarbeit als Sozialisationskontext. Mit Blick auf diese Aspekte können wiederum insbesondere die Offenheit der Jugendarbeit sowie die notwendige Diskursivität (vgl. Kap. 4.2) dazu führen, den Jugendlichen bei der Wahrnehmung und Bearbeitung ihrer individuellen oder kollektiven Probleme Hilfen bereitzustellen.

Exemplarisch lassen sich diese Zusammenhänge an folgendem Beispiel festmachen: Die Bewältigung der Ablösung von der Herkunftsfamilie und der Aufbau neuer sozialer Beziehungen ist elementar in der Jugendphase verankert (vgl. Kap. 2.2.2; Kap. 2.3.2). Dies trägt zur Entwicklung der eigenen Persönlichkeit bei und unterstützt gleichzeitig den Erhalt einer Gesellschaft im Rahmen der sozialen Dimension. Nutzt nun eine Jugendliche / ein Jugendlicher die Offene Jugendarbeit, kann das Arbeitsfeld die / den Jugendliche / n in den Ablöseprozessen unterstützen. Zum einen bilden hier Peergroups eine zentrale Größe im Kontext des Arbeitsfeldes. Es können Aneignungsräume zur Verfügung gestellt werden, in denen der Aufbau neuer Beziehungen – außerhalb eines vordefinierten Rahmens wie in der Familie oder Schule – stattfinden kann. Insofern kann die Offene Jugendarbeit Effekte der Sozialisation im Rahmen der Peergroup fördern (vgl. Kap. 3.3). Zum anderen finden Jugendliche in der Jugendarbeit (in Form von Fachkräften) Erwachsene vor, mit denen sie sich auseinandersetzen können. Diese Auseinandersetzung basiert dabei zentral auf Offenheit und Diskursivität, um an den Bedürfnissen der Jugendlichen anzuknüpfen, ohne dabei die Anliegen der Erwachsenen außen vor zu lassen. Beide Parteien bringen sich sozusagen mit ihrer gesamten Persönlichkeit (vgl. Kap. 4.2) ein. In diesem Rahmen finden – auch und insbesondere in Konflikten – Prozesse der Bildung zu einer eigenständigen und einmaligen Person statt.

Daneben können Effekte der gesellschaftlichen Einflussnahme im Zuge von Demokratiebildung und Partizipation innerhalb der Offenen Jugendarbeit berücksichtigt werden (vgl. Kap. 4.4). Wenn diese Prozesse von den Jugendlichen erlebt und durchlaufen werden, können die gesammelten Erfahrungen von Mündigkeit und Wertschätzung dabei helfen, die Anforderungen und Erwartungen der Lebensphase zu bewältigen (vgl. *Sturzenhecker* 2014). Auch hier bieten die strukturellen Eigenschaften der Offenen Jugendarbeit die elementaren Voraussetzungen und somit auch die Grundlage zum Verständnis der Partizipations-möglichkeiten als ergänzendem Faktor zur eigenständigen Legitimation. Möglichkeiten der Demokratiebildung und politischen Einmischung können im Rahmen der weiteren Sozialisationsinstanzen nicht in gleicher Weise aktiv genutzt werden. Hier liegt für das Arbeitsfeld und auch für die Gesellschaft ein weiteres wichtiges Argument für die eigenständige Rolle der Offenen Jugendarbeit mit Blick auf die Sozialisation und somit auch mit Blick auf die Legitimation.

Auch wenn der Offenen Jugendarbeit in dieser Position nicht die gleichermaßen institutionalisierten und anerkannten Funktionen wie der Familie oder der Schule zugestanden werden (vgl. Kap. 3.2; Kap. 3.4; Kap. 4.2), kann sie doch vielfältige

Prozesse begleiten, um die Entwicklung der ihr anvertrauten Jugendlichen zu stärken. Der große Vorteil des Feldes lässt sich, wie schon mehrfach beschrieben, in der Möglichkeit des ständigen Wandels finden. Dies ist für die Legitimation und Berechtigung des Arbeitsfeldes von hoher Relevanz. Aufgrund dieser Flexibilität kann die Offene Jugendarbeit immer an den Veränderungen in der Jugendphase ansetzen; gerade weil das Arbeitsfeld keiner gesellschaftlich festgelegten und öffentlich anerkannten Funktion unterworfen ist. In diesem Sinne stärkt die Marginalität das Arbeitsfeld. Dieses muss sich dessen bewusst sein bzw. werden. Dabei können als zentrale und überdauernde Voraussetzungen einzig die Charakteristik und die Sozialisationsaufgaben (im Sinn von Bildung, Partizipation und Seismographen-funktion) der Jugendarbeit herhalten. Diese schaffen einen Rahmen, innerhalb dessen sich Jugendliche – eingedenk eines ganzheitlichen Verständnisses der Selbstbildung des Menschen – zu selbstbestimmten, gesellschaftlich mitverantwortlichen und sozial engagierten Persönlichkeiten entwickeln können (vgl. Kap. 4.4).

Wie in Kapitel 3 aufgezeigt werden konnte, leisten Familie, Schule und Peergroup ebenfalls Beiträge im Rahmen der Sozialisation im Jugendalter. Dabei weist jede Instanz besondere Leistungen und Schwerpunkte auf, mit denen sie Jugendliche unterstützt (vgl. Kap. 3). Diese unterschiedlichen Leistungen muss die Offene Jugendarbeit wahrnehmen, berücksichtigen und anerkennen. Denn Jugendarbeit vermag und will – vor allem unter den gegebenen gesellschaftlichen Bedingungen, denen sie unterworfen ist (vgl. Kap. 4) – nicht sämtlichen benötigten Beistand innerhalb der Entwicklungsprozesse für die Jugendlichen leisten. Jugendarbeit als Teil der Jugendhilfe und damit auch Teil der Sozialen Arbeit kann Unterstützungsleistungen sowie allgemeine Förderung *neben* den weiteren Instanzen oder über diese hinaus anbieten, um ihren Professionsdomänen (vgl. Kap. 1) gerecht zu werden. Dabei kann das Feld andere Voraussetzungen zugrunde legen:
Wo Schule klare institutionelle Leistungen über Jahrzehnte gesellschaftlich kultiviert hat und diese auch anerkannt werden (vgl. Kap. 3.4), kann Jugendarbeit wesentlich flexibler an den Bedürfnissen ihrer Zielgruppe ansetzen.
Wo Familie an gewachsene Routinen und emotionale Bindungen zwischen den Akteuren gebunden agiert oder diese zur Entwicklung zunächst transformieren respektive überwinden muss (vgl. Kap. 3.2), kann die Jugendarbeit eine Balance zwischen intergenerativer Auseinandersetzung (Interaktion: Fachkraft – Jugendliche) als Muster oder Reibefläche und eigenständiger Aneignung (Partizipation, Selbstverwaltung, Freiwilligkeit und Verfügbarkeit von Räumen) je nach Bedarf situativ herstellen.
Daneben kann Jugendarbeit durch ihren offenen Zugang an der Gleichaltrigengruppe ansetzten. Sie kann gezielt das jugendliche Interesse an neuen, vielfältigen

Kontakten nutzen und in diesem Sinne auch Peerbildung ermöglichen. Das bedeutet, auch Angebote in Gruppen von Jugendlichen einzusetzen, um die Jugendlichen im Austausch untereinander zu stärken. Dies unterstützt und ergänzt die sozialisatorischen Effekte der Peergroup (vgl. Kap. 3.3).
Hieraus lässt sich erkennen, dass viele Leistungen der Jugendarbeit als wichtige Ergänzung und Intensivierung zu denken sind und sich genau darin ein weiteres Argument für eine eigenständige Legitimation finden lässt. Mit den zentralen Themen Partizipation und Bildung (vgl. Kap. 4.4) kann sie einen Beitrag zur Unterstützung der anderen Sozialisationsinstanzen leisten und damit auch gesellschaftliche Schieflagen, die bei den Jugendlichen teilweise vorhanden sind, abfedern; dies immer unter der Berücksichtigung des Aspektes Freiwilligkeit.
Wird nun unter diesem Aspekt Offene Jugendarbeit als ein weiteres Feld im Rahmen der Sozialisation in der Lebensphase Jugend betrachtet, so muss sich das Arbeitsfeld zwingend mit den anderen Instanzen abstimmen. Jugendarbeit darf sich nicht mit einer eindimensionalen Argumentation eigener Prinzipien und Arbeitsweisen verschließen und versuchen, sich von den benannten Kontexten abzugrenzen. Sie muss offen und aktiv den Kontakt zu anderen Sozialisationsinstanzen suchen, um herauszufinden, wie sich die Entwicklung der Jugendlichen ganzheitlich und im Sinne der Gesellschaft unterstützen lässt (vgl. Kap. 3.1; Kap. 4.4). Dabei sollte dieser Vorgang systematisch stattfinden und nicht alleinig den einzelnen Einrichtungen überlassen sein (vgl. Kap. 5.2).
Folgt man dieser Argumentation weiter, kristallisiert sich heraus, dass ein Netz an Sozialisationsinstanzen dazu beitragen kann, die jugendliche Entwicklung gewinnbringend zu begleiten, ohne den Jugendlichen ihren Subjektstatus abzuerkennen. Damit dies aus Sicht der Offenen Jugendarbeit gelingen kann, muss das Arbeitsfeld zwei Erkenntnisse akzeptieren. Erstens: auch andere Instanzen, die auf das Leben der Jugendlichen einwirken, leisten wichtige und anzuerkennende Sozialisationsleistungen (vgl. Kap. 3). Mitunter sind dies in gewissen Bereichen der Entwicklung sogar passgenauere Leistungen als die Angebote der Offenen Jugendarbeit. Zweitens: die Jugendarbeit muss sich ihrer eigenen Stärken bewusst sein. Die im Verlauf dieser Arbeit genannten Stärken (vgl. Kap. 4) können der Jugendarbeit zu einem offensiven Selbstverständnis verhelfen, mit dem sie in die Kooperation mit anderen Sozialisationsinstanzen treten kann. Auf der Grundlage dieser beiden Aspekte können Sozialisationsbedarfe gemeinschaftlich erkannt und somit aktiv bearbeitet werden.

Einen weiteren Beitrag kann die Jugendarbeit im Kontext der Sozialisationseffekte aufgrund ihrer freien und nicht vorgegebenen Bedingungen leisten. Im Vergleich zu anderen Arbeitsfeldern der Jugendhilfe (Kindertageseinrichtungen, Hilfen zur Erziehung, Jugendsozialarbeit, etc.) finden sich kaum gesetzliche Vorgaben im

Hinblick auf die Institutionalisierung des Arbeitsfeldes oder den Rückgriff auf vorgegebene Handlungsformen (vgl. Kap. 4.2). Anders ist dies bspw. bei den Hilfen zur Erziehung geregelt. Hier finden sich klare Formen sowie Ziele der Hilfen. Im §11 SGB VIII finden sich hingegen eher programmatische Orientierungen (Selbstbestimmung, gesellschaftliche Mitverantwortung, soziales Engagement) für das Arbeitsfeld. Daraus ergibt sich die Anforderung für die Offene Jugendarbeit, sich im Verhältnis zu anderen Arbeitsfeldern der Jugendhilfe zu positionieren und ihre Stärken hervorzuheben. In diesem Zusammenhang erwächst aus dieser Positionierung ein weiterer Verweis auf die eigenständige Berechtigung und Legitimation des Arbeitsfeldes.
Der selbstreflexiven Auseinandersetzung hilft aus den abgeleiteten Aspekten dabei auch die Infragestellung der Jugendarbeit insgesamt. Dies soll nicht als Forderung verstanden werden, die Jugendarbeit solle sich stetig neu profilieren, um ihr Überleben zu sichern. Vielmehr kann es dem Arbeitsfeld, wie dargestellt, helfen, sich ständig neue Gedanken im Hinblick auf die Bedarfe der Zielgruppe, die eigenen Ziele, die Arbeitsformen und Handlungsweisen sowie die Möglichkeiten, sich im politischen Diskurs einzusetzen, zu machen. Die eigenen Charakteristika können dabei als festgeschriebene Bedingungen angesehen werden, von denen aus das Feld analysiert wird und reflektiert werden kann, welche Aufgaben und Leistungen im Hinblick auf ihre Zielgruppe geeignet sind (vgl. Kap. 4.4). Betrachtet man die aktuellen Entwicklungen und Prozesse innerhalb der Lebensphase Jugend (vgl. Kap. 2), gilt es also für die Jugendarbeit, zu schauen, welche Leistungen im Rahmen der Persönlichkeitsentwicklung zu ergreifen sind. Die Aspekte Bildung, Partizipation und Seismographenfunktion dienen dabei als zentrale Anknüpfungspunkte.

Das Arbeitsfeld der Offenen Jugendarbeit sieht sich vielfältigen fachlichen und gesellschaftlich-politischen Anforderungen gegenüberstehend. Diese müssen in ein kohärentes Bild zusammengefügt werden, damit die Jugendarbeit mit einem eigenen Selbstverständnis arbeiten sowie dieses vermitteln kann. Die vorliegende Arbeit kann aus Sicht der Autoren diesbezüglich einen Beitrag leisten, indem die Zielgruppe der Jugendlichen als zentraler Bezugspunkt aufgegriffen wird (vgl. Kap. 2). Hier finden sich vielfältige Entwicklungsprozesse und aus diesen abgeleitete Erwartungen an die Jugendlichen. Das Thema Sozialisation nimmt davon ausgehend die konkreten Aspekte in den Blick, auf welche bezogen den Jugendlichen Hilfen zur Verfügung gestellt werden können und müssen, um die Erwartungen zu erfüllen. An dieser Stelle kann sich die Offene Jugendarbeit auf der Grundlage ihrer strukturellen Charakteristik (vgl. Kap. 4.2) über die zuvor benannten Sozialisationsaufgaben (vgl. Kap. 4.4) profilieren und im Kanon der Unterstützungsleistungen verorten. Ihre Subjektzentrierung über die Aspekte Bildung und

Partizipation sowie ihre Flexibilität, auf Bedarfe der Jugendlichen adäquat reagieren zu können, sind hier Nachweis einer wichtigen Rolle des Arbeitsfeldes für ihre Zielgruppe. Diese Gedanken stützen die eigenständige Legitimation der Offenen Jugendarbeit und stärken ihre Position sowohl in der selbstreflexiven als auch in der öffentlichen Auseinandersetzung.

Zusammenfassend zeigen die Gedanken also auf, dass die Offene Jugendarbeit auf der Grundlage ihrer struktureigenen Charakteristik – eingebunden in die grundsätzliche Charakteristik der Sozialen Arbeit[29] – im Sinne einer Legitimation über Reflexivität und Professionalität, darauf angewiesen ist, die grundsätzliche Funktion des Arbeitsfeldes in den Blick zu nehmen und zu prüfen. Dieser Prozess muss sich dabei unter gleichberechtigtem Einbezug theoretisch-wissenschaftlicher Erkenntnisse – in dieser Arbeit insbesondere am Beispiel der Lebensphase Jugend sowie den Ausführungen zur Sozialisation deutlich gemacht (vgl. Kap 2; Kap. 3) – und praktischer Herausforderungen – diese gilt es, im Alltag der Einrichtungen festzustellen und in Beziehung zu den vorgestellten Zusammenhängen zu setzen – vollziehen.

5.2 Handlungsempfehlungen mit Blick auf Politik und Kommunalverwaltung

Nachdem zuvor die selbstreflexiven Schlussfolgerungen für den wissenschaftlichen Diskurs innerhalb des Arbeitsfeldes vorgestellt wurden, soll an dieser Stelle nun der öffentlich-politische Diskurs im Vordergrund stehen. Diesbezüglich soll an verschiedenen Stellen jeweils ein kurzer arbeitsfeldbezogener Blick auf die Rolle der Jugendarbeit und die entsprechenden Aufgaben in dieser Debatte geworfen werden sowie differenzierter auf die Haltung sowie mögliche Handlungslinien seitens Politik und Verwaltung eingegangen werden.

Auch im politischen Diskurs muss sich die Offene Jugendarbeit einmischen, um ihre Legitimation zu stärken sowie ihre Vorteile als eigenständige Sozialisationsinstanz herauszustellen (vgl. Kap. 5.1). Das Feld darf sich im Rahmen der politischen Diskussion nicht verstecken, sondern muss offensiv mit seinen Stärken auftreten, um ernst genommen zu werden (vgl. *Lindner* 2008, S. 9ff). Hierzu ist es, wie beschrieben, notwendig, sich über die eigenen Stärken und auch Schwächen Gedanken zu machen, um aus diesen heraus die klaren Strukturen und Aufgaben

---

[29] Zur vertiefenden Auseinandersetzung mit den Charakteristika der beruflichen Handlungsstruktur Sozialer Arbeit liefern u.a. *Heiner* 2010 und *Spiegel* 2008 ausführliche Beiträge.

abzuleiten, mit denen sich das Feld im Rahmen einer kommunalen Erziehungs- und Bildungsinfrastruktur beteiligen kann (vgl. Kap. 5.1). Jugendarbeit muss sich ihren Platz in dieser Infrastruktur aktiv und offensiv suchen. Auf die relevanten Akteure (Kommunalpolitik, Verwaltung des Jugendamtes, andere Erziehungs- und Bildungsinstanzen) zu warten, bringt weder das Arbeitsfeld, noch ebendiese Infrastruktur voran. Die Gestaltung der strukturellen Entwicklungsbedingungen sollte also unter Berücksichtigung der Perspektive der Offenen Jugendarbeit – und auch der Sichtweisen der anderen vorgestellten Instanzen (vgl. Kap. 3) – geschehen, um die Lebensphase Jugend positiv zu gestalten und den Jugendlichen eine umfassende Unterstützungsstruktur zur Verfügung stellen zu können, welche die jeweiligen Kompetenzen der einzelnen Kontexte fördert. Dabei kann die Jugendarbeit gemäß der bisherigen Argumentation andere Schwerpunkte bedienen als die benannten weiteren Instanzen. Im Sinne der zentralen Sozialisationsaufgaben, insbesondere der Bildungs- und Partizipationsfunktion, kann das Feld den Jugendlichen andere und womöglich neue Zugänge aufzeigen und sie wesentlich stärker direkt in ihrer eigenen Lebenslage und -welt abholen (vgl. Kap. 4.4; Kap. 5.1). Dabei muss sich die Offene Jugendarbeit bezogen auf die Entwicklung der Jugendlichen zu selbstbestimmten und aktiven, gesellschaftlich mitverantwortlichen Bürgern der Gesellschaft als relevantes Sozialisationsfeld neben zentralen Größen wie Schule und Familie begreifen (vgl. Kap. 5.1). Dieses Selbstbewusstsein kann sie dann auch in Debatten um die Jugendarbeit im kommunalpolitischen Raum einbringen und aufzeigen, welche Leistungen sie bereitstellt sowie welche Wirkungen mit diesen Leistungen verbunden sind.[30]

Für den öffentlichen Raum kann darüber hinaus die dritte identifizierte Sozialisationsaufgabe von Bedeutung sein (vgl. Kap. 4.4). Denn die Jugendarbeit setzt direkt an der Lebenslage der Jugendlichen an und erkennt frühzeitig zu thematisierende Bedarfe. An diese Auseinandersetzung anschließend, können somit Handlungsbedarfe formuliert werden, um präventiv und / oder intervenierend tätig zu werden. Dabei muss die Offene Jugendarbeit bezogen auf diese erkannten Bedarfe nicht oder nicht ausschließlich tätig werden, sondern kann sich als Ergänzung und Unterstützung der anderen Instanzen – diese können mitunter eine strukturell besser geeignete Konstellation zur Unterstützung der Jugendlichen bieten (vgl. Kap. 5.1) – begreifen, solange die eigenen Strukturen und das eigene Verständnis (vgl. Kap. 4.2; Kap. 4.4) gewahrt bleiben. Hier kann die Position, die die Offene Jugendarbeit in Bezug auf die Jugendphase ausfüllt, anerkannt werden und wird nicht aus der eigenen Position heraus oder von anderen Instanzen negiert.

---

[30] Zur Debatte um das Thema Wirkung in der Offenen Jugendarbeit siehe *Cloos* et al. 2009, *Lindner* 2009, *Rauschenbach* et al. 2003 oder *Sturzenhecker* 2007.

An den bisherigen Gedanken anschließend soll nun verstärkt der Blick auf die Maßnahmen, welche Politik und Kommunalverwaltung in Bezug auf die Offene Jugendarbeit aus Sicht der Autoren ergreifen können und sollten, gerichtet werden. In diesem Kontext sind zunächst beide Akteure gefragt, die Charakteristika der Jugendarbeit anzuerkennen und zu verstehen, welche Zusammenhänge mit diesen verbunden sind. Weder der Jugendarbeit noch der Politik oder Kommunalverwaltung hilft es weiter, das Arbeitsfeld immer wieder vor Aufgaben zu stellen, welche weder den Strukturen, noch dem originären Verständnis und Aufgabenprofil entsprechen (vgl. Kap. 4; Kap. 5.1). Gerade die Charakteristika Offenheit, Marginalität und Diskursivität lassen eine Orientierung an den Themen und Bedürfnissen der Jugendlichen zu, welche nicht von öffentlichen Forderungen oder politischen Vorstellungen überlagert werden sollten. Ausschließlich in diesem Bezug kann die Jugendarbeit einen Rahmen schaffen, gelingende Sozialisation im Kontext des Arbeitsfeldes zu ermöglichen.

Infolge dieses Verständnisses kann es im Arbeitsfeld zu angebotsbezogenen Wellenbewegungen kommen, die abhängig von der Konjunktur der Themen der Jugendlichen sind. Diese wechselhaften Themen und entsprechenden Handlungsweisen sind von Seiten der Politik und Kommunalverwaltung nicht als Schwäche oder Diffusität der Offenen Jugendarbeit zu kennzeichnen, sondern als konstitutive Merkmale zu respektieren. Auf dieser Grundlage sollten Politik und Kommunalverwaltung diese Orientierung anerkennen, um eine ganzheitliche Infrastruktur an Leistungen für die Jugendphase aufzubauen.

Hieraus leitet sich auch gleichzeitig die Forderung ab, die Finanzmittel, die der Offenen Jugendarbeit zur Verfügung stehen, nicht auf Grundlage der Zuschreibung eines weitgehend unstrukturierten und marginalen Auftretens zu kürzen oder diese pauschal abhängig von Projekten zu gestalten, sondern in der Haushaltsplanung zu berücksichtigen, dass das Arbeitsfeld seine Stärke gerade aus diesen Charakterzügen generiert (vgl. Kap. 4.2; Kap. 5.1). Eine unreflektierte Kürzung der öffentlichen Mittel könnte im Umkehrschluss dazu führen, dass die Jugendarbeit ihre inhärenten Stärken nicht mehr zur Verfügung stellen kann und „nur noch" Gehilfe anderer Instanzen ist. Dies würde jedoch die aufgezeigten Potenziale des Feldes negieren und innerhalb dieses Verständnisses keinem der Beteiligten nützen. An dieser Stelle ist es den Autoren wichtig, nochmals aufzuzeigen, dass das Arbeitsfeld ebenso nachhaltig für die eigenen Stärken und Kompetenzen eintreten muss, um sich im Zuge der politischen Anforderungsvielfalt und eventuellen Überlastungen nicht selbst abzuschaffen oder – bspw. in Richtung der Jugendsozialarbeit – zu entfremden (vgl. *Scherr/Sturzenhecker* 2013, S. 54ff; Kap. 5.1).

Im Kontext des politischen und kommunalen Austausches – auch im Sinne der Partizipation – muss sich Jugendarbeit einbringen und als wichtige Instanz verorten, um auf Politik und Kommunalverwaltung Einfluss nehmen zu können. Jugendarbeit kann sich dabei in verschiedene Gremien einbringen, um den Einfluss zu vergrößern und zu stärken. Dabei kann sie sowohl die kommunalen Arbeitsgemeinschaften nach §78 SGB VIII als Sprachrohr und Möglichkeit der Einflussnahme nutzen, als auch über die Jugendhilfeplanung den Diskurs über die Jugendhilfeinfrastruktur mitgestalten (vgl. *Simon* 2013, 506ff). Diese Zugänge würden es dem Feld ermöglichen, sich in einen Austausch über die Situation der Leistungen der Jugendhilfe insgesamt zu begeben sowie gleichzeitig die Jugendarbeit mit ihren Aufgaben kommunal und politisch zu positionieren (vgl. Kap. 4.4). Aus den Überlegungen der Kapitel 4.4 sowie 5.1 geht hervor, wie viele eigene Potenziale und Chancen die Offene Jugendarbeit besitzt, sich in den Diskurs über eine gelingende Bildungs- und Erziehungsinfrastruktur einzumischen. Dabei kann das Feld den Fokus auf Aspekte der Lebensphase Jugend richten, welche anderen Instanzen weitgehend verborgen bleiben, und als Anwalt jugendlicher Interessen fungieren, um den öffentlichen Blick auf die Jugendlichen zu erweitern und eine differenziertere Diskussion zu ermöglichen. Diese Diskussion kann dann im besten Fall dazu beitragen, die Potenziale und Grenzen der unterschiedlichen Sozialisationsinstanzen (vgl. Kap. 3) – hier sind vor allem die Offene Jugendarbeit und Schule gemeint, da diese im Gegensatz zu Familie und Peergroups in der Regel systematisch und übergreifend organisiert sind – offen zu legen.
Sowohl die Politik als auch die Kommunalverwaltung sind dazu angehalten, die Rahmenbedingungen zur Verfügung zu stellen, damit dieser Austausch gelingen kann. Hierzu bedarf es nicht nur geeigneter Impulse und Prozesse, sondern es müssen auch Strukturen für eine langfristige und kontinuierliche Auseinandersetzung etabliert werden. Dies gilt u.a. für die Gestaltung von Debatten im Jugendhilfeausschuss ebenso wie für die grundsätzliche Ausrichtung der Jugendhilfeplanung. Beide Organe sollten eine Bereitschaft entwickeln, neben den häufig dominierenden Jugendhilfethemen Schutzauftrag, Kindertagesbetreuung und Erziehungshilfen auch die (Offene) Jugendarbeit immer wieder in den Mittelpunkt der Betrachtung und Diskussion zu rücken (vgl. *Grundmann* et al. 2014; *Pothmann* 2011, S. 24ff). Ohne eine geeignete Absicherung und öffentliche Reflektion des Arbeitsfeldes auch seitens externer (fach)politischer Akteure, können Herausforderungen der Jugendphase und Aufgaben der Institutionen, die Leistungen für diese Zielgruppe vorhalten, nur in Grenzen bewältigt werden.
Die aufgezeigten psychologischen Prozesse und Veränderungen, in denen sich Jugendliche befinden, sowie die gesellschaftlichen Entwicklungen und Veränderungsprozesse, die auf die Jugendlichen einwirken, machen eine Bewältigung in der heutigen Zeit stärker abhängig von Leistungen, die sich außerhalb der Familie

finden lassen (vgl. Kap. 2.2.2; Kap. 2.3.2; Kap. 3). Auch wenn die Familie immer noch einen zentralen Bezugspunkt bildet (vgl. Kap. 3.2), beeinflussen andere Sozialisationsinstanzen wie die Offene Jugendarbeit das Leben der jungen Menschen. Dies gilt es von der Politik und der Kommunalverwaltung zu berücksichtigen, um angemessene Bedingungen des Aufwachsens bereitstellen zu können.

Abschließend soll in diesem Unterkapitel die mögliche Rolle der Jugendpolitik auf der kommunalen Ebene in den Blick geraten. Die Aspekte rund um eine ganzheitliche und eigenständige Jugendpolitik sind insbesondere seit Ende der 2000er Jahre ins Zentrum der Betrachtung von Jugendhilfe und Politik gerückt worden. Hierzu lassen sich dementsprechend auch vielfältige Veröffentlichungen finden.[31] Das Thema bietet viele Anknüpfungspunkte für die Offene Jugendarbeit. Dabei sollte die in Kapitel 2.4.2 erwähnte Differenzierung zwischen ressortbezogener und querschnittsbezogener Jugendpolitik berücksichtigt werden, um darauf aufbauend eine ganzheitliche Jugendpolitik zu etablieren, in der sich alle Akteure, die sich mit Jugendlichen beschäftigen, sowie die Jugendlichen selbst wiederfinden lassen. Aus dieser Entwicklung können sich für die Offene Jugendarbeit ebenfalls Potenziale eröffnen, um ihre Sozialisationsleistungen in einen öffentlichen Diskurs einzubringen. Aus der Perspektive des Arbeitsfeldes bieten sich vor diesem Hintergrund vielfältige Bezugspunkte – darunter das Thema Partizipation der Jugendlichen sowie die Einmischung im kommunalen Raum (vgl. Kap. 4.4). Hinsichtlich dieser Zusammenhänge kann die Mitwirkung des Arbeitsfeldes am Gemeinwesen gestärkt sowie das Einbringen der Sichtweisen der Offenen Jugendarbeit und – noch weitaus elementarer – der Jugendlichen selbst in Veränderungs- und Entscheidungsprozesse sichergestellt oder zumindest ermöglicht werden. Eine eigenständige Jugendpolitik kann in der vorgestellten Betrachtungsweise zum gemeinsamen Prozess der Interaktion zwischen Kommunalpolitik, Offener Jugendarbeit, Jugendlichen und weiteren Akteuren, die Leistungen für Jugendliche erbringen, werden. Unter diesen Gesichtspunkten vermag eine Jugendpolitik, welche sich als Querschnittspolitik versteht und in andere Ressorts einmischt, zum Instrument der Gestaltung und Beeinflussung von Lebenswelt und -lage in der Jugendphase werden (vgl. Kap. 2.4.2). Wenn diese dann auch noch durch Akteure, die ihre Kompetenzen über die Lebensphase Jugend zur Verfügung stellen und den Jugendlichen einen Weg zur eigenen Einflussnahme aufzeigen, angereichert

[31] Eine intensive Auseinandersetzung mit diesen Debatten und Ansätzen zur aktuellen Jugendpolitik soll und kann an dieser Stelle nicht erfolgen. Für eine vertiefende Beschäftigung liefern unter anderem *BJK* 2009, *Expertinnen- und Expertengruppe des Zentrums Eigenständige Jugendpolitik* 2013, *Lindner* 2012 und *Stroppe* 2011 ausführliche Beiträge.

wird, besteht die Chance, einen handlungsmächtigen Akteur in der politischen und öffentlichen Auseinandersetzung mit Jugendlichen aufzustellen.

Die genannten Aspekte zur Anreicherung und Etablierung der Offenen Jugendarbeit im Rahmen von Politik und Kommunalverwaltung konnten zeigen, dass vielfältige Synergieeffekte bestehen. Sowohl die öffentliche Seite – in Form der Möglichkeit der Installation eines zugkräftigen Unterstützungssystems zur Begleitung jugendlicher Entwicklung und der Aufstellung eines demokratieorientierten jugendpolitischen Apparats – als auch das Arbeitsfeld selbst – in Form von Handlungssicherheit und kommunalpolitischen Einfluss- und Gestaltungsmöglichkeiten – profitieren von einem positiven Umgang mit den strukturellen Gegebenheiten und grundsätzlichen Ausrichtungen des Arbeitsfeldes sowie von einer Akzeptanz der Eigenständigkeit des Arbeitsfeldes. Von Relevanz ist dabei, dass beide Seiten sowohl die Potenziale als auch die Risiken und Schwierigkeiten, welche das Arbeitsfeld der Offenen Jugendarbeit kennzeichnen, in den Blick nehmen, um sich vor Über- und Unterforderung zu schützen.

6. Kritische Würdigung

Nachdem im fünften Hauptkapitel bereits eine inhaltliche Rekapitulation der vorherigen Ausführungen mit Blick auf die Offene Jugendarbeit erfolgt ist, bildet eine kritische Würdigung zur Einordnung der Arbeit den Abschluss. Die Autoren wollen in diesem Rahmen den Blick nochmals auf das grundlegende Vorgehen der Erarbeitung richten sowie auf die Grenzen, Einschränkungen und Potenziale der vorliegenden Gedanken und Darstellungen eingehen. Dies dient vornehmlich zur Verortung der einzelnen Aspekte im wissenschaftlichen Kontext sowie zur selbstreflexiven Auseinandersetzung der Autoren.

Aus Sicht der Autoren ist es im Rahmen der einleitend vorgestellten Vorannahmen und Einschränkungen gelungen, grundsätzliche Aussagen bezüglich der eigenständigen Legitimation der Offenen Jugendarbeit auf der Grundlage individueller und gesellschaftlich-sozialer Entwicklungen von Jugendlichen sowie hinsichtlich der Positionierung des Arbeitsfeldes mit Blick auf das Thema Sozialisation zu treffen. Im Zuge der Berücksichtigung dieser im Rahmen der Arbeit getroffenen Aussagen, kann das Arbeitsfeld in einer selbstreflexiven Auseinandersetzung eine Profilstärkung erlangen. Auch Kommunalverwaltung und Politik finden Anknüpfungspunkte zum Umgang mit der Offenen Jugendarbeit. An dieser Stelle ist jedoch nochmals anzuführen, dass die Autoren ihre Schlüsse aus der grundlegenden Perspektive der vorliegenden Ausführungen heraus gezogen haben. Ausgangspunkt der Analyse des Arbeitsfeldes waren die Jugendlichen und die wissenschaftlich-theoretischen Zusammenhänge bezogen auf die Lebensphase Jugend (vgl. Kap. 2). Die Arbeit ist aus diesem konsequenten Blickwinkel entstanden und fußt entsprechend auf diesen Hintergründen. Hier gibt es – darauf gilt es, aufmerksam zu machen – andere Möglichkeiten, eine wissenschaftliche Analyse der Arbeit mit Kindern und Jugendlichen nach §11 SGB VIII vorzunehmen, die durchaus zu weiterführenden, einschränkenden oder auch abgrenzenden Schlussfolgerungen führen können. So setzt eine Betrachtung aus der Perspektive der Kommunalpolitik oder der wirtschaftlichen Jugendhilfe sicherlich andere, gleichsam berechtigte Schwerpunkte in der Analyse. Ebenso würden Untersuchungen mit einer fokussierten Betrachtung der Zielgruppe der Kinder teilweise andere Aufgaben und Anforderungen an das Arbeitsfeld herausstellen und diskutieren. Die Autoren finden es daher wichtig, zu betonen, dass die vorliegende Arbeit *einen* Beitrag zur kritischen Diskussion über das Arbeitsfeld sowie dessen generelle Ausrichtung und Funktion leistet. Dieser zeigt wichtige Aspekte bezogen auf das Arbeitsfeld auf und eröffnet weitreichende Potenziale für das Arbeitsfeld. Dennoch gilt es, den angesprochenen kritischen Diskurs aus anderen Perspektiven heraus und über weitere Beiträge anzureichern, um eine umfassende und wissenschaftlich fundierte Auseinandersetzung mit dem Arbeitsfeld sowie letztlich eine Profilschärfung desselben zu ermöglichen.

Darüber hinaus ist es relevant, darzustellen, dass die Arbeit eine theoretische Metaperspektive eingenommen hat und dabei weitgehend die praktischen Komponenten des Arbeitsfeldes Offene Jugendarbeit ausgeblendet hat. Mit Blick auf die länderbezogenen und kommunalen Unterschiede in der Aufstellung und Organisation der Kinder- und Jugendhilfe in Deutschland, auf die Pluralität von Einrichtungs- und Aufgabenformen des Arbeitsfeldes und auf die situativen Herausforderungen einzelner Fachkräfte in Einrichtungen und Angeboten gilt es, die vorliegenden Ausführungen mit den jeweiligen strukturellen, administrativen, einrichtungsbezogenen und sozialräumlichen Bedingungen abzugleichen und entsprechende Abstraktionen vorzunehmen, um eine Anschlussfähigkeit der vorgestellten Aspekte herzustellen. Diese Masterarbeit liefert keinen universellen Handlungsplan für einzelne Fachkräfte der Offenen Jugendarbeit, sondern stärkt vielmehr den reflexiven Diskurs im Hinblick auf die gesellschaftliche Funktion sowie die grundlegenden Kompetenzen, die das Arbeitsfeld insgesamt charakterisieren. In diesem Zusammenhang soll die Arbeit bei den Lesenden entsprechende Reflektionsprozesse anregen sowie bestärken und somit die Voraussetzungen für einen Transport der zugrunde liegenden Gedanken in die Praxis der Sozialen Arbeit und konkret in die Begleitung der Jugendlichen in ihrer Entwicklung zu starken, selbstbestimmten sowie gesellschaftlich verantwortlichen und engagierten Persönlichkeiten sowie in die politische Lobbyarbeit des Arbeitsfeldes schaffen.

Literaturverzeichnis

Abels, Heinz (2008): Lebensphase Jugend. In: *Abels, Heinz/Honig, Michael-Sebastian/Saake, Irmhild/Weymann, Ansgar* (Hg.): Lebensphasen. Eine Einführung. Wiesbaden: VS Verlag für Sozialwissenschaften. S. 77-157

AGJ – Arbeitsgemeinschaft für Jugendhilfe (2011): „Kinder- und Jugendarbeit unter Gestaltungsdruck. Zur Notwendigkeit, Angebote der Kinder- und Jugendarbeit zu erhalten und weiterzuentwickeln". Positionspapier der Arbeitsgemeinschaft für Kinder- und Jugendhilfe – AGJ. Berlin: Eigenverlag AGJ

Baacke, Dieter (1980): Der sozialökologische Ansatz zur Beschreibung und Erklärung des Verhaltens Jugendlicher. In: deutsche jugend 28. Jg. Heftnummer 11. S. 493-505

Beck, Ulrich (1986): Risikogesellschaft. Auf dem Weg in eine andere Moderne. Frankfurt am Main: Suhrkamp Verlag

Beierle, Sarah (2013): Die Rolle von Peers, Neuen Medien und Online-Comunitys bei der Berufsorientierung. München: Eigenverlag Deutsches Jugendinstitut

Berk, Laura E. (2004): Entwicklungspsychologie. 3., aktualisierte Aufl.. London und München: Pearson Studium Verlag

Bielefelder Arbeitsgruppe 8 (2006): Soziale Arbeit in Gesellschaft. Wiesbaden: VS Verlag für Sozialwissenschaften

Bierhoff, Burkhard (1978): Theorie der Jugendarbeit. Zur Begründung einer kritisch-emanzipativen Theorie und Praxis der Arbeit mit Jugendlichen. 3. Aufl.. Lollar: Andreas Achenbach Verlag

Bisiaux, Annabelle (2002): Regionale Tageszeitung und jugendliche Nichtleser. Lösungsstrategien zur Steigerung der Attraktivität der Zeitung bei jugendlichen Nichtlesern. Münster: LIT Verlag

BJK – Bundesjugendkuratorium (2001): Zukunftsfähigkeit sichern! – Für ein neues Verhältnis von Bildung und Jugendhilfe. Online im Internet: http://www.bundesjugendkuratorium.de/pdf/1999-2002/bjk_2001_stellungnahme_zukunftsfaehigkeit_sichern.pdf. Zugriff: 03.06.2014

BJK – Bundesjugendkuratorium (2009): Zur Neupositionierung von Jugendpolitik. Notwendigkeit und Stolpersteine. Online im Internet: http://www.bundesjugendkuratorium.de/pdf/2007-2009/bjk_2009_1_stellungnahme_jugendpolitik.pdf. Zugriff: 03.06.2014

BKA – Bundeskriminalamt (2012): Polizeiliche Kriminalstatistik 2011. Bundesrepublik Deutschland. Wiesbaden: Eigenverlag BKA

Böhme, Hartmut (2001): Was ist Kulturwissenschaft? Online im Internet: http://www.kuwi.europa-uni.de/de/lehrstuhl/sw/sw2/lehre/08-09/Einfuehrung_in_die_Kulturwissenschaften/tutorium/Literatur1/boehme.pdf. Zugriff: 22.04.2014

Böhme, Hartmut/Matussek, Peter/Müller, Lothar (2002): Orientierung Kulturwissenschaft. Was sie kann, was sie will. 2. Aufl.. Reinbek bei Hamburg: Rowohlt-Taschenbuch-Verlag

Böhnisch, Lothar/Münchmeier, Richard (1990): Pädagogik des Jugendraums. Zur Begründung und Praxis einer sozialräumlichen Jugendpädagogik. Weinheim und München: Juventa Verlag

Böhnisch, Lothar/Münchmeier, Richard (1999): Wozu Jugendarbeit? Orientierungen für Ausbildung, Fortbildung und Praxis. 4. Aufl.. Weinheim: Juventa Verlag

Böhnisch, Lothar (2012): Sozialpädagogik der Lebensalter. Eine Einführung. 6. Aufl.. Weinheim und Basel: Beltz Juventa Verlag

Böllert, Karin (2014): 24/7 Kinder- und Jugendhilfe. Fachpolitischer Vortrag im Rahmen des 15. Deutschen Kinder- und Jugendhilfetages vom 03.-05.06.2014

Calmbach, Marc/Thomas, Peter Martin/Borchard, Inga/Flaig, Bodo (2012): Wie ticken Jugendliche? 2012. Lebenswelten von Jugendlichen im Alter von 14 bis 17 Jahren in Deutschland. Düsseldorf: Haus Altenberg Verlag

Cloos, Peter/Köngeter, Stefan/Müller, Burkhard/Thole, Werner (2009): Die Pädagogik der Kinder- und Jugendarbeit. 2., durchgesehene Aufl.. Wiesbaden: VS Verlag für Sozialwissenschaften

Corsa, Mike (2009): „...dass ich einen Ort habe, wo ich Sachen ausprobieren kann…“. Sichtweisen junger Menschen zur Kinder- und Jugendarbeit. In: *Lindner, Werner* (Hg.): Kinder- und Jugendarbeit wirkt. Aktuelle und ausgewählte Evaluationsergebnisse der Kinder- und Jugendarbeit. 2. Aufl.. Wiesbaden: VS Verlag für Sozialwissenschaften. S. 95-108

Czerner, Frank (2004): Band 6: Minderjährige hinter Schloss und Riegel? Freiheitsbeschränkende bzw. -entziehende Maßnahmen gegenüber Kindern und Jugendlichen, insbesondere nach § 42 SGB VIII, § 1631b BGB und den §§ 71, 71a JGG. In: *Kerner, Hans-Jürgen* (Hg.): Tübinger Schriften und Materialien zur Kriminologie. Tübingen: Eigenverlag Institut für Kriminologie der Universität Tübingen

Damm, Diethelm (1973): Möglichkeiten emanzipatorischer Bildungsarbeit in Jugendzentren. In: deutsche jugend. 21. Jg. Heftnummer 6. S. 264-274

Damm, Diethelm (1975): Politische Jugendarbeit. Grundlagen, Methoden, Projekte. München: Juventa

Deinet, Ulrich (1990): Raumaneignung in der sozialwissenschaftlichen Theorie. In: *Böhnisch, Lothar/Münchmeier, Richard* (Hg.): Pädagogik des Jugendraums. Zur Begründung und Praxis einer sozialräumlichen Jugendpädagogik. Weinheim und München: Juventa Verlag. S. 57-66

Deinet, Ulrich (2003): Orientierungsebenen und Bildungsbegriffe in Schule und Jugendinformation. In: Corax. Magazin für Kinder- und Jugendarbeit. 11. Jg. Heftnummer 12. S. 6-12

Deinet, Ulrich (2004): Raumaneignung als Bildungspraxis in der Offenen Jugendarbeit. In: In: *Sturzenhecker, Benedikt/Lindner, Werner* (Hg.): Bildung in der Kinder- und Jugendarbeit. Vom Bildungsanspruch zur Bildungspraxis. Weinheim und München: Juventa Verlag. S. 111-130

Deinet, Ulrich (2009): „Aneignung“ und „Raum“ – zentrale Begriffe des sozialräumlichen Konzepts. In: *Deinet, Ulrich* (Hg.): Sozialräumliche Jugendarbeit. Grundlagen, Methoden und Praxiskonzepte. 3., überarbeitete Aufl.. Wiesbaden: VS Verlag für Sozialwissenschaften. S. 27-58

Deinet, Ulrich/Pothman, Jens/Rinas, Bernd-Udo/Glaremin, Stephan (2014): Fachkräfte in der Offenen Kinder- und Jugendarbeit. Fachforum im Rahmen des 15. Deutschen Kinder- und Jugendhilfetages vom 03.-05.06.2014

Deller, Ulrich (1995): Pädagogische Jugendtheorien in Deutschland seit 1964 und ihre Bedeutung in der Theorie der Jugendarbeit. Bad Heilbrunn: Klinkhardt Verlag

Dollinger, Bern/Raithel, Jürgen (2006): Einführung in die Theorien abweichenden Verhaltens. Perspektiven, Erklärungen und Interventionen. Weinheim und Basel: Beltz Verlag

Dreher, Eva/Dreher, Michael (2008): Kognitive Entwicklung im Jugendalter. In: *Silbereisen, Rainer K./Hasselhorn, Marcus* (Hg.): Enzyklopädie der Psychologie. Entwicklungspsychologie. Band 5: Entwicklungspsychologie des Jugendalters. Göttingen, Bern, Toronto und Seattle: Hogrefe Verlag. S. 55-108

Dreher, Eva (2009): Entwicklungspsychologie und Jugendarbeit. In: *bOJA – Bundesweites Netzwerk Offene Jugendarbeit* (Hg.): Tagungsmaterialien zum Fachtag „BUNT - BESSER - BERECHTIGT“ am 30.11. und 01.12.2009 in Graz. Wien: bOJA Eigenverlag. S. 1-18

Ecarius, Jutta/Fuchs, Thorsten/Wahl, Katrin (2008): Der historische Wandel von Sozialisationskontexten. In: *Hurrelmann, Klaus/Grundmann, Matthias/Walper, Sabine* (Hg.): Handbuch Sozialisationsforschung. 7., vollständig überarbeitete Aufl.. Weinheim und Basel: Beltz Verlag. S. 104-116

Eisenstadt, Shmuel N. (1966): Von Generation zu Generation. Altersgruppen und Sozialstruktur. München: Juventa Verlag

Engelke, Ernst/Spatscheck, Christian/Borrmann, Stefan (2009): Die Wissenschaft Soziale Arbeit. Werdegang und Grundlagen. 3., überarbeitete und erweiterte Aufl.. Freiburg im Breisgau: Lambertus Verlag

Erath, Peter (2006): Sozialarbeitswissenschaft. Eine Einführung. Stuttgart: Kohlhammer Verlag

Erikson, Erik H. (2003): Jugend und Krise. Die Psychodynamik im Sozialen Wandel. 5. Aufl.. Stuttgart: Klett-Cotta Verlag

Erikson, Erik H. (2013): Identität und Lebenszyklus. Drei Aufsätze. 26. Aufl.. Frankfurt am Main: Suhrkamp Verlag

Europäische Kommission (2009): IP/09/644: Eine neue Ära für die Jugendpolitik der EU. Online im Internet: http://europa.eu/rapid/press-release_IP-09-644_de.htm. Zugriff: 06.06.2014

Expertengruppe Offene Jugendarbeit (2009): Jugendhäuser als Verstärker von Gewalt? Kritische Anmerkungen zu einer Studie von Christian Pfeiffer. In: deutsche jugend. 57. Jg. Heftnummer 1. S. 7-15

Expertinnen- und Expertengruppe des Zentrums Eigenständige Jugendpolitik (2013): Zur Förderung demokratischer Partizipation junger Menschen. Empfehlungen der Expertinnen- und Expertengruppe des Zentrums Eigenständige Jugendpolitik. Berlin: Eigenverlag AGJ

Faltermaier, Toni (2008): Sozialisation und Lebenslauf. In: *Hurrelmann, Klaus/Grundmann, Matthias/Walper, Sabine* (Hg.): Handbuch Sozialisationsforschung. 7., vollständig überarbeitete Aufl.. Weinheim und Basel: Beltz Verlag. S. 157-172

Farin, Klaus (2011): Jugendkulturen in Deutschland. Bonn: Bundeszentrale für politische Bildung Eigenverlag

Fend, Helmut (1977): Schulklima. Soziale Einflußprozesse in der Schule. Weinheim: Beltz Verlag

Fend, Helmut (1988): Sozialgeschichte des Aufwachsens. Bedingungen des Aufwachsens und Jugendgestalten im zwanzigsten Jahrhundert. Frankfurt am Main: Suhrkamp Verlag

Fend, Helmut (1990): Bilanz der empirischen Bildungsforschung. In: Zeitschrift für Pädagogik. 36. Jg. Heftnummer 5. S. 687-709

Fend, Helmut (1991): Schule und Persönlichkeit. Eine Bilanz der Konstanzer Forschung zur „Sozialisation in Bildungsinstitutionen“. In: *Pekrun, Reinhard/Fend, Helmut* (Hg.): Schule und Persönlichkeitsentwicklung. Stuttgart: Enke Verlag. S. 9-32

Fend, Helmut (2005): Entwicklungspsychologie des Jugendalters. Nachdruck der 3., durchgesehenen Aufl.. Wiesbaden: VS Verlag für Sozialwissenschaften

Fend, Helmut (2008): Neue Theorie der Schule. Einführung in das Verstehen von Bildungssystemen. 2., durchgesehene Aufl.. Wiesbaden: VS Verlag für Sozialwissenschaften

Ferchhoff, Wilfried (2011): Jugend und Jugendkulturen im 21. Jahrhundert. Lebensformen und Lebensstile. 2., aktualisierte und überarbeitete Aufl.. Wiesbaden: VS Verlag für Sozialwissenschaften

Fischer, Wolfgang/Ruhloff, Jörg/Löwisch, Dieter J. (1978): Schule als parapädagogische Organisation. Sankt Augustin: Academia Richarz Verlag

Flechsig, Karl-Heinz/Haller, Hans-Dieter (1975): Einführung in Didaktisches Handeln. Ein Lehrbuch für Einzel- und Gruppenarbeit. Stuttgart: Ernst Klett Verlag

Gahleitner, Silke Birgitta/Effinger, Herbert/Kraus, Björn/Miethe, Ingrid/Stövesand, Sabine/Sagebiel, Juliane (2010): Disziplin und Profession Sozialer Arbeit. Entwicklungen und Perspektiven. Opladen: Barbara Budrich Verlag

Giddens, Anthony (1995): Sozialisationsinstanzen. In: *Fleck, Christian* (Hg.): Anthony Giddens. Soziologie. Graz und Wien: Nausner & Nausner Verlag. S. 84-91

Giesecke, Hermann (1980): Die Jugendarbeit. Grundfragen der Erziehungs-wissenschaft. 5., völlig neu bearbeitete Aufl.. München: Juventa Verlag

Giesecke, Herrmann (1984): Wozu noch Jugendarbeit? In: deutsche jugend. 32. Jg. Heftnummer 10. S. 443-449

Griese, Hartmut (2007): Aktuelle Jugendforschung und klassische Jugendtheorien. Ein Modul für erziehungs- und sozialwissenschaftliche Studiengänge. Berlin: LIT Verlag

Griese, Hartmut M./Mansel, Jürgen (2003): Jugendtheoretische Diskurse. In: *Mansel, Jürgen/Griese, Hartmut M./Scherr, Albert* (Hg.): Theoriedefizite der Jugendforschung. Standortbestimmung und Perspektiven. Weinheim und München: Juventa Verlag. S. 11-30

Grothe, Claudia/Schütte, Roswitha (1998): Skript zur Vorlesung Allgemeine Entwicklungspsychologie. Köln: Eigenverlag der Universität Köln

Grundmann, Thomas/Schilling, Matthias/Pothmann, Jens/Rauschenbach, Thomas (2014): Kinder- und Jugendhilfe in alter und neuer Verantwortung – Hinweise aus der Statistik auf die Reichweite und Vielfalt der Angebote. Fachforum im Rahmen des 15. Deutschen Kinder- und Jugendhilfetages vom 03.-05.06.2014

Hafeneger, Benno (2009): Aktuelle Situation der Kinder- und Jugendarbeit. Ein Kommentar zur aktuellen Datenlage. In: *Lindner, Werner* (Hg.): Kinder und Jugendarbeit wirkt. Aktuelle und ausgewählte Evaluationsergebnisse der Kinder- und Jugendarbeit. 2. Aufl.. Wiesbaden: VS Verlag für Sozialwissenschaften. S. 37-50

Hafeneger, Benno (2012): Rückblicke: Jugendpolitik in den letzten 30 Jahren. In: *Lindner, Werner* (Hg.): Political (Re)Turn? Impulse zu einem neuen Verhältnis von Jugendarbeit und Jugendpolitik. Wiesbaden: VS Springer Verlag. S. 21-42

Hansen, Klaus P. (2011): Kultur und Kulturwissenschaft. Eine Einführung. 4. Aufl.. Tübingen: Francke Verlag

Heiner, Maja (2010): Soziale Arbeit als Beruf. Fälle – Felder – Fähigkeiten. 2., durchgesehene Aufl.. München: Ernst Reinhardt Verlag

Heintz, Berit (2007): Zukunft heute gestalten. Hausaufgaben für die Kultusminister. Berlin: DIHK Eigenverlag

Heitmeyer, Wilhelm/Olk, Thomas (1990): Das Individualisierungs-Theorem – Bedeutung für die Vergesellschaftung von Jugendlichen. In: *Baacke, Dieter/Heitmeyer, Wilhelm* (Hg.): Individualisierung von Jugend. Gesellschaftliche Prozesse, subjektive Verarbeitungsformen, jugendpolitische Konsequenzen. Weinheim: Juventa Verlag. S. 11-34

Herder, Johann Gottfried (1967): Auch eine Philosophie der Geschichte zur Bildung der Menschheit. Frankfurt am Main: Suhrkamp Verlag

Herrlitz, Hans-Georg/Hopf, Wulf/Titze, Hartmut/Cloer, Ernst (2005): Deutsche Schulgeschichte von 1800 bis zur Gegenwart. Eine Einführung. 4. Aufl.. Weinheim und München: Juventa Verlag

Hintz, Dieter/Pöppel, Karl Gerhard/Rekus, Jürgen (1993): Neues schulpädagogisches Wörterbuch. Weinheim und München: Juventa Verlag

Hoffmann, Dagmar/Mansel, Jürgen (2010): Jugendsoziologie. In: *Kneer, Georg/Schroer, Markus* (Hg.): Handbuch Spezielle Soziologien. Wiesbaden: VS Verlag für Sozialwissenschaften. S. 163-178

Hoffmann, Dagmar/Merkens, Hans (2004): Jugendsoziologische Sozialisationstheorien. Impulse für die Jugendforschung. Weinheim und München: Juventa Verlag

Hornstein, Walter (1990): Aufwachsen mit Widersprüchen – Jugendsituation und Schule heute. Rahmenbedingungen – Problemkonstellationen – Zukunftsperspektiven. Stuttgart: Klett Verlag

Hornstein, Walter (1999): Jugendforschung und Jugendpolitik. Entwicklungen und Strukturen in der zweiten Hälfte des 20. Jahrhunderts. Weinheim und München: Juventa Verlag

Horstkemper, Marianne/Tillmann, Klaus-Jürgen (2008): Sozialisation in Schule und Hochschule. In: *Hurrelmann, Klaus/Grundmann, Matthias/Walper, Sabine* (Hg.): Handbuch Sozialisationsforschung. 7., vollständig überarbeitete Aufl.. Weinheim und Basel: Beltz Verlag. S. 290-305

Humboldt, Wilhelm von (1980): Theorie der Bildung des Menschen. In: *Humboldt, Wilhelm von* (Hg.): Werke in fünf Bänden. Band 1. Darmstadt: Wissenschaftliche Buchgesellschaft. S. 234-240

Hurrelmann, Klaus/Grundmann, Matthias/Walper, Sabine (2008): Zum Stand der Sozialisationsforschung. In: *Hurrelmann, Klaus/Grundmann, Matthias/Walper, Sabine* (Hg.): Handbuch Sozialisationsforschung. 7., vollständig überarbeitete Aufl.. Weinheim und Basel: Beltz Verlag. S. 14-31

Hurrelmann, Klaus/Quenzel, Gudrun (2013): Lebensphase Jugend. Eine Einführung in die sozialwissenschaftliche Jugendforschung. 12. Aufl.. Weinheim und Basel: Beltz Juventa Verlag

Ittel, Angela/Merkens, Hans (2006): Vorwort. In: *Ittel, Angela/Merkens, Hans* (Hg.): Interdisziplinäre Jugendforschung. Jugendliche zwischen Familie, Freunden und Feinden. Wiesbaden: VS Verlag für Sozialwissenschaften. S. 7-8

Ittel, Angela/Raufelder, Diana (2008): Lehrer und Schüler als Bildungspartner. Theoretische Ansätze zwischen Tradition und Moderne. Göttingen: Vandenhoeck & Ruprecht Verlag

Jordan, Erwin (2005): Kinder- und Jugendhilfe. Einführung in Geschichte und Handlungsfelder, Organisationsformen und gesellschaftliche Problemlagen. 2. Aufl.. Weinheim und Basel: Beltz Juventa Verlag

Jordan, Erwin/Münder, Johannes (1987): 65 Jahre Reichsjugendwohlfahrtsgesetz - ein Gesetz auf dem Weg in den Ruhestand? Münster: Votum Verlag

Klafki, Wolfgang (1989): Gesellschaftliche Funktion und pädagogischer Auftrag der Schule in einer demokratischen Gesellschaft. In: *Braun, Karl-Heinz/Müller, Klaus/Odey, Reinhard* (Hg.): Subjektivität – Vernunft – Demokratie. Analysen und Alternativen zur konservativen Schulpolitik. Weinheim: Beltz Verlag. S. 4-33

Klawe, Willy (2001): Chancen und Probleme sozialräumlichen Handelns in der offenen Kinder- und Jugendarbeit in Hamburg. Online im Internet: http://www.shnetz.de/klawe/archiv/Kinder-%20und%20Jugendarbeit/Artikel_Soziaraum.pdf. Zugriff: 04.05.2014

Knauer, Raingard/Sturzenhecker, Benedikt (2005): Partizipation im Jugendalter. In: *Hafeneger, Benno/Jansen, Mechtild M./Niebling, Torsten* (Hg.): Kinder- und Jugendpartizipation. Im Spannungsfeld von Interessen und Akteuren. Opladen: Barbara Budrich Verlag. S. 63-94

Krafeld, Franz-Josef (1984): Geschichte der Jugendarbeit. Von den Anfängen bis zur Gegenwart. Weinheim und Basel: Beltz Verlag

Krafeld, Franz-Josef (2004): Grundlagen und Methoden aufsuchender Jugendarbeit. Eine Einführung. Wiesbaden: VS Verlag für Sozialwissenschaften

Krappmann, Lothar/Oswald, Hans (1995): Alltag der Schulkinder. Beobachtungen und Analysen von Interaktionen und Sozialbeziehungen. Weinheim: Juventa Verlag

Krüger, Heinz-Hermann/Grunert, Cathleen (2010a): Vorwort. In: *Krüger, Heinz-Hermann/Grunert, Cathleen* (Hg): Handbuch Kindheits- und Jugendforschung. 2., aktualisierte und erweiterte Aufl.. Wiesbaden: VS Verlag für Sozialwissenschaften. S. 9-10

Krüger, Heinz-Hermann/Grunert, Cathleen (2010b): Geschichte und Perspektiven der Kindheits- und Jugendforschung. In: *Krüger, Heinz-Hermann/Grunert, Cathleen* (Hg.): Handbuch Kindheits- und Jugendforschung. 2., aktualisierte und erweiterte Aufl.. Wiesbaden: VS Verlag für Sozialwissenschaften. S. 11-42

Langegger, Iris (2014): „Die Jugend ist die Ressource für unsere Zukunft". Werner Plasounig, neuer Leiter der Wirtschaftskammer in Hermagor, im WOCHE-Interview. Online im Internet: http://www.meinbezirk.at/hermagor-pressegger-see/wirtschaft/die-jugend-ist-die-ressource-fuer-unsere-zukunft-d725445.html. Zugriff: 14.05.2014

Lindner, Werner (2003): Alles Bildung!? – Kinder- und Jugendarbeit in der „Wissensgesellscahft". In: *Lindner, Werner/Thole, Werner/Weber, Jochen* (Hg.): Kinder und Jugendarbeit als Bildungsprojekt. Opladen: Leske + Budrich Verlag. S. 47-68

Lindner, Werner/Thole, Werner/Weber, Jochen (2003): Kinder und Jugendarbeit als Bildungsprojekt. Opladen: Leske + Budrich Verlag

Lindner, Werner (2008): „Heute schon geforscht?". Strategische Perspektiven für ein Ende der Bescheidenheit. In: deutsche jugend 56. Jg. Heftnummer 1. S. 9-17

Lindner, Werner (2009): Kinder und Jugendarbeit wirkt. Aktuelle und ausgewählte Evaluationsergebnisse der Kinder- und Jugendarbeit. 2. Aufl.. Wiesbaden: VS Verlag für Sozialwissenschaften

Lindner, Werner (2012): Political (Re)Turn? Impulse zu einem neuen Verhältnis von Jugendarbeit und Jugendpolitik. Wiesbaden: Springer VS Verlag

Lohaus, Arnold/Vierhaus, Marc/Maass, Asja (2010): Entwicklungspsychologie des Kindes- und Jugendalters. Wiesbaden: Springer VS Verlag

Lück, Helmut E. (2009): Geschichte der Psychologie: Strömungen, Schulen, Entwicklungen. 4., überarbeitete und erweiterte Aufl.. Stuttgart: Kohlhammer Verlag

Lukesch, Helmut (2008): Sozialisation durch Massenmedien. In: *Hurrelmann, Klaus/Grundmann, Matthias/Walper, Sabine* (Hg.): Handbuch Sozialisationsforschung. 7., vollständig überarbeitete Aufl.. Weinheim und Basel: Beltz Verlag. S. 384-395

LWL-Landesjugendamt Westfalen/LVR-Landesjugendamt Rheinland (2012): Entwicklungslinien der Offenen Kinder- und Jugendarbeit. Befunde der 5. Strukturdatenerhebung zum Berichtsjahr 2011 für Nordrhein-Westfalen. Münster und Köln: Eigenverlag LWL/LVR

Mannheim, Karl (1928/1972): Das Problem der Generationen. In: *Friedeburg, Ludwig von* (Hg.): Jugend in der modernen Gesellschaft. Köln und Berlin: Kiepenheuer & Witsch Verlag. S. 23-48

Mack, Wolfgang (2007): Lernen im Lebenslauf – formale, non-formale und informelle Bildung: die mittlere Jugend (12 bis 16 Jahre). Online im Internet: http://spd-net.sozi.info/nrw/bonn/renhendricks/dl/Prof._Mack_-_Lernen_im_Lebenslauf_-_formale,_non-formale_und_informelle_Bildung_-_die_mittlere_Jugend.pdf. Zugriff: 14.05.2014

Matthes, Joachim (1985): Karl Mannheims „Das Problem der Generationen", neu gelesen. Generationen-„Gruppen" oder „gesellschaftliche Regelung von Zeitlichkeit"? In: Zeitschrift für Soziologie. 14. Jg. Heftnummer 5. S. 363-372

Meier, Bernd-Dieter (2010): Kriminologie. 4. Aufl.. München: C.H. Beck Verlag

Miller, Patricia (1993): Theorien der Entwicklungspsychologie. 3. Aufl.. Heidelberg, Berlin und Oxford: Spektrum Akademischer Verlag

Mollenhauer, Klaus (1982): „Was ist Jugendarbeit?" In: *Arbeitsgemeinschaft der Evangelischen Jugend (AEJ)* (Hg.): Was bewegt die Jugendarbeit?: „Was ist die Jugendarbeit?" – Ein Rundgespräch. Stuttgart: Eigenverlag AEJ

Motzke, Katharina (2014): Soziale Arbeit als Profession. Zur Karriere „sozialer Hilfstätigkeit" aus professionssoziologischer Perspektive. Opladen, Berlin und Toronto: Barbara Budrich Verlag

Müller, Burkhard (1996): Bildungsansprüche in der Jugendarbeit. In: *Brenner, Gerd/Hafeneger, Benno* (Hg.): Pädagogik mit Jugendlichen. Bildungsansprüche, Wertevermittlung und Individualisierung. Weinheim und München: Juventa Verlag. S. 89-96

Müller, Burkhard (2004): Bildungsbegriffe in der Jugendarbeit. In: *Sturzenhecker, Benedikt/Lindner, Werner* (Hg.): Bildung in der Kinder- und Jugendarbeit. Vom Bildungsanspruch zur Bildungspraxis. Weinheim und München: Juventa Verlag. S. 35-50

Müller, Siegfried (1993): Erziehen – Helfen – Strafen. Zur Klärung des Erziehungsbegriffs im Jugendstrafrecht aus pädagogischer Sicht. In: *Peters, Helge* (Hg.): Muss Strafe sein? Zur Analyse und Kritik strafrechtliucher Praxis. Opladen: Westdeutscher Verlag. S. 217-233

Münchmeier, Richard (1992): Institutionalisierung pädagogischer Praxis am Beispiel der Jugendarbeit. In: Zeitschrift für Pädagogik. 38. Jg. Heftnummer 3. S. 371-384

Münchmeier, Richard (1998): „Entstrukturierung" der Jugendphase. In: Aus Politik und Zeitgeschichte. 45. Jg. Heftnummer 31. S. 3-13

Münchmeier, Richard (2003): Jugendarbeit in der Offensive. In: *Lindner, Werner/Thole, Werner/Weber, Jochen* (Hg.): Kinder und Jugendarbeit als Bildungsprojekt. Opladen: Leske + Budrich Verlag. S. 69-86

Münchmeier, Richard (2008): Jugend im Spiegel der Jugendforschung. In: *Bingel, Gabriele/Nordmann, Anja/Münchmeier, Richard* (Hg.): Die Gesellscahft und ihre Jugend. Strukturbedingungen jugendlicher Lebenslagen. Opladen und Farmington Hills: Barbara Budrich Verlag. S. 13-26

Nick, Peter (2014): Der berufsbegleitenden Bachelorstudiengang Soziale Arbeit mit dem Schwerpunkt Jugendarbeit und Bildung an der Hochschule Kempten in Kooperation mit dem Bayrischen Jugendring (BJR). Vortrag im Rahmen des Kolloquiums zur Jugendarbeitsforschung und -theorie: „Was ist Jugendarbeit?" in Vlotho vom 10.-11.02.2014

Oerter, Rolf/Dreher, Eva (2008): Kapitel 8. Jugendalter. In: *Oerter, Rolf/Montada, Leo* (Hg.): Entwicklungspsychologie. 6., vollständig überarbeitete Aufl.. Weinheim und Basel: Beltz Verlag. S. 271-332

Oerter, Rolf/Montada, Leo (2008): Entwicklungspsychologie. 6., vollständig überarbeitete Aufl.. Weinheim und Basel: Beltz Verlag.

Ostendorf, Heribert (2008): Zunehmende Hemmnisse in der Kooperation von Jugendhilfe und Justiz in der Rechtswirklichkeit. In: *BMJ - Bundesministerium der Justiz* (Hg.): Das Jugendkriminalrecht vor neuen Herausforderungen? Jenaer Symposium 9.-11. September 2008. Mönchengladbach: Forum Verlag. S. 335-344

Ostendorf, Heribert (2010): Ursachen von Kriminalität. In: Informationen zur politischen Bildung. 58. Jg. Heftnummer 1. S. 11-17

Ostendorf, Heribert (2013): Jugendstrafrecht. 7. Aufl.. Baden-Baden: Nomos Verlag

Oswald, Hans (2008): Sozialisation in Netzwerken Gleichaltriger. In: *Hurrelmann, Klaus/Grundmann, Matthias/Walper, Sabine* (Hg.): Handbuch Sozialisationsforschung. 7., vollständig überarbeitete Aufl.. Weinheim und Basel: Beltz Verlag. S. 321-332

Petermann, Franz/Petermann, Ulrike (2010): Training mit Jugendlichen. Aufbau von Arbeits- und Sozialverhalten. 9., überarbeitete und erweiterte Aufl.. Göttingen: Hogrefe Verlag

Petersen, Johannes (1915): Jugendfürsorge. Berlin: Otto Meißners Verlag

Pfeiffer, Christian/Rabold, Susann/Baier, Dirk (2008): Sind Freizeitzentren eigenständige Verstärkungsfaktoren der Jugendgewalt? In: Zeitschrift für Jugendkriminalrecht und Jugendhilfe. 19. Jg. Heftnummer 3. S. 258-268

Piaget, Jean (1969): The intellectual development of the adolescent. In: *Caplan, Gerald/Lebovici, Serge* (Hg.): Adolescence: Psychological perspectives. New York: Bais Books Verlag. S. 22-26

Pothmann, Jens (2011): Auf dem Abstellgleis? Jugendliche und junge Erwachsene in der Kinder- und Jugendhilfe – ein Blick in den Zahlenspiegel. In: *Sozialpädagogisches Institut des SOS-Kinderdorf e.V.* (Hg.): Fertig sein mit 18? Dokumentation zur Fachtagung „Jugendliche und junge Volljährige – eine Randgruppe in der Kinder- und Jugendhilfe?". 04.-05.11.2010 in Berlin. München: Eigenverlag SOS-Kinderdorf e.V.. S. 22-41

Rauschenbach, Thomas/Düx, Wiebken/Sass, Erich (2003): Kinder- und Jugendarbeit – Wege in die Zukunft. Gesellschaftliche Entwicklungen und fachliche Herausforderungen. Weinheim und München: Juventa Verlag.

Rauschenbach, Thomas/Borrmann, Stefan/Düx, Wiebken/Liebig, Reinhard/Pothmann, Jens/Züchner, Ivo (2010): Lage und Zukunft der Kinder- und Jugendarbeit in Baden-Württemberg. Eine Expertise. Dortmund, Frankfurt am Main, Landshut und München: Eigenverlag Ministerium für Arbeit und Sozialordnung, Familien und Senioren des Landes Baden-Württemberg.

Reinders, Heinz (2003): Jugendtypen. Ansätze zu einer differentiellen Theorie der Adoleszenz. Opladen: Leske + Budrich Verlag

Riegel, Christine/Scherr, Albert/Stauber, Barbara (2010): Transdisziplinäre Jugendforschung. Grundlagen und Forschungskonzepte. Wiesbaden: VS Verlag für Sozialwissenschaften

Rosenbaum, Lars (2012): Sozialisation in der Schule. München: Grin Verlag

Rössner, Lutz (1967): Offene Jugendbildung. München: Juventa Verlag

Rüsseler, Jascha (2009): Neuropsychologische Therapie. Grundlagen und Praxis der Behandlung kognitiver Störungen bei neurologischen Erkrankungen. Stuttgart: Kohlhammer Verlag

Saalfrank, Wolf-Thorsten (2012): Eine vernachlässigte Perspektive der Schultheorie: Die administrative Funktion von Schule. In: Pädagogische Rundschau. 66. Jg. Heftnummer 1. S. 3-16

Santen, Eric van/Prein, Gerald (2013): Effekte der Angebotsdichte sozialstaatlicher Leistungen und Angebote auf die soziale Selektivität der Inanspruchnahme. Empirische Hinweise an den Beispielen Kinderbetreuung und Jugendzentren. In: Zeitschrift für Sozialreform. 59 Jg. Heftnummer 1. S. 85-110

Schäfers, Bernhard/Scherr, Albert (2005): Jugendsoziologie. Einführung in Grundlagen und Theorien. 8., umfassend aktualisierte und überarbeitete Aufl.. Wiesbaden: VS Verlag für Sozialwissenschaften

Schelsky, Helmut (1957): Schule und Erziehung in der industriellen Gesellschaft. Würzburg: Werkbund Verlag

Scherr, Albert (1997): Subjektorientierte Jugendarbeit. Eine Einführung in die Grundlagen emanzipatorischer Jugendpädagogik. Weinheim und München: Juventa Verlag

Scherr, Albert/Thole, Werner (1998): Jugendarbeit im Umbruch. Stand, Problemstellungen und zukünftige Aufgaben. In: *Kiesel, Doron/Scherr, Albert/Thole, Werner* (Hg.): Standortbestimmung Jugendarbeit. Theoretische Orientierungen und empirische Befunde. Schwalbach am Taunus: Wochenschau Verlag. S. 9-36

Scherr, Albert (2003a): Subjektorientierung – eine Antwort auf die Identitätsdiffusion der Jugendarbeit? In: *Rauschenbach, Thomas/Düx, Wiebken/Sass, Erich* (Hg.): Kinder- und Jugendarbeit – Wege in die Zukunft. Gesellschaftliche Entwicklungen und fachliche Herausforderungen. Weinheim und München: Juventa Verlag. S. 139-152

Scherr, Albert (2003b): Jugendarbeit als Subjektbildung. In: *Lindner, Werner/Thole, Werner/Weber, Jochen* (Hg.): Kinder- und Jugendarbeit als Bildungsprojekt. Opladen: Leske + Budrich Verlag. S. 87-102

Scherr, Albert (2009): Jugendsoziologie. Einführung in Grundlagen und Theorien. 9., erweiterte und umfassend überarbeitete Aufl.. Wiesbaden: VS Verlag für Sozialwissenschaften

Scherr, Albert (2010): Sozialisation, Person, Individuum. In: *Korte, Hermann/Schäfers, Bernhard* (Hg.): Einführung in Hauptbegriffe der Soziologie. 8., durgesehene Aufl.. Wiesbaden: VS Verlag für Sozialwissenschaften. S. 45-68

Scherr, Albert (2013a): Soziologische Basics. Eine Einführung für pädagogische und soziale Berufe. 2., erweiterte und aktualisierte Aufl.. Wiesbaden: VS Verlag für Sozialwissenschaften

Scherr, Albert (2013b): Subjektorientierte Offene Kinder- und Jugendarbeit. In: *Deinet, Ulrich/Sturzenhecker, Benedikt* (Hg.): Handbuch Offene Kinder- und Jugendarbeit. 4. Aufl.. Wiesbaden: Springer VS Verlag. S. 297-310

Scherr, Albert/Struzenhecker, Benedikt (2013): Selbstbestimmte Lebensführung und Demokratiebildung. Oder: Warum es immer noch wichtig ist, Jugendarbeit als Ort emanzipatorischer Bildungsprozesse zu gestalten. In: *Spatscheck, Christian/Wagenblass, Sabine* (Hg.): Bildung, Teilhabe und Gerechtigkeit. Gesellschaftliche Herausforderungen und Zugänge Sozialer Arbeit. Weinheim und Basel: Beltz Juventa Verlag. S. 54-76

Schick, Hella (2012): Entwicklungspsychologie der Kindheit und Jugend. Ein Lehrbuch für die Lehrerausbildung und schulische Praxis. Stuttgart: Kohlhammer Verlag

Schmidt, Holger (2011): Zum Forschungsstand der Offenen Kinder- und Jugendarbeit. Eine Sekundäranalyse. In: *Schmidt, Holger* (Hg.): Empirie der Offenen Kinder- und Jugendarbeit. Wiesbaden: VS Verlag für Sozialwissenschaften. S. 13-130

Schneewind, Klaus A. (2008): Sozialisation in der Familie. In: *Hurrelmann, Klaus/Grundmann, Matthias/Walper, Sabine* (Hg.): Handbuch Sozialisationsforschung. 7., vollständig überarbeitete Aufl.. Weinheim und Basel: Beltz Verlag. S. 256-273

Schnurr, Eva-Maria (2010): Die Macht der Familie. Sie prägt unser Leben und entscheidet darüber, ob wir als Kinder glücklich und als Erwachsene erfolgreich sind. Wie sehr können wir unser Leben selbst bestimmen? In: ZEIT Wissen. 7. Jg. Heftnummer 1

Schröder, Achim (2013): Jugendliche, die 14- bis 20-Jährigen. In: *Deinet, Ulrich/Sturzenhecker, Benedikt* (Hg.): Handbuch Offene Kinder- und Jugendarbeit. 4., überarbeitete und aktualisierte Aufl.. Wiesbaden: Springer VS Verlag. S. 111-118

Schröder, Richard (1995): Kinder reden mit! Beteiligung an Politik, Stadtplanung und Stadtgestaltung. Weinheim und Basel: Beltz Verlag

Schröer, Wolfgang (2006): Bildung und Lebensbewältigung. In: *Lindner, Werner* (Hg.): 1964-2004: Vierzig Jahre Kinder- und Jugendarbeit in Deutschland. Aufbruch, Aufstieg und neue Ungewissheit. Wiesbaden: VS Verlag für Sozialwissenschaften. S. 193-206

Schröer, Wolfgang (2011): Sich an der Lebenslage Jugend orientieren! Ein Aufruf an die Kinder- und Jugendhilfe, die Entgrenzung von Jugend wahrzunehmen. In: *Sozialpädagogisches Institut des SOS-Kinderdorf e.V.* (Hg.): Fertig sein mit 18? Dokumentation zur Fachtagung „Jugendliche und junge Volljährige – eine Randgruppe in der Kinder- und Jugendhilfe?". 04.-05.11.2010 in Berlin. München: Eigenverlag SOS-Kinderdorf e.V.. S. 6-21

Siller, Helmut (o.J.): Kriminologie. Online im Internet: http://wirtschaftslexikon.gabler.de/Archiv/1408514/kriminologie-v2.html. Zugriff: 20.05.2014

Simon, Titus (2013): Zum Verhältnis von Jugendhilfeplanung und Offener Jugendarbeit. In: *Deinet, Ulrich/Sturzenhecker, Benedikt* (Hg.): Handbuch Offene Kinder- und Jugendarbeit. 4., überarbeitete und aktualisierte Aufl.. Wiesbaden: Springer VS Verlag. S. 503-512

Solte, Christian (2002): Zum Verhältnis von Jugendstrafrecht und Pädagogik/Jugendhilfe. In: Neue Praxis 32. Jg. Heftnummer 2. S. 153-167

Spatscheck, Christian (2013): Jugendkulturelle Praxen. In: *Deinet, Ulrich/Sturzenhecker, Benedikt* (Hg.): Handbuch Offene Kinder- und Jugendarbeit. 4., überarbeitete und aktualisierte Aufl.. Wiesbaden: Springer VS Verlag. S. 173-176

Spiegel, Hiltrud von (1997): Offene Arbeit mit Kindern – (k)ein Kinderspiel. Erklärungswissen und Hilfen zum methodischen Arbeiten. Münster: Votum Verlag

Spiegel, Hiltrud von (2011): Methodisches Handeln in der Sozialen Arbeit. 4. Aufl.. München: Ernst Reinhardt Verlag

Stange, Waldemar/Tiemann, Dieter (1999): Alltagsdemokratie und Partizipation: Kinder vertreten ihre Interessen in der Kindertagesstätte, Schule, Jugendarbeit und Kommune. In: *Glinka, Hans-Jürgen/Neuberger, Christa/Schorn, Brigitte/u.a.* (Hg.): Kulturelle und politische Partizipation von Kindern. Interessenvertretung und Kulturarbeit für und durch Kinder. Materialien zum 10. Kinder- und Jugendbericht. München: DJI Eigenverlag (Bd. 3). S. 211-332

Steffen, Wiebke (2008): Junge Intensiv- und Mehrfachtäter – eine neue Herausforderung? Überblick über kriminologische Befunde zu intensiv und dauerhaft auffälligen Menschen. In: *BMJ - Bundesministerium der Justiz* (Hg.): Das Jugendkriminalrecht vor neuen Herausforderungen? Jenaer Symposium 9.-11. September 2008. Mönchengladbach: Forum Verlag. S. 83-100

Steinberg, Laurence (2005): Adolescence. New York: McGraw-Hill Verlag

Steinhausen, Hans-Christoph (2010): Psychische Störungen bei Kindern und Jugendlichen. Lehrbuch der Kinder- und Jugendpsychiatrie und -psychotherapie . 7. Aufl.. München: Urban & Fischer Verlag

Sting, Stephan/Sturzenhecker, Benedikt (2005): Bildung und Offene Kinder- und Jugendarbeit. In: *Deinet, Ulrich/Sturzenhecker, Benedikt* (Hg.): Handbuch Offene Kinder- und Jugendarbeit. 3., völlig überarbeitete und erweiterte Aufl.. Wiesbaden: VS Verlag für Sozialwissenschaften. S. 230-246

Sting, Stephan/Sturzenhecker, Benedikt (2013): Bildung und Offene Kinder- und Jugendarbeit. In: *Deinet, Ulrich/Sturzenhecker, Benedikt* (Hg.): Handbuch Offene Kinder- und Jugendarbeit. 4., überarbeitete und aktualisierte Aufl.. Wiesbaden: Springer VS Verlag. S. 375-388

Strohmeier, Klaus Peter/Schultz, Annett (2005): Wandel der Familie und Sozialer Wandel als Herausforderungen der Familienpolitik. Familienforschung für die Familienpolitik. Im Auftrag des Ministeriums für Gesundheit, Soziales, Frauen und Familie des Landes Nordrhein-Westfalen. Online im Internet: http://www.ruhr-uni-bochum.de/imperia/md/content/zefir/sozialberichter stattung/familienforschung_fuer_die_familienpolitik.pdf. Zugriff: 13.05.2014

Stroppe, Lutz (2011): Eine Eigenständige Jugendpolitik für Deutschland. Online im Internet: http://www.allianz-fuer-jugend.de/Autorenbeitraege/Eine-Eigenstaendige-Jugendpolitik-fuer-Deutschland/461d10/. Zugriff: 03.06.2014

Sturzenhecker, Benedikt (2000): Grenzen von Planung in der Offenen Jugendarbeit. In: *Spiegel, Hiltrud von* (Hg.): Jugendarbeit mit Erfolg. Arbeitshilfen und Erfahrungsberichte zur Qualitätsentwicklung und Selbstevaluation; ein Modellprojekt des Landschaftsverbandes Westfalen-Lippe - Landesjugendamt ‚Westfälische Schulen' Münster: Votum Verlag

Sturzenhecker, Benedikt (2004a): Partizipation in der Offenen Jugendarbeit. In: *BMFSFJ - Bundesministerium für Familie, Senioren, Frauen und Jugend* (Hg.): Kiste - Bausteine für die Kinder- und Jugendbeteiligung. Entwicklung und Wissenschaftliche Leitung: Prof. W. Stange, FH Lüneburg. Berlin: Infostelle Kinderpolitik des Deutschen Kinderhilfswerkes

Sturzenhecker, Benedikt (2004b): Chancen, Probleme und Wege der Kooperation von Offener Jugendarbeit und Schule. In: *Ministerium für Justiz, Frauen, Jugend und Familie des Landes Schleswig-Holstein* (Hg.): Kooperation Offene Jugendarbeit und Schule. Dokumentation und Handreichung. Kiel: Eigenverlag. S. 8-27

Sturzenhecker, Benedikt/Lindner, Werner (2004): Bildung in der Kinder- und Jugendarbeit. Vom Bildungsanspruch zur Bildungspraxis. Weinheim und München: Juventa Verlag

Sturzenhecker, Benedikt (2005): Institutionelle Charakteristika der Offenen Kinder- und Jugendarbeit. In: *Deinet, Ulrich/Sturzenhecker, Benedikt* (Hg.): Handbuch Offene Kinder- und Jugendarbeit. 3. Aufl.. Wiesbaden: VS Verlag für Sozialwissenschaften. S. 338-343

Sturzenhecker, Benedikt (2006): „Wir machen ihnen ein Angebot, das sie ablehnen können". Strukturbedingungen der Kinder- und Jugendarbeit und ihre Funktionalität für Bildung. In: *Lindner, Werner* (Hg.): 1964-2004: Vierzig Jahre Kinder- und Jugendarbeit in Deutschland. Aufbruch, Aufstieg und neue Ungewissheit. Wiesbaden: VS Verlag für Sozialwissenschaften. S. 179-192

Sturzenhecker, Benedikt (2007): Kinder- und Jugendarbeit ist erfolgreich. In: FORUM für Kinder- und Jugendarbeit. 23. Jg. Heftnummer 1. S. 18-23

Sturzenhecker, Benedikt (2011): Demokratiebildung: Auftrag und Realität in der Offenen Kinder- und Jugendarbeit. In: *Schmidt, Holger* (Hg.): Empirie der Offenen Kinder- und Jugendarbeit. Wiesbaden: VS Verlag für Sozialwissenschaften. S. 131-146

Sturzenhecker, Benedikt (2013): Demokratiebildung in der Offenen Kinder- und Jugendarbeit. In: *Deinet, Ulrich/Sturzenhecker, Benedikt* (Hg.): Handbuch Offene Kinder- und Jugendarbeit. 4., überarbeitete und aktualisierte Aufl.. Wiesbaden: Springer VS Verlag. S. 325-338

Sturzenhecker, Benedikt (2014): Engagement und Partizipation von benachteiligten Jugendlichen fördern: Herausforderungen und Perspektiven. Fachforum im Rahmen des 15. Deutschen Kinder- und Jugendhilfetages vom 03.-05.06.2014

Thiersch, Hans/Grunwald, Klaus/Köngeter, Stefan (2002): Lebensweltorientierte Soziale Arbeit. In: *Thole, Werner* (Hg.): Grundriss Soziale Arbeit. Wiesbaden: VS Verlag für Sozialwissenschaften. S. 161-178

Thole, Werner (2000): Kinder- und Jugendarbeit. Eine Einführung. Weinheim und München: Juventa Verlag

Thole, Werner (2005): Professionalisierung und Studium. Ergebnisse im Überblick und hochschulpolitische Konsequenzen. In: *Thole, Werner/Wegener, Claudia/Küster, Ernst-Uwe* (Hg.): Professionalisierung und Studium. Die hochschulische Qualifikation für die Kinder- und Jugendarbeit. Befunde und Reflexionen. Wiesbaden: VS Verlag für Sozialwissenschaften. S. 195-214

Thole, Werner/Wegener, Claudia/Küster, Ernst-Uwe (2005): Professionalisierung und Studium. Die hochschulische Qualifikation für die Kinder- und Jugendarbeit. Befunde und Reflexionen. Wiesbaden: VS Verlag für Sozialwissenschaften

Trotha, Trutz von (1999) Kind und Familie. Von der sozialen und kulturellen Unbeständigkeit der elterlichen Kindesliebe. In: Zeitschrift für Soziologie der Erziehung und Sozialisation. 19. Jg. Heftnummer 3. S. 227-242

Tillmann, Klaus-Jürgen (1986): Schulzeit und Jugendalter – zum Wandel von Sozialisationsprozessen seit 1960. In: *Rolff, Hans-Günter/Klemm, Klaus/Tillmann, Klaus-Jürgen* (Hg.): Jahrbuch der Schulentwicklung. Daten, Beispiele und Perspektiven. Band 4. Weinheim und Basel: Beltz Verlag. S. 125-151

Tillmann, Klaus-Jürgen (1999): Schulische Sozialisation im Wandel. 1968-1998. In: *Rösner, Ernst* (Hg.): Schulentwicklung und Schulqualität. Dortmund: IFS Verlag. S. 101-119

Tillmann, Klaus-Jürgen (2010): Sozialisationstheorien. Eine Einführung in den Zusammenhang von Gesellschaft, Institution und Subjektwerdung. 16. Aufl.. Reinbeck bei Hamburg: Rowohlt Verlag

Veith, Hermann (1996): Theorien der Sozialisation. Zur Rekonstruktion des modernen sozialisationstheoretischen Denkens. Frankfurt am Main: Campus Verlag

Vester, Heinz-Günter (2009): Kompendium der Soziologie I: Grundbegriffe. Wiesbaden: VS Verlag für Sozialwissenschaften

Walter, Michael/Neubacher, Frank (2011): Jugendkriminalität. 4. Aufl.. Stuttgart: Boorberg Verlag

Wegener, Claudia (2005): Das Profil der Kinder- und Jugendarbeit in der Hochschulqualifikation. In: *Thole, Werner/Wegener, Claudia/Küster, Ernst-Uwe* (Hg.): Professionalisierung und Studium. Die hochschulische Qualifikation für die Kinder- und Jugendarbeit. Befunde und Reflexionen. Wiesbaden: VS Verlag für Sozialwissenschaften. S. 15-47

Wieland, Norbert (2010): Der Wandel psychischer Prozesse im Lebenslauf. In: *Wieland, Norbert* (Hg.): Grundlagen der Psychologie: Wie wir werden, was wir sind. Münster: Eigenverlag der FH Münster. S. 18-23

Wischmeier, Inka/Macha, Hildegard (2012): Außerschulische Jugendbildung. Eine Einführung. München: Oldenbourg Verlag

Wollseifer, Hans Peter (2014): „Berufsausbildung muss erste Wahl sein". Online im Internet: http://www.zdh.de/presse/beitraege/wollseifer-berufsausbildung-muss-erste-wahl-sein.html. Zugriff: 21.04.2014

Zentrale Studienberatung der Justus-Liebig-Universität Gießen (2014): Rechtswissenschaft. Online im Internet: http://www.uni-giessen.de/cms/studium/dateien/staatsexamen/sfjura. Zugriff: 20.05.2014

Zinser, Claudia (2005): Partizipation erproben und Lebenswelten gestalten. In: *Deinet, Ulrich/Sturzenhecker, Benedikt* (Hg.): Handbuch Offene Kinder- und Jugendarbeit. 3., völlig überarbeitete und erweiterte Aufl.. Wiesbaden: VS Verlag für Sozialwissenschaften. S. 157-166

MIX
Papier aus verantwortungsvollen Quellen
Paper from responsible sources
FSC® C105338

Printed by Books on Demand, Germany